Henry Makow

Krieg und Völkermord

"Wir Juden, wir sind die Zerstörer und werden die Zerstörer bleiben. Nichts, was ihr tun könnt, wird unsere Forderungen und Bedürfnisse erfüllen. Wir werden für immer zerstören, weil wir eine eigene Welt wollen."

(Maurice Samuels, *Ihr Nichtjuden,* 1924)

OMNIA VERITAS.

Henry Makow Ph.D.

Henry Makow hat einen Doktortitel in englischer Literatur von der Universität Toronto. Dies ist sein fünftes Buch über die Verschwörung der Illuminaten. Seine Website henrymakow.com wird weltweit mit großer Begeisterung verfolgt.

ILLUMINATI 4
Krieg und Völkermord

Illuminati 4 – Genocide and War

Übersetzt und veröffentlicht von Omnia Veritas Limited

OMNIA VERITAS®

www.omnia-veritas.com

© 2025 Henry Makow PhD. – Omnia Veritas Ltd

Kontakt: hmakow@gmail.com

www.henrymakow.com

ISBN: 978-1-80540-333-3

Cover: Detail – Triptychon von Hieronymus Bosch. Es wird allgemein angenommen, dass es 1504 im Auftrag des Statthalters der Niederlande, Philipp dem Schönen, geschaffen wurde, obwohl die im Dokument angegebenen Maße des Werks von denen des Wiener Triptychons abweichen. Es handelt sich um das größte erhaltene Werk von Bosch.

Barbara malt mit ihrer Enkelin ein Gesicht

DEM GEDENKEN AN BARBARA LEE (1950-2024) GEWIDMET

Jede Woche entblößte Barbara ihre mächtige Seele mit einer Sammlung von Memes und inspirierenden Fotos in ihrem Blog https://snippits-and-slappits.blogspot.com/. Ihre Tochter verlangte von ihr eine COVID-Impfung, um ihr Enkelkind zu sehen. Ihr Körper kollabierte aufgrund einer Sepsis, die durch den "Impfstoff" verursacht wurde. Sie war eine kluge, mutige und freche Frau. RIP Barbara - Du hast uns alle inspiriert.

Der Jude handelt immer berechnend, und die Summe seiner Berechnungen besteht darin, allen alles wegzunehmen. Die Juden sind der Abschaum der Welt, aber sie sind auch große Meister der Lüge.

- Arthur Schopenhauer, *Parerga und Paralipomena* 1851

"Die Juden, alle von ihnen, werden mit rasendem Fanatismus in ihren Herzen geboren, so wie die Bretonen und die Deutschen mit blondem Haar geboren werden. Es würde mich nicht im Geringsten überraschen, wenn diese Menschen eines Tages für die Menschheit tödlich werden würden."

- Voltaire in Lettres de Memmius à Ciceron, 1771

"Israel hat den Krieg (den Ersten Weltkrieg) gewonnen; wir haben ihn gemacht, wir haben ihn genossen, wir haben von ihm profitiert. Es war unsere höchste Rache am Christentum".

- Der jüdische Botschafter von Österreich in London,
Graf Mensdorf. 1918

"Die Verantwortung für den letzten Weltkrieg (WWI) ruht allein auf Schultern der internationalen Finanziers (Rothschilds, Loebs, Kuhns, Warburgs usw.). Auf ihnen ruht das Blut von Millionen von Toten und Millionen von Sterbenden."

- Congressional Record, 67th Congress,
4th Session, Senatsdokument Nr. 346, 1923

"Solange die Kontrolle über die Ausgabe von Währung und Krediten nicht wieder in die Hände der Regierung gelegt und als ihre wichtigste und heiligste Aufgabe anerkannt wird, ist alles Gerede über Souveränität des Parlaments und der Demokratie müßig und sinnlos... Sobald sich eine Nation von der Kontrolle ihres Kredits trennt, spielt es keine Rolle mehr, wer die Gesetze macht... Wucher, der einmal die Kontrolle übernommen hat, wird die Nation zerstören."

- William Lyon Mackenzie King
(Premierminister von Kanada, 1935-1948)

"Israel braucht den Weltkrieg, und zwar bald!... Israel ist der festen Überzeugung, dass die Zeit knapp wird. Ihrer Meinung nach ist ihr Weltkrieg eine Notwendigkeit, im Namen des unteilbaren Friedens all der Teil der Menschheit, der das jüdische Joch abwerfen will, niedergeschlagen werden kann."

- Revue Internationale des Sociétés Secrètes, April, 1937

Abodah Zara 26b: "Auch der beste der Heiden soll getötet werden." (Talmud)

"Aber niemand sagte öffentlich etwas über ihn (Jesus) aus Furcht vor den Juden." (Johannes 7:13)

Unsere gelehrten Ältesten hatten absolut Recht, als sie schrieben, dass der dumme Gojim zwar Augen hat, aber nicht sehen kann, und er hat Ohren, aber er kann nicht hören. Sie hatten so recht, dass eine solche unwürdige Tierart nicht als Mensch betrachtet werden kann. Wie unsere gelehrten Rabbiner in unserem heiligen Talmud schrieben, müssen wir sie, kurz nachdem wir uns von dem Betrüger Jesus befreit haben, wie unser Vieh behandeln.

- Nachtrag zu den *Protokollen von Zion* (siehe innen)

Niemand ist so blind wie diejenigen, die nicht sehen wollen.

- Jonathan Swift

Ouvertüre

Kognitive Dissonanz

Während alle von Taylor Swift, Bitcoin, Nvidia und Sport abgelenkt sind, plant eine uralte satanische Verschwörung die Ausrottung von Nichtjuden und assimilierten Juden unter dem Deckmantel eines weiteren Weltkriegs.

Es wird ein böses Erwachen geben.

Eines Morgens werden wir aufwachen und feststellen, dass die Kacke am Dampfen ist.

Nuklearer Angriff. Abschaltung des Internets. Lebensmittelknappheit. Anarchie. Kriegsrecht. Wir leiden unter kognitiver Dissonanz.

Sie verstecken sich im Verborgenen!

Sie sagen, dass sie vorhaben, uns zu versklaven.

"Du wirst nichts besitzen und du wirst glücklich sein.

Und doch ignorieren wir sie.

Trump, Putin und Netanjahu gehören alle zu Chabad, einer jüdischen Weltuntergangssekte, die die Nichtjuden ausrotten will.

J. Edgar Hoover: "Der Einzelne ist gehandicapt, wenn er einer so ungeheuerlichen Verschwörung gegenübersteht, dass er nicht glauben kann, dass sie existiert.

Wir verweigern uns.

Das Logo der Illuminaten, eine Pyramide ohne Hut, befindet sich auf der USD.

Es starrt uns ins Gesicht.

Aber die Illuminaten sind eine "Verschwörungstheorie"?

Das Logo des Parteitags der Demokraten 2020 war ein Stern des Baphomet in einem D für "Death 2 (map of) America! Doch niemand wagte es, dies anzuerkennen.

Donald Trump macht ständig das freimaurerische "Merkel"-Handzeichen, aber stellt ihn deswegen in Frage.

Niemand macht ihn für den Betrug, die tödlichen Impfstoffe und Jeffrey Epstein verantwortlich.

Lee Harvey Oswald hat JFK ermordet.

Das Kerosin hat die Zwillingstürme am 11.9. zum Einsturz gebracht.

WTC 7 war zufällig für die Sprengung verkabelt.

Ein Flugzeug hat das Pentagon getroffen.

Joe Biden erhielt die meisten Stimmen in der Geschichte, konnte aber keine 50 Leute zu einer Kundgebung locken.

Er prahlte damit, dass er "die beste Wahlfälschungsorganisation der Geschichte" habe, doch die Wahl 2020 wurde nicht gekippt.

Biden war offensichtlich ein Pädophiler, der Schmiergelder angenommen hat. Ignorieren.

Seine Verbrechen wurden auf Hunters Laptop dokumentiert. Ignorieren.

Der Film *The Truman Show* (1998) zeigte Truman Burbank, gespielt von Jim Carey, der in einer Welt lebt, in der jeder ein Schauspieler ist und ihn in einer falschen mentalen Realität hält.

Wir alle sind Truman Burbanks. Eine uralte satanische Verschwörung, ein virulentes Krebsgeschwür, hat die Menschheit verschlungen. Dies ist unsere eigentliche geheime Geschichte.

TRAUE DEINEN LÜGENDEN AUGEN NICHT

In dem 2003 mit dem Oscar ausgezeichneten Film *Chicago* ertappt eine Ehefrau ihren Mann mit zwei Frauen im Bett.

Sie zieht ihre Waffe.

"Nicht schießen", sagt er. "Ich bin allein."

"Lügner!", sagt sie.

"Glaube, was ich dir sage, nicht was du siehst", antwortet er.

Sie erschießt ihn.

Im Gegensatz dazu glauben die Amerikaner, was ihnen gesagt wird!

Die Methode der Kabalisten besteht darin, Sie davon zu überzeugen, dass *Ihre Zerstörung zu Ihrem eigenen Besten ist.*

Riegeln Sie das Land ab. Es ist nur zu Ihrem Besten.

Frauen davon zu überzeugen, dass es „ermächtigendist, ihre fruchtbarsten Jahre mit Karriere und Promiskuität zu vergeuden."

Überzeugen Sie die westlichen Nationen, ihr rassisches und kulturelles Erbe zu zerstören, denn „Vielfalt ist unsere Stärke."

Zerstörung der Geschlechtsidentität und Förderung homosexueller Funktionsstörungen bei Kindern im Namen der Toleranz. "Liebe ist Liebe." Es ist "fortschrittlich".

Zerstörung von liebenden Ehen und Familien im Namen der "Gleichstellung der Geschlechter".

Wenn die Sperre dem "Schutz Ihrer Gesundheit" dient, warum sollten dann gesunde Menschen an Ostern nicht in die Kirche gehen dürfen.

Verbot, in ihrem Garten zu sitzen oder allein am Strand spazieren zu gehen.

Das hatte nichts mit Krankheitsverhütung zu tun, sondern mit der

Abschaffung der Bürgerrechte.

Die Betrugsdemie war ein Test für unsere Leichtgläubigkeit und Fügsamkeit, und mit Ausnahme einiger kanadischer Trucker haben wir versagt.

Bei einer echten Pandemie stellt man die Kranken unter Quarantäne, NICHT die Gesunden.

Sie interpretieren unsere Fügsamkeit als ZUSTIMMUNG. Sie denken, wir seien moralisch kompromittiert.

WENDEPUNKT

Die Menschheit steht an einem Wendepunkt.

Noch nie in der Geschichte hat eine kleine Gruppe von bösen Parasiten so viel Macht angehäuft. Die Mehrheit ist abgelenkt. Sie erkennen nicht, was auf dem Spiel steht. Wir sind dem Untergang geweiht. Der Weg unserer natürlichen Entwicklung, die spirituell ist, ist blockiert. Stattdessen sind wir Gefangene eines Todeskults und treten in ein dunkles Zeitalter ein.

Trotz unserer großartigen technischen Errungenschaften hat die Menschheit in politischer und kultureller Hinsicht versagt.

Können Sie sich vorstellen, wie tragisch das ist?

Wenn die Menschheit das am weitesten entwickelte Lebewesen im Universum ist? Aber tausend Jahre sind nichts für Gott, der zeitlos ist. Die Menschheit wird eines Tages wieder den ihr zugedachten Weg einschlagen, oder ein anderes Geschöpf wird sich Gottes Gunst verdienen.

Jüdische religiöse Fanatiker gefährden das Überleben aller Juden und der Menschheit im Allgemeinen.

Einführung

Ich habe William Shirers *Aufstieg und Fall des Dritten Reiches* gelesen, als ich zehn war.

Als Sohn von Holocaust-Überlebenden fragte ich: "Wie können Erwachsene meinen Respekt einfordern, wenn sie ein solches Chaos angerichtet haben?

Im Alter von 75 Jahren verstehe ich nun, dass die Menschheit vom organisierten Judentum (dem Rothschild-Weltbankenkartell) sabotiert wurde, das die Freimaurerei (kabbalistisches Judentum für Heiden) als Instrument benutzt.

Seit der englischen Revolution und der Gründung der Bank of England im Jahr 1694 nagen Satanisten an den Fundamenten der westlichen Zivilisation. Im 19. Jahrhundert nahm dies die Form des "britischen" Imperialismus und des Ziels der Tafelrunde von Rhodos an, "den Reichtum der Welt zu absorbieren."

Im Laufe der modernen Geschichte haben Freimaurer auf beiden Seiten Kriege begonnen, um die westliche (christliche) Zivilisation zu untergraben und zu zerstören.

Die Entvölkerung ist ihr ständiges Thema.

Illuminati 4 wie *auch Illuminati 1-3* zeigen, dass die großen Kriege ein Schwindel sind, der darauf abzielt, Patrioten und Zivilisten auf beiden Seiten zu vernichten

Churchill, FDR, Stalin und Hitler waren alle Freimaurer.

Trump, Netanjahu und Putin sind Freimaurer. Sie gehören zu Chabad, einer völkermordenden jüdischen Sekte, die damit beschäftigt ist, einen "sozialen Kataklysmus" zu planen, eine Voraussetzung für die Rückkehr des jüdischen "Messias".

Es geht hier um viel mehr als um Streitigkeiten um Land. Von einer

Abscheulichkeit vom Ausmaß des Gazastreifens kommt man nicht mehr zurück. Es geht um alles oder nichts - den Dritten Weltkrieg.

Dies ist der Höhepunkt einer jahrhundertealten Verschwörung, die letztlich darauf abzielt, zu berauben, "Nicht-Juden" zu versklaven und jeden auszurotten, der sich nicht fügt. Sie wollen uns töten. Die "Impfstoffe" hätten Sie warnen müssen.

In der Vergangenheit sind Millionen Menschen für eine Illusion gestorben. Sie werden wissen, warum Sie und Ihre Familie verstümmelt oder getötet worden sind.

KRIEGE SIND DIE ERNTE DER JUDEN

Der Oberrabbiner von Frankreich, Rabbi Reichorn, erklärte 1869:

> "Dank der schrecklichen Macht unserer internationalen Banken haben wir die Christen in Kriege ohne Zahl gezwungen. Kriege haben für die Juden einen besonderen Wert, denn die Christen massakrieren sich gegenseitig und schaffen mehr Platz für uns Juden. Kriege sind die Ernte der Juden. Die jüdischen Banken werden durch die Kriege der Christen fett. Über 200 Millionen Christen sind durch Kriege vom Angesicht der Erde getilgt worden, und das Ende ist noch nicht abzusehen."

Charles Weisman - *Wer ist Esau-Edom?* (1991) p.93

Laut Bill Cooper wurde Israel als "Instrument geschaffen, um die Schlacht von Armageddon und die Erfüllung der Prophezeiung herbeizuführen", einen Atomkrieg, der so schrecklich sein wird, dass die Menschen um eine Weltregierung betteln werden.

https://youtube.com/shorts/Mr4Zp5PrP08?si=fouusVmZmgh1WOa

WARUM WIR STERBEN MÜSSEN

Die Antwort findet sich im Unterschied zwischen Christentum und Judentum. Das Judentum ist eine satanische Sekte, die sich als Religion tarnt.

Sie hat uns eine Gehirnwäsche verpasst, um die Existenz Gottes zu leugnen. Sie hat unsere Seele gestohlen. Deine Seele ist der brennende Busch! Das wahre Gold.

"In dem Moment, in dem ihr das Glück außerhalb eurer selbst sucht, werdet ihr zu unseren willigen Dienern", sagte Illuminaten-Insider Harold Rosenthal.

"Ihr seid süchtig nach unserer Medizin geworden, durch die wir eure absoluten Herren geworden sind... Ein unzufriedenes Volk ist ein Spielball in unserem Spiel der Welteroberung."

https://henrymakow.com/2024/05/The-Illuminatis-Secret-Weapon.html

All unsere Probleme entstehen durch die Verleugnung unserer Seelenverbindung zu Gott. Um die Leere zu füllen, ist die Menschheit süchtig nach Geld, Sex, Macht, Drogen, Essen, Spielzeug und Belanglosigkeiten.

Der Gott der Kabalen, Luzifer, steht für eine Revolte gegen Gott und die Natur. Ganz einfach, sie verdrängen Gott und verdrehen die Realität, um ihre teuflische Agenda zu erfüllen.

"Säkularismus" und "Humanismus" sind Masken für den Satanismus. Jetzt haben sie ihre Masken abgenommen.

Sie glauben, dass sie Gott sind und wir sie anbeten müssen.

CHRISTIANITÄT

Das Christentum erkennt an, dass wir mit unserem Schöpfer und untereinander durch eine universelle Intelligenz, einen Geist oder eine Seele, verbunden sind.

Gott ist ein Geist; und die ihn anbeten, müssen ihn im Geist und in der Wahrheit anbeten. (Johannes 4:24)

Wir sind nach dem Bild Gottes geschaffen. Wir sehnen uns danach, uns als Gott zu erkennen. Gott versucht, sich selbst durch uns zu erkennen.

Wir wurden hierher gesandt, um den Himmel auf Erden zu schaffen. Die Anweisungen sind in unserer Seele. Was den Menschen betrifft, so ist Gott ein geistiges Ideal, eine Vollkommenheit.

"So seid nun vollkommen, wie euer Vater im Himmel vollkommen ist" (Mt 5,48).

Unsere Seelen sehnen sich nach der Einheit mit unserem Schöpfer: vollkommene Glückseligkeit, Wahrheit, Güte, Liebe, Schönheit und Gerechtigkeit. Die Wiedervereinigung mit Gott motiviert uns alle.

Das kabbalistische/talmudische Judentum kehrt die spirituellen Ideale um.

Das Böse ist gut. Hässlich ist schön. Krank ist gesund.

Unnatürlich ist natürlich. (Männer können menstruieren und Kinder bekommen!?)

Das Gute ist böse. Lügen sind wahr. Hass ist Liebe. Ungerechtigkeit ist Gerechtigkeit.

Das ist unsere heutige Welt.

GOTT

Gott ist Bewusstsein, eine Dimension, in der spirituelle Ideale so selbstverständlich sind wie Sonnenlicht, das in einen dunklen Raum fällt, nachdem die Vorhänge geöffnet wurden.

Nennen Sie es Christus-Bewusstsein, wenn Sie wollen. Die Botschaft Christi ist, dass wir das Potenzial habenwie er zu sein.

Ist das nicht der ganze Sinn des Christentums.

Christus hatte nicht die Absicht, mit seinem Vater zu konkurrieren.

Wenn Sie an Gut und Böse, an Richtig und Falsch glauben, glauben Sie an Gott. Man dient ihm, indem man geistigen Idealen dient.

Eine Künstlerin dient der Schönheit. Eine Ehefrau und Mutter, der Liebe.

Mein Gott ist die Wahrheit. Die Wahrheit macht dich frei.

KABBALISTISCHES JUDENTUM (CHABAD)

Juden sind Gottes "auserwähltes Volk", was bedeutet, dass Nicht-Juden sterben müssen. Nach dem kabbalistischen/talmudischen Judentum ist es die Aufgabe der Nichtjuden, den "Juden" zu dienen.

Nur Juden sind Menschen. Alle anderen sind Untermenschen oder Tiere.

Das organisierte Judentum lehnt jede Vorstellung von einem göttlichen Geist ab.

Der Kabbalismus lehnt die Unantastbarkeit des menschlichen Lebens aufgrund unserer gemeinsamen göttlichen Seele ab.

Der WEF-Guru Yuval Harari sagt, die Menschen seien "hackbare Tiere", die so programmiert sind, dass sie ihnen wie Roboter dienen.

Die COVID-Impfstoffe können Strichcodes enthalten, die uns mit einem Netz verbinden. COVID steht für "Certification Of Vaccination ID".

Catherine Austin Fitts meint dazu. "Das neue Modell nennt sich Transhumanismus. Die Idee ist, dass man im Grunde alle Menschen chipt, sie über das System der Mobilfunkmasten fernsteuert, und statt mit dem Göttlichen in Resonanz zu gehen, gehen sie mit einer Maschine in Resonanz. Das Christentum glaubt, dass wir Gott (die Wahrheit erkennen und ihm gehorchen müssen.

Kabbalistische Juden (Zionisten und Kommunisten) glauben, dass die Wahrheit das ist, was sie sagen. Sie zwingen dich, dich zu fügen, sonst verlierst du deinen Job, kommst ins Gefängnis oder schlimmer noch (Völkermord). Man sollte meinen, die christlichen Zionisten würden die Botschaft begreifen. Das werden sie. Zu spät.

KABBALISTISCHE JUDEN DENKEN, SIE SEIEN GOTT

Der Grund, warum Israelis keine Skrupel haben, Frauen und Kinder zu erschießen, ist, dass Nicht-Juden als Tiere betrachtet werden.

Deuteronomium 7-2 "Du sollst [deine Feinde] völlig vernichten. Schließe keinen Vertrag mit ihnen, und zeige ihnen keine Gnade. Alles, was atmet, sollst du nicht am Leben lassen; denn **du bist ein Volk, das dem Herrn, deinem Gott, heilig ist, der dich aus allen Völkern Erde erwählt hat, sein Volk zu sein, sein Eigentum.**

Jeder, der sich dem jüdischen "Auserwählt-Sein" widersetzt, muss sterben. Völkermord ist akzeptabel. Er beginnt mit den Palästinensern. Wir sind alle Palästinenser. "Groß-Israel" ist die ganze Welt.

In Jesaja 60 heißt es, dass die Juden den heidnischen Reichtum plündern werden. (Klaus Schwab - "Ihr werdet nichts besitzen, aber ihr werdet glücklich sein.")

> "Du sollst von den Reichtümern der Heiden essen, und in ihrer Herrlichkeit sollst du dich rühmen, wenn sie dir ihr Gold und ihren Weihrauch überlassen ... Damit die Menschen den Reichtum der Heiden zu dir bringen ... Und ihre Könige in demütigem Zug vor dir herziehen, denn das Volk, das dir nicht dienen will, soll untergehen, es soll völlig vernichtet werden."

Der Autor des Buches *Controversy of Zion*,[1] Douglas Read, beschrieb "Die zerstörerische Mission des Judentums".

> "Die Judäer wurden von einer Priesterschaft regiert, die erklärte, dass die Zerstörung Jehovas Hauptbefehl sei und dass sie göttlich dazu auserwählt seien, zu zerstören. So wurden sie zum einzigen Volk in der Geschichte, das sich speziell der Zerstörung als solcher verschrieben hatte. Die Zerstörung als des Krieges ist ein bekanntes Merkmal der gesamten Menschheitsgeschichte. Zerstörung als erklärtes Ziel war nie zuvor bekannt, und die einzige auffindbare Quelle für diese einzigartige Idee ist der Tora-Talmud..."

https://beforeitsnews.com/strange/2020/12/douglas-reed-judaisms-destructive mission-2476606.html

In Antisemitism, Its History and Causes (1969) schrieb der Jude Bernard Lazare: "Der Jude ... begnügt sich nicht damit, das Christentum zu zerstören ..., sondern er stiftet zum Unglauben an und zwingt dann denjenigen, deren Glauben er untergraben hat, seine eigene Auffassung von der Welt, von der Moral und vom Leben auf. Er ist in seiner historischen Mission tätig, der Vernichtung der Religion Christi." (p. 158)

"JUDEN" BEZIEHT SICH AUF SATANISTEN, NICHT AUF RASSISCHE JUDEN

Der "Große Rebbe" Rabbi Menachem Mendel Schneerson sagte,

> "Ein Jude wurde nicht als Mittel für einen anderen Zweck geschaffen; er selbst IST der Zweck, denn die Substanz aller göttlichen Emanationen

---

[1] *The Controversy of Zion*, veröffentlicht von Omnia Veritas Ltd, www.omnia-veritas.com.

wurde NUR geschaffen, um den Juden zu dienen."

Obwohl Schneerson hinzufügt, dass "eine nicht-jüdische Seele aus drei satanischen Sphären stammt, während die jüdische Seele aus der Heiligkeit kommt", scheinen Juden kein rassischer Standard zu sein.

Die Gesetze Noah sind "eine Reihe von Geboten, die dem Talmud zufolge von Gott als verbindliche Gesetze für die "Kinder Noahs" - also für die gesamte Menschheit - gegeben wurden.

Nach jüdischer Tradition gelten Nichtjuden, die sich an diese Gesetze halten, als Anhänger des Noahidismus und werden als rechtschaffene Nichtjuden betrachtet, denen Platz in der kommenden Welt sicher ist".

Andererseits wird der Glaube an Jesus Christus mit der Enthauptung durch die Guillotine bestraft!

Die Gesetze Noah wurden offiziell in das amerikanische Rechtssystem aufgenommen und der rassistische Psychopath Schneerson als spiritueller Seher geehrt!

Sie verwechseln die amerikanische Verfassung mit der satanischen jüdischen Tyrannei.

"in der Erwägung, daß der Kongreß die historische Tradition ethischer Werte und Prinzipien anerkennt, die die Grundlage der zivilisierten Gesellschaft bilden und **auf denen unsere große Nation gegründet wurde**; in der Erwägung, daß diese ethischen Werte und Prinzipien seit den Anfängen der Zivilisation, als sie als die Sieben Gesetze Noah bekannt waren, das Fundament der Gesellschaft bildeten ...In der Erwägung, dass Rabbi Menachem Mendel Schneerson, der Führer der Lubawitsch-Bewegung, weltweit respektiert und verehrt wird ... wenden wir uns der Erziehung und der Wohltätigkeit zu, um die Welt zu den moralischen und ethischen Werten zurückzuführen, die in den Sieben Gesetzen Noah enthalten sind."

https://www.govtrack.us/congress/bills/102/hjres104/text
https://www.congress.gov/ bill/102nd-congress/house-joint-resolution/104/text

Dahinter verbirgt sich eine satanische jüdische (kommunistische) Tyrannei über die ganze Welt, die von einem rabbinischen Gericht in Jerusalem unter Androhung der Guillotine, d. h. des Völkermordes, ausgeübt wird.

Was Israel dem Gazastreifen angetan hat, würde das organisierte Judentum (Chabad) gerne jedem antun, der es nicht als Gott verehrt. Die Scamdemic war ein Test für unsere Compliance.

Jeder, der ihre satanische Vorschrift akzeptiert, wird verschont bleiben.

> "We use the term Jewish race merely for reasons of linguistic convenience," Hitler wrote to a friend, " for in the real sense of the word, and from a genetic point of view, there is no Jewish race...The Jewish race is above all a community of the spirit."

Ebenso werden Juden, die diesen Irrsinn ablehnen, zusammen mit dem Rest der widerspenstigen Nichtjuden guillotiniert.

https://henrymakow.com/2020/06/laurent-guyenot-solves-the-jewish-question.html

"JUDEN" SIND DURCH DEN GLAUBEN AN LUZIFER DEFINIERT

David Spangler, *Direktor der Planetarischen Initiative* bei den Vereinten Nationen, sagte: "Niemand wird der Neuen Weltordnung beitreten, wenn er oder sie nicht das Versprechen abgibt, Luzifer anzubeten. Niemand wird das Neue Zeitalter betreten, wenn er nicht eine luziferische Einweihung erhält.

Benjamin Crème, ein weiterer prominenter New-Age-"Prophet", besteht darauf, dass diejenigen, die sich weigern, dieser Welteinweihung teilzunehmen, sich in Minderheit befinden und sich "aus diesem Leben zurückziehen" müssen. *Matrieyas Mission*, S. 128

Erinnern Sie sich an den Impfpass. Erinnern Sie an Völkermord? Gehorchen oder sterben? Laut Patrick O'Carroll ist der Antichrist der jüdische "Endzeit-Messias" oder "Moshiach ben David.

Nach Ansicht des "heiligen" Chabad-Rabbiners Menachem Mendel Schneerson ist die wichtigste Voraussetzung dafür, dass der Antichrist auf die Erde kommen kann, der Völkermord an den Christen.

Bis zu Schneersons Tod im Juni 1994 glaubten viele Anhänger, dass er der Messias sei, aber Schneerson erklärte, dass, wenn er der Antichrist wäre, zu seinen Lebzeiten keine Christen gelebt hätten.

Eine wichtige Chabad-Voraussetzung für die Einsetzung des jüdischen "Endzeit-Messias" ist der Völkermord an den Christen.

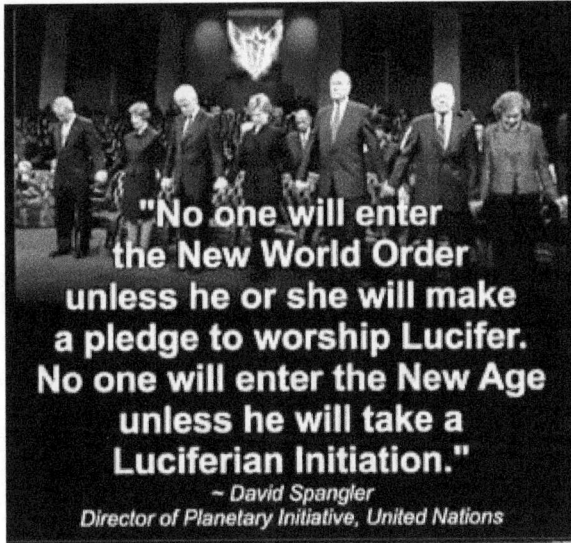

"No one will enter the New World Order unless he or she will make a pledge to worship Lucifer. No one will enter the New Age unless he will take a Luciferian Initiation."
~ David Spangler
Director of Planetary Initiative, United Nations

Ich kann die Bushs, die Clintons und die Carters ausmachen

Im Juli 2024 sagte der "heilige" Chabad-Rabbiner Isser Weisberg, Donald Trump werde eine Schlüsselrolle bei der Herbeiführung des Messias spielen.

https://old.bitchute.com/video/1argN02mzJf5/

Weisberg sagt, dass das "letzte Fenster" für die Einsetzung des Antichristen das Hebräische Jahr ist, das von Rosch Haschana 2027 bis Rosch Haschana 2028 dauert, also vom 2. Oktober 2027 bis zum 30. September 2028

https://henrymakow.com/2024/12/patrick-ocarroll---trump-prepa.html

Nach Angaben der Jewish Telegraphic Agency erklärte der israelische Premierminister David Ben-Gurion am 4. Januar 1962, dass Jerusalem die Hauptstadt der Neuen Weltordnung sein wird:

> "In Jerusalem werden die Vereinten Nationen (eine wahrhaftige UNO) ein Heiligtum der Propheten errichten, das dem föderalen Zusammenschluss aller Kontinente dienen soll; dies wird der Sitz des obersten Gerichts der Menschheit sein, um alle Streitigkeiten zwischen den föderierten Kontinenten zu schlichten, wie von Jesaja prophezeit.

http://www.jta.org/1962/01/04/archive/ben-gurion-foresees-gradual demokratisierung-der-sowjetunion

KRIEGE WERDEN ZWISCHEN ZWEI ZWEIGEN DER FREIMAUREREI INSZENIERT

Kommunismus und Zionismus sind zwei Zweige der Freimaurerei, zwei Seiten der gleichen Rothschild-Münze.

Das organisierte Judentum hat sich in zwei Hausmannschaften aufgeteilt, um die westliche Zivilisation zwischen dem Mörser des Kommunismus (links) und dem Stößel des Zionismus (rechts) zu zerschlagen.

Der Zweite Weltkrieg fand zwischen den Kommunisten (den Alliierten) und den Zionisten (den Nazis, den Faschisten) statt.

Ähnlich verhält es sich mit dem Dritten Weltkrieg zwischen Kommunisten (Russland, China, Iran, radikaler Islam, BRICS) und den Zionisten (Israel, die USA, NATO, Ukraine und Argentinien).

Sie haben uns eine Gehirnwäsche verpasst, damit wir glauben, dass Krieg normal und patriotisch ist. In Wirklichkeit ist der Krieg unnatürlich und ein Symptom des Wahnsinns. "Wen die Götter vernichten wollen, den machen sie zuerst verrückt." -Euripides

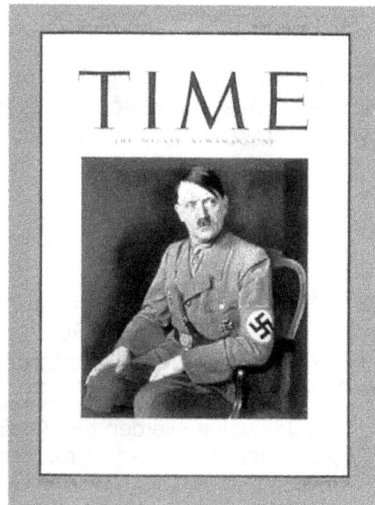

Trump war die "Person des Jahres" des TIME-Magazins im Jahr 2024. Adolf Hitler war 1938 der "Mann des Jahres" *von TIME*. Beide Männer sind damit beauftragt, ihre Länder in den Krieg zu führen.

Als Russland in die Ukraine einmarschierte, legten die Rothschilds

ihren COVID-Schwindel auf Eis. Sie gehen immer noch mit Giften hausieren, aber die Pandemie war immer "Plan B". Aus irgendeinem Grund kehrten sie zu Plan A, dem Dritten Weltkrieg, zurück, um Finanzkrisen, den Impfstoff-Genozid und allgemeine destruktive Zwecke zu vertuschen.

Trump wurde gewählt, um den amerikanischen Patriotismus wiederherzustellen, so dass die Gojim gerne wieder zu Kanonenfutter werden. Eine falsche Flagge wird ihren patriotischen Eifer wecken

Als der Geheimdienst an dem fingierten Attentat in Butler PA beteiligt war, wusste ich, dass Trump gewinnen würde. Ein gängiges Freimaurersymbol, die auf den Kopf gestellte US-Flagge, war auf dem Bild zu sehen,

Russland ist ein Komplize bei diesem Betrug. Der russische Außenminister Sergej Lawrow bezeichnet den Westen als "Angelsachsen.

"Im Moment erleben wir, wie die Angelsachsen den Nahen Osten buchstäblich an den Rand eines großen Krieges treiben", sagte Lawrow.

Die Angelsachsen und insbesondere die Christen sind eine verfolgte Mehrheit im Westen. Ihre Regierungen sind abtrünnig geworden, ihre Länder werden von Migranten überrannt, ihre Töchter werden gezwungen, mit Transen zu konkurrieren und mit zu duschen, ihren Söhnen werden Pubertätsblocker verabreicht, ihr Himmel und ihr Essen werden vergiftet, ihre Kultur und ihr Erbe werden vernichtet. Die Menschen im Westen leben unter kommunistisch-zionistischer Besatzung und brauchen dringend eine nationale Heimat, da freimaurerische Juden und nichtjüdische Verräter sich ihrer bemächtigt haben.

Laut Peter Goodgames Buch "*The Globalists and the Islamists*"[2] haben die Freimaurer alle terroristischen Organisationen des zwanzigsten Jahrhunderts geformt, einschließlich der Muslimbruderschaft in Ägypten, der Hamas in Palästina und der khomeinistischen Bewegung im Iran. Die Geschichte ihrer Doppelzüngigkeit reicht jedoch bis ins achtzehnte Jahrhundert zurück, als die britischen Freimaurer die wahhabitische Sekte in Saudi-Arabien selbst gründeten, um ihre

---

[2] *The Globalists and the Islamists, Fomenting the "clash of civilizations" for a New World Order*, Omnia Veritas Ltd, www.omnia-veritas.com.

imperialistischen Ziele zu fördern.

Die Islamisten (Hamas, Hisbollah, Iran) sind ebenfalls Freimaurer. Das iranische
Parlament die Form einer Pyramide und Freimaurerlogen gibt es überall im Land.

(Siehe in - *Israel und Iran werden beide von Freimaurern geführt, die
den 3. Weltkrieg planen*)

Der Kommunismus, der Zionismus und der radikale Islam sind allesamt
Systeme der Unterdrückung. Sie alle sind Zwangsjacken. Es gibt kein
System, das christlich-konservative nationalistische Interessen vertritt
und gleichzeitig den barbarischen Völkermord Israels anprangert.
Ungarns Orban, Englands Farage und Kanadas Poilievre haben es
feige abgelehnt, Israel zu verurteilen

Die Duldung und Beihilfe zum Völkermord ist der Preis, den die
Menschen im Westen für ein Mindestmaß an nationaler Unabhängigkeit
und Freiheit zahlen müssen. Wir müssen uns einem der beiden Flügel
desselben satanischen Kults anschließen.

DIE DREI WELTKRIEGE VON ALBERT HECHT

In einem Brief an Giuseppe Mazzini aus dem Jahr 1871 erklärte Albert Pike, Souveräner Großmeister der Freimaurer, dass der Dritte Weltkrieg von Freimaurern auf beiden Seiten angezettelt werden würde:

> Der Dritte Weltkrieg muss angezettelt werden, indem die Differenzen zwischen den politischen Zionisten und den Führern der islamischen Welt ausgenutzt werden, die von den "Agenten" der "Illuminaten" verursacht wurden. "Der Krieg muss so geführt werden, dass der Islam (die muslimisch-arabische Welt) und der politische Zionismus (der Staat Israel) sich gegenseitig vernichten. In der Zwischenzeit werden die anderen Nationen, die in dieser Frage wieder einmal gespalten sind, gezwungen sein, bis völligen physischen, moralischen, geistigen und wirtschaftlichen Erschöpfung zu kämpfen.

> "Wir werden die Nihilisten und Atheisten entfesseln und einen gewaltigen sozialen Kataklysmus auslösen, der den Völkern in all seinem Schrecken die Auswirkungen des absoluten Atheismus, den Ursprung der Wildheit und des blutigsten Aufruhrs, deutlich vor Augen führen wird."

Sehen Sie sich an, wie genau dieser Brief von 1871 den Ersten Weltkrieg beschreibt

> "Der Erste Weltkrieg muss herbeigeführt werden, um es den Illuminaten zu ermöglichen, die Macht der Zaren in Russland zu stürzen und dieses Land zu einer Festung des atheistischen Kommunismus zu machen. Die von den "Agenten" der verursachten Divergenzen zwischen dem britischen und dem germanischen Reich werden genutzt, um diesen Krieg zu schüren. Am Ende des Krieges wird der Kommunismus aufgebaut und benutzt werden, um die anderen Regierungen zu zerstören und um die Religionen zu schwächen."

Pike sagt, dass der Zweite Weltkrieg die Nazis gegen die Zionisten ausspielte, aber das ist nicht wahr. Die Zionisten haben die Nazis installiert. Der Krieg fand zwischen Zionisten (Faschisten, Nazis) und Kommunisten (Russland und die Alliierten) statt. Er hatte jedoch Recht, dass der Zweite Weltkrieg ein Triumph für den Kommunismus sein würde.

> "Der Zweite Weltkrieg muss angezettelt werden, indem man die Differenzen zwischen den Faschisten und den politischen Zionisten ausnutzt. Dieser Krieg muss herbeigeführt werden, damit der Nazismus zerstört wird und der politische Zionismus stark genug wird, um einen souveränen Staat Israel in Palästina zu errichten. Während des Zweiten

Weltkriegs muss der internationale Kommunismus stark genug werden, um das Christentum auszugleichen, das dann gezügelt und in Schach gehalten wird bis zu dem Zeitpunkt, an dem wir es für letzten sozialen Kataklysmus brauchen."

https://www.threeworldwars.com/albert-pike2.htm

Auf Einwände gegen Pikes Verwendung des Begriffs "Nazi" schrieb ein Leser: "Der Begriff Nazi oder Nationalsozialismus lässt sich auf die völkischen Parteien zurückführen, die bis in die 1800er Jahre zurückreichen. Aus diesen Parteien entstand die Nationalsozialistische Partei. Viele Mitglieder der Nazis tatsächlich Mitglieder der Thule-Gesellschaft, bevor sie Mitglieder der Nazi-Partei wurden, wie Rudolf Hess."

„Albert Pike schrieb ausgiebig über den mythischen und mystischen verlorenen Stamm der Arier als Ursprung der Freimaurerei. Man muss also nur die Punkte miteinander verbinden, um zu sehen, dass dieser Brief an Mazzini zu 100% echt ist und die Debatte über den Streit um das Wort Nazi ein für alle Mal beendet ist. Der Brief ist ohne Zweifel echt."

DIE ROTHSCHILDS, CHABAD UND DIE „KREATIVE ZERSTÖRUNG"

Mit dem organisierten Judentum meine ich das Rothschild-Bankenkartell, auch bekannt als der Tiefe Staat.

Unsere korrupten Vorfahren gaben diesen Satanisten die Gans, die das goldene Ei legt: Unsere nationale Kreditkarte.

Sie schaffen das *Tauschmittel* (Währung) in Form einer *Schuld an sich selbst*. Das ist etwas, was unsere Regierungen schulden- und zinsfrei tun könnten!

Indem sie Geld aus dem Nichts schufen, haben sie jeden und alles von Wert gekauft. Sie planen unseren Untergang auf unsere Kosten. Sie brauchen eine Weltregierung, um zu verhindern, dass irgendeine Nation aus dieser Knechtschaft entkommen kann.

Die Rothschilds sind sabbatianische Frankisten, die wie Chabad Kabbalisten sind. Diese kabbalistische Doktrin wird "Schöpferische Zerstörung" genannt. Danach "baut man besser wieder auf." (666)

Nach der Kabbala, die die bestimmende Lehre des Judentums und der

Freimaurerei ist, "sind das Böse und die Katastrophe endemische Faktoren im Prozess der Schöpfung. Ohne das Böse könnte es kein Gutes geben, ohne Zerstörung könnte die Schöpfung nicht stattfinden." (*Kabbalah: An Introduction to Jewish Mysticism*, von Byron L. Sherwin, S. 72.)

Das ist satanistischer Unfug. Das Böse ist die Dunkelheit, die Abwesenheit von Gott (Licht). Das Böse und die Katastrophe haben in einer gesunden und gesunden Religion oder Gesellschaft nichts zu suchen.

TRUMP, NETANYAHU UND PUTIN GEHÖREN ZU CHABAD

Trump hat zugegeben, dass er ein Freimaurer ist, der die Kabbala studiert hat. Er macht ständig freimaurerische Handzeichen zum Abwärtsgebet, die niemand, nicht einmal die Demokraten, zu erwähnen wagt.

Sowohl Trump als auch Putin sind in Chabad-Geschäften aktiv. Im Jahr 2017 deckte *Politico* diese "glückliche Vereinbarung" auf.

"Seit 1999 hat Putin zwei seiner engsten Vertrauten, die Oligarchen Lev Leviev und Roman Abramovich, die später zu den größten Förderern von Chabad weltweit werden sollten, angeworben, um die Föderation der jüdischen Gemeinden Russlands unter der Leitung des Chabad-Rabbiners Berel Lazar zu gründen, der später als "Putins Rabbiner" bekannt wurde.

Einige Jahre später suchte Trump nach russischen Projekten und russischem Kapital, indem er sich mit einer Partnerschaft namens Bayrock-Sapir zusammentat, die von den sowjetischen Emigranten Tevfik Arif, Felix Sater und Tamir Sapir geleitet wird, die enge Beziehungen zu Chabad unterhalten. Die Unternehmungen des Unternehmens führten zu mehreren Gerichtsverfahren wegen Betrugs und zu einer strafrechtlichen Untersuchung eines Wohnungsbauprojekts in Manhattan. In der Zwischenzeit häuften sich die Verbindungen zwischen Trump und Chabad."

https://www.politico.com/magazine/story/2017/04/the-happy-go-lucky-jewish gruppe-die-trump-und-putin-verbindet-215007/

Russischen Bloggern zufolge war Putins Mutter Jüdin. Sein Großvater war der Koch sowohl für Lenin als auch für Stalin. Chabad leitet Russland hinter den Kulissen.

Der Oberrabbiner Beryl Lazar sagte, dass Chabad-Nachbarn Putin als

Kind praktisch adoptiert hätten.

https://beforeitsnews.com/alternative/2021/05/history-of-putin-kgb-chabad-the mossad-must-watch-video-to-understand-how-well-coordinated-and-organized-these agencies-are-3750647.html

https://youtube.com/shorts/oRnKKrznOTQ?si=Fm0sqJsy8X3ma6Nh

Dieser jüdische Insider sagt, dass Chabad Russland kontrolliert. Putin ist ein Chabad-Mitglied. Chabad und der Mossad überschneiden sich.

https://x.com/JuniusJuvenalis/status/1869385347580526905

https://collive.com/lubavitchers-in-the-israeli-mossad/

Der argentinische Präsident Javier Milei ist mit Netanjahu verwandt. Bei einem Besuch im November 2023 pilgerte er zur Grabstätte Schneersons, was darauf hindeutet, dass er ebenfalls Mitglied von Chabad ist.

https://www.breitbart.com/politics/2023/11/27/photos-argentinas-javier-milei-visits die-ohel-grabstaette-von-lubavitcher-rebbe-vor-dem-treffen-u-s-offiziell/

Che Guevera war übrigens der Cousin ersten Grades von Ariel Sharon, ein weiteres Zeichen dafür, dass Kommunismus und Zionismus zwei Seiten derselben Medaille sind.

https://henrymakow.com/2016/04/che-guevera-was-jewish.html

DIE „WAHRHEIT"

Am 7. Oktober 2024 signalisierte Trump seine Mitgliedschaft in Chabad, indem er unter an der Grabstätte von Menachem Schneerson des Hamas-Angriffs auf Israel gedachte. Der Hamas-Angriff vom 7. Oktober 2023 löste die Abfolge der Ereignisse aus, die nun zum Dritten Weltkrieg führen. Dieser Angriff fand mit israelischer Komplizenschaft statt und diente als Vorwand für die Zerstörung des Gazastreifens. Netanjahu weigert sich, eine Untersuchung zuzulassen.

Dies ist derselbe Schneerson, der 1991 in einem Video den jungen Benjamin Netanjahu aufforderte, sich zu beeilen und einen Atomkrieg zu beginnen. Nach dem Austausch von Formalitäten sagte Netanjahu: "Ich komme, um Ihren Segen und Ihre Hilfe zu erbitten. In allen Bereichen, politisch und persönlich.

Der Rebbe antwortete: "Seit unserem letzten Treffen haben sich viele Dinge weiterentwickelt. Was sich jedoch nicht geändert hat, ist, dass der Moschia [Messias] immer noch nicht gekommen ist. Tun Sie also etwas, um sein Kommen zu beschleunigen. Netanjahu: "Wir tun es. Wir tun.

Netanjahu wuchs in Philadelphia in einer satanistischen Illuminatenfamilie auf, d.h. in einer Familie, die ihre Kinder in SRA (satanischer ritueller Missbrauch) aufzieht und sie der "Gedankenkontrolle" unterwirft, um multiple kontrollierbare Sklavenpersönlichkeiten ("alters") zu schaffen.

https://www.henrymakow.com/2023/11/ netanyahu-gepflegter-satanist.html

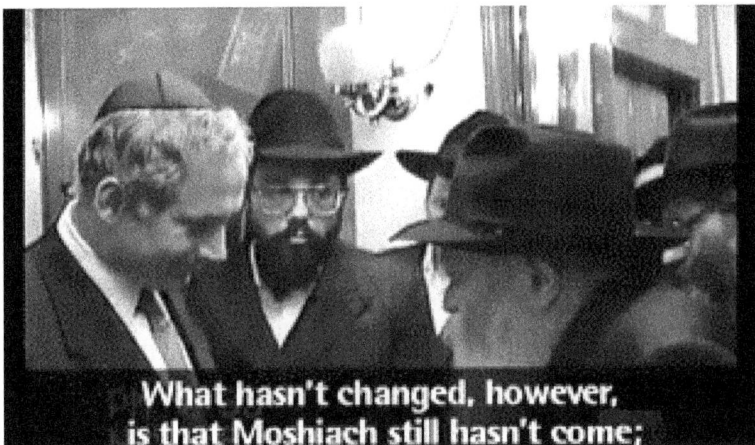

Während dieser Begegnung sagte der Lubawitscher Rebbe: "Er, Benjamin Netanjahu, wird Israels Premierminister sein, der das Zepter an den Messias weitergeben wird."

Netanjahu hat wiederholt erklärt, dass Israel eine "Weltsupermacht" sein sollte. Im Januar 2025 hielt er PowerPoint-Präsentationen, in denen er erklärte, Israel sei eines der kleinsten Länder der Welt und kontrolliere weniger als 0,3 Prozent des Nahen Ostens.

https://youtube.com/shorts/Utw8V70A3O4?si=dErSwBcL4XWvZnkH

Er würde gerne alle Regierungen stürzen und Marionetten wie in Washington einsetzen.

Er hat die Iraner aufgefordert, über seine völkermörderischen Tendenzen hinwegzusehen und das gute Leben unter einer israelischen Marionette zu genießen.

GENOZID IN DER UKRAINE

In einem Artikel von 1994 sprach Mendel Schneerson vom Völkermord an den Slawen mit den gleichen Worten wie Albert Pike vom Dritten Weltkrieg. Der Krieg wird von Freimaurern auf beiden Seiten inszeniert werden, um die Nichtjuden zu töten. Zelensky und Putin sind beide freimaurerische Juden.

> "Die Slawen, die Russen, können vernichtet, aber niemals besiegt werden. Deshalb unterliegt diese Saat der Liquidierung und zunächst einer starken Verringerung ihrer Zahl."

> "Die Ukrainer würden denken, dass sie gegen das expansionistische Russland kämpfen und für ihre Unabhängigkeit kämpfen. Sie werden denken, dass sie endlich ihre Freiheit erlangt haben, während sie von uns völlig unterworfen werden. Das Gleiche werden die Russen denken, als ob sie ihre nationalen Interessen verteidigen, um ihr Land zurückzugeben, das ihnen "illegal" weggenommen wurde, und so weiter."

Es scheint, dass die Kriege in der Ukraine und im Gazastreifen durch den Plan verbunden sind, ein weiteres jüdisches Heimatland in der Ukraine zu errichten. Schneerson erklärt die ukrainische Aggression mit den Worten von Chabad.

> "Wenn man in die Geschichte zurückblickt, muss man zugeben, dass es sich bei diesen Gebieten um das alte Stammland des jüdischen Chasariens, also Israels, handelt, das von der Kiewer Rus' (dem alten Staat Russland mit der Hauptstadt Kiew) im zehnten Jahrhundert erobert wurde. Die Slawen sind vorübergehend Gäste auf Land und werden vertrieben. Wir werden dieses Gebiet zurückgeben und auf diesen fruchtbaren Böden das große Chasaria - den jüdischen Staat -

errichten, so wie wir vor 50 Jahren Israel geschaffen und die Palästinenser verdrängt haben. Die Israelis werden teilweise hierher umgesiedelt, und wir werden das slawische Vieh weit in den Norden, über Moskau hinaus, vertreiben. Es wird ein kleines Nordterritorium geben, ein Reservat mit einer kompakten Bevölkerung - ein Reservat, wie die Indianerreservate in Amerika."

https://henrymakow.com/2024/07/russia-khazaria-ukraine.html

DIE ZERSTÖRUNG DER „ALTEN ORDNUNG"

Wir werden vom organisierten Judentum und der Freimaurerei unerbittlich angegriffen: Unnötige Kriege, Plandemien, DEW-Brände, Chemtrails, Migranten, Geschlechterdystrophie, manipulierte Wirbelstürme, essbare Käfer - die Liste ist endlos.

Landwirte werden daran gehindert, Lebensmittel anzubauen. Kühe werden daran gehindert, zu furzen. Pipelines werden gesprengt. Migranten werden in Luxushotels untergebracht, während die Bürger obdachlos werden. Das alles macht Sinn, wenn man versteht, dass das eigentliche Ziel darin besteht, die christliche Zivilisation zu zerstören.

1915 schrieb Nahum Goldman: „Die historische Mission unserer Weltrevolution besteht darin, eine neue Kultur der Menschheit zu schaffen, die das bisherige Gesellschaftssystem ersetzt."

Diese Umwandlung und Neuorganisation der globalen Gesellschaft erfordert zwei wesentliche Schritte: erstens die Zerstörung der alten etablierten Ordnung und zweitens die Gestaltung und Durchsetzung der neuen Ordnung.

Die erste Stufe erfordert die Beseitigung aller, der Nationalität und der Kultur, der öffentlichen Ordnung, der ethischen Schranken und der sozialen Definitionen, erst dann können die zerstörten alten Systemelemente durch die aufgezwungenen Systemelemente unserer neuen Ordnung ersetzt werden. **Die erste Aufgabe unserer Weltrevolution ist die Zerstörung.** Alle sozialen Schichten und Gesellschaftsformationen, die von der traditionellen Gesellschaft geschaffen wurden, müssen vernichtet werden, der einzelne Mann und die einzelne Frau müssen aus ihrer angestammten Umgebung entwurzelt, aus ihren heimatlichen Milieus herausgerissen werden, keine Tradition, gleich welcher Art, darf als unantastbar bestehen bleiben, traditionelle soziale Normen dürfen nur als Krankheit betrachtet werden, die es auszurotten gilt, das herrschende Diktum der neuen Ordnung lautet: Nichts ist gut, also muss alles kritisiert und abgeschafft werden, alles, was war, muss weg sein.

1915 veröffentlichte Nahum Goldman, der Gründer des Jüdischen Weltkongresses, die Schrift *Der deutsche Krieg: Der Geist des Militarismus*, in der es unmissverständlich heißt: "Die erste Aufgabe unserer Weltrevolution ist die Zerstörung."

Nach der Zerstörung der alten Ordnung ist der Aufbau der neuen Ordnung eine größere und schwierigere Aufgabe. Wir werden die alten Glieder aus ihren alten Wurzeln in tiefen Schichten herausgerissen haben, die sozialen Normen werden desorganisiert und anarchisch sein, so dass sie gegen neue kulturelle Formen und soziale Kategorien, die natürlich wieder auftauchen, blockiert werden müssen.

Die allgemeinen Massen werden zunächst überzeugt worden sein, sich als Gleichberechtigte an der ersten Aufgabe der Zerstörung ihrer eigenen traditionellen Gesellschaft und Wirtschaftskultur zu beteiligen, aber dann muss die neue Ordnung gewaltsam etabliert werden, indem die Menschen wieder geteilt und differenziert werden, nur in Übereinstimmung mit dem neuen pyramidalen hierarchischen System unserer aufgezwungenen globalen monolithischen neuen Weltordnung.

Kann er noch deutlicher werden? Wir haben es mit einer okkulten Macht zu tun. Wir haben es mit dem puren Bösen zu tun.

ENTVÖLKERUNG IST EIN EUPHEMISMUS FÜR VÖLKERMORD

1974 erklärte der von David Rockefeller gegründete Club of Rome: "Die Erde hat ein Krebsgeschwür, und das Krebsgeschwür ist der Mensch. Das eigentliche Krebsgeschwür sind natürlich David Rockefeller und seinesgleichen. Unter dem Deckmantel einer Umweltkrise und Überbevölkerung die freimaurerischen Juden den Planeten entvölkern.

Im Jahr 2014 prognostizierte der Deagel-Bericht einen katastrophalen Bevölkerungsrückgang in vielen Ländern bis zum Jahr 2025. Dr. Edwin Deagel diente als Assistent des Verteidigungsministers und als stellvertretender Verteidigungsminister. Außerdem war er Direktor für internationale Beziehungen bei der Rockefeller Foundation.

Amerika wird eine Katastrophe sein. Die US-Bevölkerung wird um 70% zurückgehen, das BIP wird um 87% einbrechen, das Militär wird zu 95% verschwinden und die Wirtschaft wird um 73% zusammenbrechen. Ja, das sind die tatsächlichen Vorhersagen von Deagel für die Vereinigten Staaten... All diese Hunderte von Millionen werden durch Hunger, Atomkrieg, Seuchen, Todesimpfungen und Betrugsdelikte umgebracht.

https://henrymakow.com/2024/09/deagel-grim-prediction.html

Die Georgia Guidestones wurden im Juli 2022 gesprengt, weil ihre Prognose der Weltbevölkerung - 500.000 - zu einer Peinlichkeit wurde.

"Was passiert, ist Entvölkerung". schrieb der Satanisten-Insider Aloysius Fozdyke im Jahr 2021. "Die Zahlen wurden von [meinem Mentor, Frater] Narsagonan genannt, ebenso wie unsere Zeitpläne: 70% Bevölkerungsreduktion bis 2030. Wir verwenden weiterhin Paradigmenmagie. Wenn man ein Paradigma ändern oder ersetzen kann, dann ändern sich die Dinge in der realen Welt.

"Alle Regierungen verlassen sich darauf, dass ihre Schäfchen in typisch infantiler Weise reagieren, einschließlich der unbewussten Identifikation mit einer mächtigeren Macht, selbst wenn diese sie versklavt, brutalisiert und erniedrigt".

Bei objektiver Betrachtung gibt es zu viele "nutzlose Esser", von denen viele krank oder "Abfälle vom Boden des Genpools" sind. Die Weltbevölkerung ist außer Kontrolle geraten. Die Spiele haben begonnen! Die Alten und chronisch Kranken - in dieser Reihenfolge. Danach wird die Wirtschaft den Rest ausmerzen."

https://www.henrymakow.com/2021/01/Satanists-Aim-at-70-Depopulation-by-2030.html

1993 schrieb der MI-6-Whistleblower John Coleman: "Mindestens 4 Milliarden "nutzlose Esser" sollen bis zum Jahr 2050 durch begrenzte Kriege, organisierte Epidemien tödlicher, schnell wirkender Krankheiten und durch Verhungern eliminiert werden. Energie, Nahrung und Wasser sollen auf dem Existenzminimum für die Nicht-Elite gehalten werden, beginnend mit der weißen Bevölkerung Westeuropas und Nordamerikas und dann auf andere Ethnien übergreifend.

Die Bevölkerung Kanadas, Westeuropas und der Vereinigten Staaten wird schneller dezimiert werden als auf anderen Kontinenten, bis die

Weltbevölkerung eine überschaubare Zahl von 1 Milliarde erreicht hat, von denen 500 Millionen der chinesischen und japanischen Ethnie angehören werden, die ausgewählt wurde, weil es sich um Menschen handelt, die jahrhundertelang reglementiert wurden und daran gewöhnt sind, Autoritäten ohne Fragen zu gehorchen.

Ein Prozent besitzt 95% des weltweiten Reichtums. Dies ist "unhaltbar", bis sie die letzten 5% bekommen.

> "Die nicht-elitären Massen werden auf das Niveau und das Verhalten von kontrollierten Tieren reduziert, die keinen eigenen Willen haben und leicht zu reglementieren und zu kontrollieren sind. Die Ehe wird geächtet und es wird kein Familienleben mehr geben, wie wir es kennen. Die Kinder werden ihren Eltern früh weggenommen und von Mündeln als Staatseigentum erzogen."

https://www.henrymakow.com/2021/06/john-coleman-4-billion-useless-eaters.html

DIE JUDEN HABEN IM LAUFE DER GESCHICHTE CHRISTEN ERMORDET

Die Verfolgung und Vernichtung der weißen Christen durch die Juden ist keine neue Erscheinung, sondern reicht weit in die Geschichte zurück. In der Aprilausgabe 1921 der *Hebrew Christian Alliance Quarterly* schrieb Rev. M. Malbert:

> "Ich werde zeigen, dass die wirkliche religiöse Verfolgung eindeutig jüdisch ist... Zur Zeit Justinians, im sechsten Jahrhundert, massakrierten die Juden die Christen in Cäsarea und zerstörten ihre Kirchen. Als Stephanos, der Statthalter, versuchte, die Christen zu verteidigen, fielen die Juden über ihn her und töteten ihn.

> "Im Jahr 608 n. Chr. fielen die Juden von Antiochia über ihre christlichen Nachbarn her und töteten sie mit Feuer und Schwert.

> Um 614 n. Chr. rückten die Perser nach Palästina vor, und die Juden, die sich ihrer Standarte angeschlossen hatten, massakrierten die Christen und zerstörten ihre Kirchen. Neunzigtausend Christen kamen allein in Jerusalem um.

Fügen Sie die folgende Liste der jüdischen Massenmorde an Christen hinzu:

Sechzig Millionen Ermordete durch den "Roten Terror" der Bolschewiki.

Etwa sieben Millionen Ukrainer verhungerten im Holomodor.

Ein Zehntel der spanischen Bevölkerung wurde im Spanischen Bürgerkrieg von kommunistischen Juden ermordet.

"Ihre Säuberung bestand vor allem aus Massakern an Priestern, Nonnen, Chorknaben, Frauen und Kindern." Bei den Brandbombenangriffen auf Hamburg und Dresden starben 1945 mindestens 200.000 Zivilisten.

Bei der Bombardierung von Hamburg und Dresden starben 1945 mindestens 200.000 Zivilisten. Kommunistische Juden massakrierten 1940 im Wald von Katyn 15.000 polnische Offiziere.

Charles Weisman schreibt,

"Die Juden freuten sich besonders über den Tod von Millionen von christlichen Flüchtlingen nach dem Krieg (2. Weltkrieg), da die Art und Weise ihres Todes die wichtigste Doktrin des jüdischen Hasses auf alle Christen erfüllte - dass Nicht-Juden, die Nicht-Menschen oder Vieh gemäß dem jüdischen Begriff "Gojim" betrachtet werden, nicht begraben werden dürfen

"Dies ist ein Verstoß gegen das jüdische Gesetz, das es verbietet, "Tiere" zu begraben. Diese Millionen von christlichen Flüchtlingen lagen dort, wo sie während dieser schrecklichen rot-kommunistischen Vertreibungen gefallen sind, und erhielten nie ein christliches Begräbnis."(106)

Der Morgenthau-Plan zielte darauf ab, das Nachkriegsdeutschland von seiner Industrie zu befreien und es in ein Agrarland zu verwandeln. Dies kommt einem Völkermord gleich, da Deutschland nicht in der Lage sein würde, seine Bevölkerung zu ernähren.

"Über 400 Millionen Weiße wurden in den letzten 300 Jahren von den Juden vom Angesicht der Erde getilgt. (Weisman, S. 113)

Denken Sie auch an die rund 65 Millionen Menschen, die von Mao Zedong massakriert wurden.

Charles Weisman identifiziert die Juden mit Esau und die Christen mit Jakob. Am Ende ist Jakob siegreich.

Charles Weisman, *Wer ist Esau-Edom?* (1991

ROTHSCHILD AMEISENFARM

In *The Rothschild Dynasty* (2006)[3] lichtet John Coleman das Gestrüpp der modernen Geschichte.

Seit etwa 1820 werden Europa und die Welt von der satanistischen jüdischen Vormachtstellung der Familie Rothschild kontrolliert.

Alle großen Staatsoberhäupter waren Rothschild-Ausschnitte, einschließlich Bismarck, Metternich, D'Israeli, Churchill, Hitler, Stalin, FDR, [und alle US-Präsidenten] usw. Sie alle wurden gekauft und erpresst. Putin und Trump sind keine Ausnahmen.

In *Die Juden und der moderne Kapitalismus* (1911) schrieb Prof. Werner Sombart:

> "Die Zeit ab 1820 wurde zum Zeitalter der Rothschilds, so dass es um die Mitte des Jahrhunderts ein allgemeines Diktum war, dass es nur eine Macht in Europa gibt, und das sind die Rothschilds." (Coleman, S.40

Sie finanzierten und profitierten von allen großen Kriegen, darunter die Amerikanische Revolution, die Französische Revolution, der US-Bürgerkrieg, die Russische Revolution und die beiden Weltkriege.

erklärt Coleman:

> "Der Erste Weltkrieg wurde geführt, um den Bolschewismus in Russland zu etablieren, eine "Heimat für die Juden in Palästina" zu schaffen, die katholische Kirche zu zerstören und Europa zu zerstückeln.

> "Der Zweite Weltkrieg diente dazu, Japan und Deutschland zu vernichten, die UdSSR kommunistische Weltmacht zu etablieren und die Reichweite des Bolschewismus auf drei Viertel der Welt auszudehnen.

In der Folge wurden die USA dazu verleitet, sich dem nächsten Versuch einer Eine-Welt-Regierung anzuschließen, den Vereinten Nationen:

> "Der Zweite Weltkrieg veränderte den Aufbau der Vereinigten Staaten, die durch ihren großen Anteil an (((Internationalen Sozialisten))) in Machtpositionen gezwungen wurden, sich von ihrer Verfassung und ihrer republikanischen Regierungsform zu lösen und die Rolle neuen

---

[3] *Die Rothschild-Dynastie*, Omnia Veritas Ltd, www.omnia-veritas.com.

Römischen Reiches der Welt zu übernehmen. Kurz gesagt, die USA wurden in eine imperiale Macht verwandelt, um die Welt im Namen des internationalen Sozialismus (d.h. des Kommunismus) zu erobern. Hinter diesen mächtigen Veränderungen standen das Geld, die Macht und die führende Hand der Rothschilds."

NICHTJÜDISCHE SATANISTEN WEICHEN DER VERANTWORTUNG AUS, INDEM SIE ALLE JUDEN BESCHULDIGEN

Im Jahr 2024 twitterte E. Michael Jones die Forderung, "das Juden-Tabu zu brechen" und alle Juden für das Drecksloch, zu dem der Westen geworden ist, verantwortlich zu machen.

Ich habe auf X geantwortet:

> "Assimilierte Juden werden zu Sündenböcken für die Taten der Zionisten und kommunistischen Juden... Die Schuld an den kommenden Katastrophen wird auf alle Juden fallen, unabhängig von ihren individuellen Handlungen oder Ansichten. Menschen mit Missständen sind die ersten, die andere unschuldige Menschen zum Opfer machen."

Die Leute sagten daraufhin: „Warum rufen Juden nicht andere Juden zu sich? Was denken Sie, was ich tue?"

Wie wäre es mit Henry Klein? Myron Fagan? Benjamin Freedman? Norman Finkelstein? Nathaniel Kapner?

Der Grund, warum sich nicht mehr Juden zu Wort melden, ist, dass sie Angst haben. Das Judentum ist eine satanische Sekte, die Andersdenkende ausgrenzt und verfolgt. Aber das organisierte Judentum wäre ohne die Zusammenarbeit mit nichtjüdischen Freimaurern, Opportunisten und Verrätern machtlos gewesen

Zoomen wir für einen Moment heraus. Während die Juden beschuldigt werden, kommen auf einen jüdischen Zionisten 30 christliche Zionisten. Das ist die Machtbasis von Trump. Diese Christen glauben, dass die Apokalypse Christus zurückbringen wird und sie "entrückt" werden - von der Erde entfernt, um im Himmel zu wohnen.

https://www.bibleref.com/1-Corinthians/15/1-Corinthians-15-51.html

Es scheint, dass das Geo-Engineering des Wetters - Wirbelstürme, Waldbrände, Tornados, Überschwemmungen - dazu dient, die Endzeit zu simulieren

> Nation gegen Nation wird sich erheben, und Königreich gegen
> Königreich. An verschiedenen Orten wird es Hungersnöte und
> Erdbeben geben. All das ist der Anfang der Geburtswehen. (Matthäus
> 24-7)

Warum haben die Nichtjuden diesen Juden ihre nationale Kreditkarte
gegeben? Und warum ist ihr Widerstand gegen die freimaurerisch-
jüdische Hegemonie so unwirksam gewesen.

Skull and Bones-Alumni regieren die USA seit mehr als einem
Jahrhundert. Die 1832 gegründete Skull and Bones in Yale nahm bis in
die 1950er Jahre keine Juden auf. Die folgenden Ausführungen
beruhen auf Recherchen von Eric Dubay.

https://henrymakow.com/2024/08/skull-and-bones---gentiles-eva.html

> "Während des Zweiten Weltkriegs saßen Mitglieder von Skull and Bones
> gleichzeitig im Weißen Haus und finanzierten Hitler. Freimaurer 33.
> Grades/Präsident Harry Truman und Skull and Bones/Kriegsminister
> Henry Stimson kontrollierten die USA, während ein Dutzend anderer
> Bonesmen das Thule-Geheimbundmitglied Adolf Hitler über die Union
> Bank, Guaranty Trust und Brown Bros. Harriman Company
> finanzierten."

So waren beispielsweise die US-Präsidenten William H. Taft, George
Herbert Walker Bush und George Walker Bush alle drei Mitglieder von
Skull and Bones. Die folgenden U.S. Senatoren: Prescott Bush, John
Kerry, David Boren, Jonathan Bingham, John Chaffe, John Sherman
Cooper, James Buckley, Chauncey Depew, Frank Bosworth
Brandegee, Robert A. Taft, William Maxwell Evarts und John Heinz
waren alle Skull and Bones-Mitglieder.

Der Gründer der *National Review* und Moderator der Fernsehsendung
Firing Line, William F. Buckley, war ein Bonesman, ebenso wie Henry
Luce, der Gründer des TIME Magazine, Life, Fortune, House & Home
und Sports Illustrated.

Henry Stimson, Skull and Bones, Jahrgang 1888, war Kriegsminister
von Präsident Taft (1911-13), Außenminister von Herbert Hoover
(1929-1933) und dann Kriegsminister von Harry Truman (1940-45).

Das bedeutet, dass während des Zweiten Weltkriegs Mitglieder von
Skull and Bones gleichzeitig im Weißen Haus saßen und Hitler

finanzierten."

Die Illuminaten definieren sich eindeutig über den Satanismus (Freimaurerei, Kabbalismus) und nicht über die ethnische Zugehörigkeit.

GEFANGEN IN EINEM JÜDISCHEN SOLIPSISMUS

Eine Unwahrheit als Wahrheit darzustellen, reicht aus, um sie zur Wahrheit zu machen - das ist die Quintessenz der kabbalistischen Kosmologie.

Völkermord ist kein Völkermord, wenn man "das Recht hat, sich zu verteidigen.

Mit anderen Worten: Die Wahrnehmung ist wichtiger als die Realität. Kabalisten haben eine Lizenz zum Lügen und Täuschen.

Aktuelle Ereignisse werden auf die gleiche Weise erfunden, wie ein Drehbuch für einen Film geschrieben wird. Sie werden erdacht. Diese "Szenarien" werden zu "Simulationen", die zur "Realität" werden. Drehbuchschreiben wird auch "Modellierung" genannt.

Kürzlich fragte CBS *Sixty Minutes* einen Mossad-Agenten, wie sie die Hamas zum Kauf von Pagern mit Sprengstofffallen überredet haben. Er antwortete:

> "Wir gründen Briefkastenfirmen über Briefkastenfirmen, und es gibt keine Möglichkeit, sie bis nach Israel . Wir schaffen eine Scheinwelt. Wir sind eine globale Produktionsfirma. Wir schreiben das Drehbuch. Wir sind die Regisseure. Wir sind die Produzenten. Wir sind die Hauptdarsteller. Die Welt ist unsere Bühne."

https://x.com/Osint613/status/1871108928810918050

Mit den Worten von Klaus Schwab,

> "Die Pandemie stellt eine seltene, aber enge Gelegenheit dar, über unsere Welt nachzudenken, sie sich neu vorzustellen und sie neu zu gestalten.

Ganz genau.

> "Es hat nie etwas mit der öffentlichen Gesundheit zu tun gehabt. Es war

Erpressung mit dem Ziel, Terror zu verbreiten, um das Verhalten der Bevölkerung anzupassen. Punkt. Das ist alles, was es war. Das ist es, was es immer war." (Dr. David Martin vor dem EU-Parlament in Straßburg. 13. September 2023)

Der Satanismus vernichtet seine Anhänger. Wir haben zugelassen, dass wir getäuscht, unterminiert und korrumpiert werden. Jetzt zahlen wir den Preis dafür.

Der Illuminaten-Insider Jacques Attali hat es am besten ausgedrückt: Geschichte ist *"nie etwas anderes als das Denken Stärksten".*

DIE BESTE BETRUGSMASCHE, DIE MAN FÜR GELD KAUFEN KANN

Sie waren da. Die Maske wurde abgenommen. Unsere Freiheit wurde uns unter dem Vorwand eines "gesundheitlichen Notfalls" entrissen. Dieser "Notfall" war die saisonale Grippe in neuem Gewand. Die Regierung, die Medizin, die Medien, die Kirche, die Strafverfolgungsbehörden - sie alle haben diesen Schwindel durchgesetzt.

Freimaurerische Juden und Freimaurer haben sich wie Termiten durch alle unsere sozialen Einrichtungen gefressen. Mit unserem Anspruch auf "Menschenrechte" haben wir uns über Nacht in einen kommunistischen Polizeistaat verwandelt. Plexiglaswände wurden hochgezogen; sinnlose soziale Distanzierung und Masken wurden erzwungen. Die Menschen wurden in ihren Häusern eingeschlossen. Sie wurden verhaftet und geschlagen, weil sie keine Maske trugen oder weil sie sich auf eine Parkbank oder an einen Strand setzten. Krankenhäuser setzten Beatmungsgeräte ein, um Patienten zu töten. Kinder wurden daran gehindert, ihre sterbenden Eltern zu besuchen.

Millionen von Menschen haben ihr Leben verloren oder wurden verstümmelt, doch die Mainstream-Medien schweigen und suchen nach Ausreden.

Im Oktober 2019 probten die WEF-Täter diesen Psyop in einem sogenannten "Event 201". Medikamente wie Ivermectin und Hydroxychloroquin wurden verboten, um die "Notstandsausweisung" für die als Impfstoffe getarnte Gentherapie zu rechtfertigen.

Eine Pandemie mit einer Todesrate von 0,25% ist keine Pandemie. Eine Seuche ohne Symptome ist keine Seuche. Florida, Schweden und

Norwegen haben sich ohne Folgen geöffnet und bewiesen, dass COVID ein Schwindel war.

Aber alle machten bei dieser Scharade mit. Sie wurden reich oder wurden fürs Nichtstun bezahlt.

Die Unternehmen gingen unter wie die Fliegen, aber die Eigentümer wurden entschädigt. Es gab also keine Revolte, wie es hätte sein müssen. Die Menschen wurden durch das kostenlose Geld für die Gefahren blind gemacht. Oft gab es Donuts.

Sogar Milliardäre erhielten staatliche Konjunkturprogramme. Medicare zahlte den US-Krankenhäusern zwischen 13.000 und 50.000 Dollar für die Einweisung eines Häftlings. Weitere 39.000 Dollar, wenn der Patient an ein Beatmungsgerät angeschlossen wird, und weitere 13.000 Dollar, wenn sie ihn töten. Kein Wunder, dass die Familien die Krankenhäuser beschuldigen, ihre Angehörigen zu ermorden.

Pfizer erzielte 2022 einen Umsatz von 100 Milliarden Dollar und einen Gewinn von 30 Milliarden Dollar. Dies war eine Wiederholung der Kreditkrise von 2007-8. Sie raubten die US-Schatzkammern erneut aus.

Die USA haben 6 Billionen Dollar für die Bekämpfung des Klimawandels ausgegeben.

Aber damit Sie es nicht merken, haben sie die Massenmedien gekauft. Bill Gates spendete 319 Millionen Dollar an die, darunter 13,6 Millionen Dollar an die renommierte medizinische Zeitschrift *Lancet*. Buchstäblich jeder wurde gekauft. Justin Trudeau spendete 600 Millionen Dollar an ausgewählte kanadische Medien.

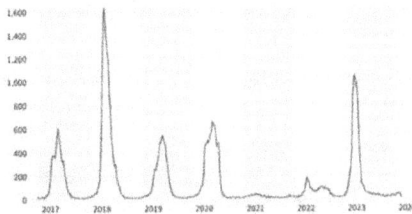

Weekly influenza deaths for the 2022-23 season reached their highest point in five years.
Weekly nationwide influenza deaths as recorded by death certificates, October 2016-November 2023

Die saisonale Grippe ist praktisch verschwunden.

Die Ausgaben für COVID und die Ukraine haben die Inflation verursacht und den US-Dollar zerstört. Dies hat eine Aktienmarktblase und eine Unzahl von Krypto-NFTs (nicht fungible Token) geschaffen, die nur darauf warten, zu platzen.

WIR HABEN BEREITS EINE DE FACTO WELTREGIERUNG

Die "Pandemie" hat gezeigt, dass unsere Politiker, Journalisten, Ärzte, Erzieher, Polizisten, Geheimdienste und das Militär alle dem Rothschild-Bankenkartell dienen und nicht den Bürgern, die ihre Gehälter zahlen.

Mehr als 190 Regierungen gingen mit dem COVID-19-Betrug in gleicher Weise um, mit Abriegelungen, sozialer Distanzierung, Maskengeboten und Impfpässen überall.

Die weltweite Einheitlichkeit der Pandemie-Maßnahmen zeigt, dass eine kommunistische Weltregierung mit Sitz bei der UNO bereits existiert. Die Weltgesundheitsorganisation (WHO) ist eine UN-Agentur.

Alle Länder tanzen nach der Melodie der WHO, weil sie alle von den Rothschilds für ihre Kredite und ihre Währung abhängig sind.

Die Pandemie war ein Vorwand, um einen undemokratischen kommunistischen sozialen und politischen Wandel gemäß der UN-Agenda 2030 durchzusetzen.

Der Grund dafür, dass alle im Koma liegen, könnte darin liegen, dass im August 2024 fast 2/3 der Weltbevölkerung vollständig geimpft sein werden. Vergessen wir diesen Albtraum nie.

Paris verbietet Bewegung im Freien während der Tagesstunden. Die Geschäfte sperren Gänge mit Artikeln ab, die als "nicht lebensnotwendig" gelten. Dazu gehören Spielzeug, Unterhaltungsartikel, Schönheitsartikel und Sportgeräte.

Ein Direktor der WHO sagt, dass die Polizei in Ihre Häuser einbrechen und jeden mitnehmen kann, den sie für geeignet hält.

infiziert. Cuomo fordert die NYPD auf, "aggressiver" bei der Auflösung von Beerdigungen, großen Versammlungen und Menschen, die "Frisbee im Park spielen", vorzugehen, während er die Bußgelder für Personen, die sich nicht an die Abstandsregeln halten, auf 1.000 Dollar erhöht. Drohnen warnen Spaziergänger, einen halben Meter Abstand zu halten.

In Santa Monica wird ein einsamer Surfer in Handschellen abgeführt. In Pennsylvania wurde eine junge Frau zu einer Geldstrafe von 200 Dollar verurteilt, weil sie gegen die Anordnung des Gouverneurs verstoßen hatte, zu Hause zu bleiben.

Gottesdienste werden abgesagt. Es werden Hotlines eingerichtet, damit die Leute ihre Nachbarn verpfeifen können.

In Colorado wird ein Vater in Handschellen abgeführt, weil er mit seiner Tochter in einem Park Softball spielt. Ein Gesundheitsbeamter von Trump bezeichnete COVID als "schlechte Grippesaison.

Ein Arzt aus Alberta hatte fünfzehn Minuten Zeit, das Krankenhaus zu verlassen, nachdem er Ivermectin verschrieben hatte, das sich als wirksam erwies.

Das Coronavirus griff selektiv Länder und Staaten an, die von Kommunisten regiert werden (Deutschland, Frankreich, Österreich, Australien, Kalifornien, New York), im Gegensatz zu denen, die von Zionisten regiert werden (Ungarn, Florida, Texas.) Aus irgendeinem Grund umging es Schweden und Norwegen. Präsidenten, die Massenimpfungen ablehnen, wurden ermordet. (Tansania, Haiti.)

Angestellte des Weißen Hauses, der CDC, der FDA, der WHO und der großen Pharmaindustrie waren von der Impfpflicht ausgenommen. Das Gleiche gilt für viele Beschäftigte im Gesundheitswesen und Mitglieder der UAW.

Das volle Ausmaß des Schadens ist noch nicht bekannt und wird verdrängt.

Der Klimawandel ist ein weiterer fadenscheiniger Vorwand für Milliardäre, um die Ressourcen der Welt zu horten und uns zu ermorden. Auf dem Erdgipfel von Rio im Jahr 1992 erklärten sich fast 200 Länder weltweit bereit, ihre Bürger zu entrechten und sich dem Klimawandel zu verschreiben.

Die erste globale Revolution: A Report to the Club of Rome (1991), lautet,

> "Auf der Suche nach einem neuen Feind, der uns vereinen könnte, kamen wir auf die Idee, dass Umweltverschmutzung, die drohende

globale Erwärmung, Wasserknappheit, Hungersnöte und Ähnliches dazu passen würden. All diese Gefahren werden durch menschliches Handeln verursacht und können nur durch veränderte Einstellungen und Verhaltensweisen überwunden werden. Der wahre Feind ist also die Menschheit selbst."

https://altamontenterprise.com/09252019/elitists-have-created-myth-climate ändern-abschaffen-nationale-souveränität

Menschlichkeit = Nicht-Satanisten.

KOMMUNISMUS

Das populäre Bild des Kommunismus als Verteidiger der Armen ist Unsinn. Der Kommunismus wurde vom Rothschild-Kartell finanziert, um seine Konkurrenten zu vernichten. Karl Marx sagte, das Ziel des Kommunismus sei "die Abschaffung des Privateigentums" - Ihres, nicht ihres.

Der Kommunismus ist die Ausweitung des Rothschild-Kreditmonopols auf ein Monopol über buchstäblich alles - Macht, Reichtum, Gedanken, Verhalten.

1938 erzählte der Illuminaten-Insider Christian Rakovsky seinem NKVD-Vernehmer, dass die Zentralbanker den kommunistischen Staat als eine in der Geschichte beispiellose "Maschine der totalen Macht" geschaffen hätten.

Rakovsky, der eigentlich Chaim Rakover hieß, war bei Stalins Säuberung der trotzkistischen Fraktion der Partei zum Tode verurteilt worden.

"Stellen Sie sich, wenn Sie können, eine kleine Anzahl von Menschen vor, die durch den Besitz von echtem Reichtum unbegrenzte Macht haben, und Sie werden sehen, dass sie die absoluten Diktatoren der Börse und [der Wirtschaft] sind...Wenn Sie genug Vorstellungskraft haben, dann...werden Sie [ihren] anarchischen, moralischen und sozialen Einfluss sehen, d.h. einen revolutionären...Verstehen Sie jetzt?"

"...Sie schufen Kreditgeld, um sein Volumen nahezu unendlich zu machen. Und um ihm die Geschwindigkeit des Schalls zu geben....es ist eine Abstraktion, ein Gedankenwesen, eine Zahl, ein Kredit, ein Glaube.

In der Vergangenheit "gab es immer Raum für individuelle Freiheit. Verstehst du, dass diejenigen, die bereits teilweise über Nationen und weltliche Regierungen herrschen, Anspruch auf absolute Herrschaft erheben? Begreift, dass dies das einzige ist was sie noch nicht erreicht haben.

(Des Griffin, *Das vierte Reich der Reichen*, S.245-246)

Sie müssen ihr Kreditmonopol schützen, indem sie eine "Weltregierung" gründen, um jedes Land daran zu hindern, einen eigenen Kredit (Geld) auszugeben oder seine "Schulden" abzulehnen.

In *Hinter der grünen Maske* (2011)[4] sagt Rosa Koire, die Agenda 21 sei "die Blaupause, der Aktionsplan, um alles Land, alles Wasser, alle Mineralien, alle Pflanzen, alle Tiere, alle Bauten, alle Produktionsmittel, alle Bildung, alle Energie, alle Informationen und alle menschlichen Bedürfnisse in der Welt zu inventarisieren und zu kontrollieren. Es ist ein umfassender Plan."

SCHLUSSFOLGERUNG

Ich hoffe, dieses Buch wird mehr Menschen auf die Gefahr aufmerksam machen, in der wir uns befinden. Dies ist der Höhepunkt eines finsteren, jahrhundertealten Plans. Religiöse Fanatiker sind dabeidie Welt in die Luft zu jagen, um verrückte biblische Endzeitprophezeiungen zu erfüllen. Ich möchte falsch liegen.

Trump, Netanjahu und Putin gehören alle zu Chabad, einer rassistischen jüdischen Sekte, die Agenten auf beiden Seiten einsetzt, um eine nukleare Apokalypse herbeizuführen. Sie geben ihre böswilligen Absichten zu, doch wir wurden einer Gehirnwäsche unterzogen, um "Antisemitismus" zu vermeiden, und können es nicht glauben.

---

[4] *Hinter der grünen Maske*, Omnia Veritas Ltd,

2009- Die Schweinegrippe tötet 10.000 Amerikaner, erkrankt 50 Millionen. Keine Pandemie. Kein Lockdown.

Wir müssen anfangen, auf unsere Seele und unseren gesunden Menschenverstand zu hören. Wir brauchen eine lebendige Religion. Wir müssen unsere Religion leben.

Die Satanisten mögen die Organe der Massentäuschung besitzen, aber die Realität kann nicht umgestoßen werden. Unsere Rettung liegt in einer religiösen Erweckung, in der die Menschen ihre Göttlichkeit wiederentdecken und manifestieren.

Gott ist die Wirklichkeit, und der Versuch, ihn zu leugnen, wird zur Katastrophe führen.

Buch Eins

Chabad, jüdischer Satanismus, Freimaurerei

Chabad-Abtrünniger: Jüdischer Rassismus hinter weißem Völkermord und 3. Weltkrieg

Ex-Chabadnik: "Chabad ist eine rassistische Organisation - eine jüdische, rassistische Missionssekte, deren Hauptziel die totale jüdische Überlegenheit über die "Gojim" und deren Versklavung ist."

"Ich hoffe, dass die Weißen Europäer und diejenigen, die gegen den Völkermord an den Weißen sind, verstehen, dass der Grund, warum die Weiße Ethnie heute angegriffen wird, in der einen ultimativen rassistischen Ideologie auf diesem Planeten liegt: Das Judentum."

von Defector

Jüdischer Rassismus ist der Glaube, dass Juden eine höhere Seele haben als Nicht-Juden und dass Nicht-Juden satanische Seelen haben. Das bedeutet, dass alle religiösen Juden, unabhängig von ihrer Hautfarbe und ihrem Herkunftsland, Nicht-Juden als "minderwertig", weil sie satanische Seelen haben.

Das ist meine Erfahrung und mein Verständnis der jüdischen Religion im Allgemeinen und einer rassistischen Sekte "Chabad" im Besonderen.

Trump & Nazis & Chabad - dieselben gekreuzten Hände

Alles begann im Alter von 20 Jahren. Damals war ich ein religiöser Jude, aber ich gehörte nicht wirklich zu Chabad. Dann traf ich 2005 bei einem Besuch in New York City einen Chabad-Abgesandten, der mich in die Bewegung eingeführt hatte. Er fragte mich, ob ich "770" in Brooklyn NY besuchen könnte. Das tat ich. Ich nahm an ihren Ritualen und Treffen teil und wurde in den nächsten vier Jahren ein fanatischer Anhänger von Chabad.

Wir diskutierten über das Kommen des jüdischen Messias und die künftige Welt, wie sich Chabad und die jüdische Religion vorstellen - eine Welt, in der die Juden die obersten Herren der Welt sind, in der jeder einzelne Jude bis zu 2.800 nichtjüdische Sklaven hat, eine Welt, in der der einzige Zweck der Nichtjuden darin besteht, den Juden zu dienen. Andererseits werden die Juden als der "Sitz Gottes" betrachtet.

WAS UND WER IST CHABAD?

Chabad ist eine rassistische Organisation - eine jüdische Missionssekte, deren Hauptziel die totale Überlegenheit der Juden über die "Gojim" und deren Versklavung ist.

Ihr zentrales Gebot ist die Erfüllung des Gebots "Breaking Through", d.h. die Welt für die zionistische Weltherrschaft sicher zu machen.

Chabad bildet seine Jugendlichen zu Abgesandten aus, wenn sie erwachsen sind. Ein "Abgesandter" im Sinne von Chabad zu sein bedeutet, ihre rassistische Ideologie an Juden in der ganzen Welt zu verbreiten - insbesondere an diejenigen, die das Judentum nicht praktizieren. Sie geben ideologische und moralische Unterstützung für die zionistische globalistische Agenda

Sie sehen die Versklavung der "Goyim" durch die internationalen jüdischen Banken und die internationale Politik als Dienst an ihren messianischen Prophezeiungen - eine zukünftige Welt, in der die jüdische NWO alle Nationen der Welt kontrolliert.

Unter ihrem Führer Rabbi Menachem Mendel Schneerson (1902-1994) baute die Bewegung ein Netz von etwa 5.000 Einrichtungen auf, die Juden in über 1.000 Städten in 100 Ländern, darunter allen US-Bundesstaaten, religiöse, soziale und ideologische Unterstützung bieten.

JUDEN SIND GOTT. NICHTJUDEN SIND INSEKTEN, DEREN EINZIGER ZWECK ES IST, JUDEN ZU DIENEN ODER ZU STERBEN

Laut Chabad sind die Juden selbst "Gott". Wucher gegen Nicht-Juden ist erlaubt und wird gefördert (das ist das Motiv der NWO-Banker). In Chabads Buch "Die Tania" dreht sich alles darum, dass die Juden Gott auf Erden sind und Nicht-Juden nicht mehr als Tiere - minderwertig und ohne Seelen. Wenn sie Seelen haben, sind sie dämonisch und satanisch und stammen aus den "Klipot A'thmeot", d.h. den unheiligen Sphären oder der "Sitrha Achra. Nichtjuden sind in ihren Augen Tiere ohne Seele. Die "jüdische Seele" ist der fleischgewordene Gott. Jeder Jude ist ein "Gott" in Fleisch und Blut.

Das gesamte Universum, einschließlich der Billionen von Galaxien, Sternen und Planeten, wurde ausschließlich für die Juden und von dem jüdischen Gott YHVH geschaffen, der eigentlich eine Manifestation des jüdischen Volkes selbst ist. Ein Fingernagel eines Juden ist Chabad mehr wert als die gesamte nichtjüdische Weltbevölkerung (einschließlich Europäer, Muslime, Asiaten und Afrikaner).

DIE NWO-AGENDA

Chabad ist nichts weiter als eine Manifestation des jüdischen Rassismus, der die NWO-Agenda antreibt. Israels Gründer und ehemaliger Premierminister David Ben Gurion hatte die Vision, dass die Juden im Zentrum der Einen-Welt-Regierung stehen würden. Dies wird die Erfüllung der biblischen Verheißungen sein, wonach die Juden die Kontrolleure und Herrscher über alle Nationen sein werden.

Der Oberste Gerichtshof von Jerusalem mit der Pyramide der Illuminaten und dem Zeichen des "Allsehenden Auges" wurde gebaut, um diese Agenda zu unterstützen, wie sie Ben Gurion vorschwebte: "In Jerusalem werden die Vereinten Nationen (eine wahrhaftige Vereinte Nationen) ein Heiligtum der Propheten errichten, um der föderierten Vereinigung aller Kontinente zu dienen; dies wird der Sitz des Obersten Gerichtshofs der Menschheit sein, um alle Kontroversen zwischen den föderierten Kontinenten zu schlichten, wie von Jesaja prophezeit..."

Raten Sie mal, wer den israelischen "Obersten Gerichtshof" finanziert und aufgebaut hat? Die Kontrolleure der Weltbanken, d.h. die Rothschilds, natürlich! Die rassistische und rassistisch-vorherrschende Agenda der Juden offenkundig... Es ist einfach eine Frage von 2+2=4.

Kabbala und Satanismus sind ein Mittel, um ihre Gastländer zu schwächen, so dass sie diese Länder leichter kontrollieren können, indem sie sie degradieren. So halten sie ihr Geldmonopol aufrecht - indem sie Ethnie, Nation, Familie (Heterosexualität) und den Glauben an einen höheren spirituellen Sinn des Lebens (d.h. Gott - nicht Religion!) zerstören. Dadurch werden wir materialistischer und weniger spirituell (siehe z.B. die moderne "Kunst") und sind dann leichter zu kontrollieren und zu versklaven, da Menschen ohne Lebenssinn nicht wehren. Dies ist das Auge von Sauron. Das alles sehende Auge. "Ein Ring, um über alle zu herrschen.

Das *Tikkun Olam*, die "Erlösung" oder die Wiederherstellung der Welt, wie die Heiden denken, ist in Wirklichkeit ein Völkermord. Dasselbe gilt für ihren Messias (Moshiach Ben David), der kommen und das Abschlachten der restlichen Menschheit vollenden und in den zu bauenden Dritten Tempel eintreten soll. Die USA, der große Verbündete Israels und des jüdischen Volkes, werden nicht von der Zerstörung verschont, sondern sind besonders für die Vernichtung vorgesehen - so groß ist ihr Hass und ihre Täuschung gegenüber den christlichen und europäisch bevölkerten Nationen.

WARUM ICH CHABAD UND DAS JUDENTUM HINTER MIR GELASSEN HABE

Ich bin aus Chabad ausgetreten, weil ich eine Erfahrung gemacht habe, die mich spüren ließ, dass dieser Hass nicht von Gott kommt, sondern vom Ego und den Ängsten des Menschen. Ich hoffe, dass die Weißen Europäer und diejenigen, die gegen den Völkermord an den Weißen sind, verstehen, dass der Grund, warum die Weiße Ethnie heute angegriffen wird, in einen ultimativen rassistischen Ideologie auf dem Planeten liegt: Das Judentum.

Satanismus hat nichts Schickes an sich

Die "woke"-Förderung von "Impfstoffen", Ukraine, Homosexualität, Transvestismus, CRT, "Klimawandel" hat nichts mit den Menschenrechten zu tun, sonst würde sie nicht die Menschenrechte gesunder Menschen mit Füßen treten. Es ist ein fadenscheiniger Vorwand für die Zerstörung der christlich-abendländischen Zivilisation, die Entvölkerung und die Auferlegung einer kommunistischen Neuen Weltordnung, die dem Satan dienen soll.

"Progressive" sind wissende und unwissende Satanisten

Satanismus ist Krieg gegen Gott, d.h. die moralische und natürliche Ordnung. Er negiert und entwirrt beides. Er zerreißt das soziale Gefüge.

Satanismus ist *keine* Religion. Religion erkennt und befolgt den Willen Gottes. Der Satanismus ist eine Anti-Religion. Er ist gegen das Leben. Sein Gott ist der Tod. Es ist die Religion des Todes und der Zerstörung.

> "Als wir das Gift des Liberalismus in den Staatsorganismus einführten, änderte sich sein ganzes politisches Gesicht. Die Staaten sind von einer tödlichen Krankheit befallen worden - der Blutvergiftung. Alles, was bleibt, ist, das Ende ihres Todeskampfes abzuwarten." (*Protokolle von Zion*, 9)

> "Damit der wahre Sinn der Dinge nicht die Gojim vor der richtigen Zeit

treffen, werden wir es unter dem angeblichen glühenden Wunsch, die Arbeiterklassen zu dienen maskieren ..." (*Protokolle von Zion*, 6)

Atheisten und Agnostiker sind Satanisten. Die Schöpfung ist ein Wunder. Wenn Sie den Plan und die Absicht des Schöpfers leugnen, sind Sie ein Satanist. Der einzige Weg, wie die Menschheit unser Rendezvous mit Gott erreichen kann, ist, dass wir alle ihm dienen, indem wir moralisch leben und sein Werk tun, wie wir es sehen.

Offenbarung 12:9 "...die alte Schlange, genannt der Teufel und Satan, der die ganze Welt verführt."

1. Sie nennen sich selbst "progressiv". Satanisten stellen alles auf den Kopf. Sie setzen sich für alles Kranke und Dysfunktionale ein. Sie sind eigentlich "regressiv".

Trotz ihres moralischen Anspruchs bedeutet "Fortschritt" für sie die Erniedrigung und ihrer Mitmenschen.

2. Der Mensch ist durch seine Seele mit Gott verbunden. Nimm Gott weg, und der Mensch schwimmt herum wie ein Fisch auf dem Trockenen

Um die Leere zu füllen, idealisiert er alles, weil seine Verbindung zu Gott abgerissen ist.

Nimm Gott weg, und der Mensch wird falsche Götter erschaffen, sagte Carl Jung.

Siehe die absurde Idealisierung von Frauen, Sex und Romantik, Literatur und Kunst, "großen Männern", Politikern, Berühmtheiten usw.

Weil er sich nach Gott sehnt, kann man ihm *alles* als Ersatz verkaufen. Er bildet sich ein, er bekäme Gott.

3. *Wir wurden von Gott programmiert.* Wahre Religion bedeutet einfach, *dem Programm zu folgen, d.h. Gott zu gehorchen.* Gott ist das Programm. Satanisten bringen uns durcheinander, so dass wir nicht hören können, wenn Gott zu uns spricht.

4. Obwohl wir einer Gehirnwäsche unterzogen wurden, um Gott zu verleugnen, sind wir in Wirklichkeit in Gott verliebt, in die Freiheit und Glückseligkeit, nach der sich unsere Seele sehnt.

Gott ist die Wirklichkeit. Die einzige Realität.

Der Gott des Satanismus ist Tod, Zerstörung und Leid.

5. Wir sind Zeugen eines kosmischen Kampfes zwischen Gut und Böse, und ich bedaure sagen zu müssen, dass Böse das Sagen hat und dem Sieg nahe ist.

6. Wir werden auf der untersten Ebene in den Kabalismus eingeführt. Satanische Kulte beuten ihre Mitglieder aus und kontrollieren sie, indem sie sie krank, korrupt und pervers machen. Krank im Sinne von Geschlechtsdysphorie, Sexsucht, Promiskuität, Pornographie, Pädophilie, Inzest, "Impfstoffen", endlosem Krieg... Sie haben das Wunderbarste und Wesentlichste im Leben untergraben, Liebe zwischen Mann und Frau, Eltern und Kindern. Die Kernfamilie ist das rote Blutgefäß der Gesellschaft. Diese Unholde sind entschlossen, sie zu töten.

Ich bin 75 Jahre alt und werde nur noch ein oder zwei Jahrzehnte zu leben haben. Aber mich schaudert es bei dem Gedanken, was der Menschheit bevorsteht.

Es ist an der Zeit, unsere missliche Lage zu erkennen. Ein tödliches Krebsgeschwür befällt alle gesellschaftlichen Institutionen. Es muss erkannt und bekämpft werden.

Wird die westliche Zivilisation aufgrund unserer Tatenlosigkeit, Feigheit und Naivität zu Grabe getragen werden?

Erfolg in praktisch allen Bereichen (Regierung, Wirtschaft, Unterhaltung usw.) erfordert die Mitgliedschaft in einer satanischen Sekte (Freimaurerei).

> "Wir haben alles in ihrem Leben so geregelt, wie es weise Eltern tun, die ihre Kinder in der Sache der Pflicht und der Unterordnung erziehen wollen. Denn die Völker der Welt sind in Bezug auf die Geheimnisse unseres Gemeinwesens immer ... nur unmündige Kinder, genau wie auch ihre Regierungen." *Protokolle von Zion* 15:20

Altiyan Childs: Die Menschheit in Geiselhaft eines satanischen Kultes (Freimaurerei)

In einem fünfstündigen Video, hier

https://www.youtube.com/watch?v=7Eeo-82Eac8

Der australische Rockstar Altiyan Childs, 45, hat sein Freimaurer-Gelübde gebrochen und sein Leben riskiert, um zweifelsfrei zu beweisen, dass die Freimaurerei Satanismus ist und die Freimaurer die Welt kontrollieren.

Merkel erhält eine Auszeichnung von
ihren freimaurerisch-jüdischen Handlangern

Dies ist ein wichtiger Realitätscheck.

Ich warne seit zwanzig Jahren vor der Freimaurerei und bin immer noch überrascht, meine Warnung durch Altiyan Childs bestätigt zu sehen.

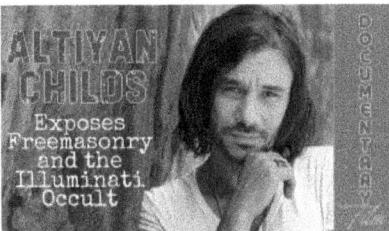

Über eine Stunde lang wird gezeigt, dass praktisch alle Politiker und Entertainer Freimaurer sind. Sie erklären stolz ihre Zugehörigkeit zu Satan, indem sie die klassischen freimaurerischen Erkennungszeichen machen: das verdeckte Auge, die verborgene Hand, das Zeichen des Baphomet und das dreieckige Handzeichen.

Die Freimaurerei ist das Instrument des kabbalistischen jüdischen Zentralbankkartells. Man muss sich ihr buchstäblich anschließen, um im öffentlichen Bereich erfolgreich zu sein: Politik, Unterhaltung, Wirtschaft, Religion, Militär, Bildung, Medien. Dieses geheime Netzwerk von Teufelsanbetern, Opportunisten und Verrätern ist es, mit dem sie den Covid-Schwindel und die weltweite Entvölkerung, Enteignung und Sklaverei, d.h. die UN-Agenda 2030, durchziehen.

"Uns gehört der Planet. Ihr werdet vertrieben."

Wenn Sie daran zweifeln, dass wir ein Spielball von Psychopathen sind, sollten Sie sich dieses Video ansehen.

Hier sind einige Highlights:

- Die Freimaurerei ist ein Sexkult. Sie verehrt den Sexualakt. Die Freimaurerschürze bedeckt die Genitalien. Sie zelebriert und versucht, Ausschweifungen, Pädophilie, Sodomie, Inzest und Bestialität zu normalisieren. Das Freimaurer-Emblem - Quadrat und Zirkel - symbolisiert den Sexualakt. (Ebenso wie der "Davidstern".)

- Freimaurerei und Hexerei sind praktisch identisch. Tom Brady ist ein Freimaurer. Seine Frau ist eine Hexe. Hillary Clinton ist eine Hexe.

- Bei freimaurerischen Ritualen können Tiere und Kinder geopfert und ihr Blut getrunken werden. Weltweit werden jährlich acht Millionen Kinder vermisst. (3.19)

- FDR, Hitler, Stalin und Churchill waren alle Freimaurer. Der Dalai Lama, Alex Jones und David Icke sind Freimaurer. (4.15)

- In der freimaurerischen Literatur wird prophezeit, dass "die ganze Welt in Blut gebadet werden muss". (4.20)

- Die Gesetze Noah, die jedes Jahr von US-Präsidenten neu unterzeichnet werden, legen fest, dass die Anbetung Christi Gotteslästerung ist und dass Gotteslästerer enthauptet werden. Ein Freimaurer, Joseph Ignace Guillotin (1738-1814), hat die Guillotine entworfen. Der Parfümhersteller Chanel hat sogar eine "intelligente Guillotinehergestellt.

- Alle Bestattungsunternehmen werden von Freimaurern geführt.

- Sie hassen Jesus über alles, weil er die Wahrheit verkörpert, die sie für immer zu begraben versuchen. Jesus ist allmächtig und wird sie besiegen.

Altiyan Childs bekehrte sich zum Christentum, nachdem er bei einem Autounfall nur knapp dem Tod entgangen war.

Wir sind unter der christlichen Ordnung aufgewachsen, in der sich die Gesellschaft dem Wohlergehen und der Selbstverwirklichung ihrer Mitglieder widmete. Wir sind in die kabbalistische Neue Weltordnung eingetreten, in der die Gesellschaft sich der Erfüllung der gestörten Fantasien ihrer reichsten und bösartigsten Mitglieder widmet.

ERSTER KOMMENTAR VON DD:

Das ist wahr und richtig, Henry. Mein Vater war knapp über 50 Jahre lang Freimaurer; sie verraten nicht einmal etwas an ihre eigene Familie. Sie sind nicht mit uns verheiratet. Sie sind an "Handwerk" verkauft. Wie habe ich ihre Agenda erfahren? Ich habe jahrelang recherchiert wie Atliyan.

Ich habe mir das Video angeschaut und es ist genau richtig. Meine Mutter war Eastern Star; alles geheim. Ich wuchs auf verstand keinen von ihnen. Ich wurde Christin und zog weiter. Ich hoffe, dass alle Ihre Leser sich die Zeit nehmen, dieses Video anzuschauen.

MIKE STONE SCHREIBT:

Ohne Ihre Empfehlung hätte ich es nie getan, aber ich habe gestern Abend spät die ersten zweieinhalb Stunden des Videos angesehen - ich habe angefangen und konnte nicht mehr aufhören. Es ist absolut fesselnd. Wie ein anderer Kommentator sagte, kannte ich bereits viele der Informationen, aber sie so dargelegt zu sehen, und die schiere Anzahl von Bildern, die bestätigen, dass so viele Personen des öffentlichen Lebens in die Freimaurerei verwickelt sind, ist erschütternd.

Es ist leicht zu erkennen, wie Menschen einfach aus dem Nichts auftauchen und ins Licht der Öffentlichkeit gerückt werden. Entweder sind ihre Eltern Freimaurer oder sie selbst, und wenn sie dann in New York oder Los Angeles oder wo auch immer auftauchen, ist das erste, was sie tun, die örtliche Loge zu kontaktieren oder ihr beizutreten - und Bingo! Es werden Kontakte geknüpft und geknüpft, Fäden gezogen, Top-Agenten kontaktiert, Vorsprechen arrangiert, und plötzlich sind sie ihren talentierteren Altersgenossen, die um ihr Auskommen kämpfen, meilenweit voraus. In der Schauspielerei, in der Musik, in der Politik, im Verlagswesen und im Buchvertrieb funktioniert möglicherweise alles auf diese Weise. Sogar die Leute, von denen man es nie vermuten würde, werden mit dem 666-Zeichen über dem Auge fotografiert. Es nimmt kein Ende.

Triadenklaue: Die Menschheit ist Opfer einer uralten satanischen Verschwörung

Nachfolgend finden Sie eine Liste der politischen und kulturellen Führer aus mehr als 500 Jahren, auf deren offiziellen Porträts das Handzeichen der Triade zu sehen ist, bei dem der dritte und vierte Finger zusammengeführt werden. Dies ist auch als "Triadenklauebekannt.

Sind all diese prominenten Persönlichkeiten aus fünf Jahrhunderten Krypto-Juden?

Wenn das stimmt, erscheint die Geschichte in einem neuen Licht.

Die Illuminaten - FDR, Hitler, Stalin und Churchill - sind im Wesentlichen Krypto-Juden.

Genau wie Hillary und Trump. Offenbar handelt es sich um eine Marano-Geste, die die Buchstaben M und W signalisiert, die 666 aus den drei Vs symbolisieren. Der Buchstabe V ist "waw" im Hebräischen und "vav" in Gematria und ist in beiden der sechste Buchstabe.

Diese Staats- und Regierungschefs machen das Handzeichen der Triadenklaue.

Wie groß ist die Wahrscheinlichkeit, dass Menschen, die Jahrhunderte auseinander leben, das gleiche freimaurerische Handzeichen machen? Mit dem Triadenzeichen erkennen sich Satanisten gegenseitig und signalisieren Luzifer ihre Treue.

Obwohl diese Verschwörung ihren Ursprung in der jüdischen Kabbala hat, hat sie sich auf einen Großteil der heidnischen Führungsschicht ausgeweitet, darunter Könige, Schriftsteller, Wissenschaftler und religiöse Führer. Es sei denn, viele von ihnen sind Krypto-Juden.

Die tragische Geschichte und die gegenwärtige Dysfunktion der Menschheit sind auf die Tatsache zurückzuführen, dass die Menschheit vom Teufel besessen ist. Man könnte eine genaue Geschichte Europas schreiben, indem man einfach diese Persönlichkeiten und ihre Rolle studiert. Die meisten von ihnen passen in das Schema einer langfristigen kabbalistischen Verschwörung zur Degradierung und Versklavung der Menschheit.

> "Wer nicht sehen kann, dass auf der Erde ein großes Unterfangen, ein wichtiger Plan stattfindet, an dessen Verwirklichung wir als treue Diener mitarbeiten dürfen, muss wohl blind sein". - Winston

David Livingstone glaubt, dass die meisten Illuminaten-Blutlinien, einschließlich der europäischen Königshäuser, ketzerische Juden, Krypto-Juden und Möchtegern-Juden sind. ("Krypto-Juden" sind Juden, die vorgeben, Christen, Muslime oder andere Religionen oder ethnische Hintergründe zu sein. John Kerry oder Madeline Albright sind Beispiele dafür.)

In seinem Buch *Terrorism & the Illuminati (Terrorismus und die Illuminaten)* zeichnet Livingstone die Genealogie dieser chasarischen Blutlinien nach, denen die Rothschilds, die Habsburger, die Sinclairs, die Stuarts, die Merowinger, die Lusignans und die Windsors gehören.

> "Das große Geheimnis der Geschichte ist die Geschichte des Aufstiegs der Kabbalisten zur Weltmacht", sagt Livingstone.

> "Gewöhnliche Juden und Menschen im Allgemeinen haben keine Ahnung, wie sie manipuliert werden".

> "Diese Kabbalisten glauben, dass Luzifer der wahre Gott ist. Sie

kümmern sich nicht um ihre eigenen Nationen. Ihr ganzes Lebensziel ist es, die Menschheit zu demütigen und zu erniedrigen und Gott zu beweisen, dass das menschliche Experiment ein Fehlschlag ist. Dieses Ziel erreichen sie allmählich durch ihre verdeckte Kontrolle über Wirtschaft, Bildung, Medien und Regierung."

Zur Unterstützung schickte David diesen verblüffenden Link aus der Internet-Wayback-Maschine.

https://web.archive.org/web/20140419215337/
http://www.pseudoreality.org/westside.html

Veronica Swift: Illuminaten-Satanismus enthüllt

Veronica Swifts Buch *An Illuminati Primer: Understanding the System through the Eyes of Its Whistleblowers* (2022) enthüllt beunruhigende Details über die Politiker und Berühmtheiten, die wir verehren. Sie alle gehören den Illuminaten an, die in Wirklichkeit eine satanische Sekte sind.

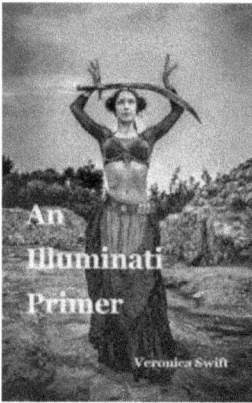

Im Folgenden finden Sie einige Auszüge, die erklären, warum die westliche Gesellschaft ins Trudeln geraten ist

"... Das Oberhaupt des Satanic Council hat eine Position, die "Phönix" genannt wird, und diese Position wurde fast 30 Jahre lang von George Soros gehalten, der um 2018-2019 zurücktrat. Soros wurde von Barack Obama abgelöst, der der aktuelle Phönix des Satanic Council ist. (ARA 031)

Jeder Quadrant hat eine Reihe von Großen Hohepriestern und Priesterinnen, und eine der Großen Hohepriesterinnen für den östlichen US-Quadranten hatte Gloria Vanderbilt bis zu ihrem Tod im Jahr 2019 inne. Ihre Nachfolge sollte Hillary Clinton antreten, aber aus welchen Gründen auch immer, war Hillary nicht in der Lage, dieses Amt zu übernehmen, auf das sie ihr ganzes Leben lang vorbereitet wurde. (ARA 21) .

Um die Position von Gloria kämpften zwei Hohepriesterinnen, und die Gewinnerin nahm diese Position ein. Die beiden Hexen ... waren Beyonce, die berühmte Sängerin, und Megan Markle, die Frau von Prinz Harry aus dem britischen Königshaus. (ARA 21) ..." (Seite 60-62)

"... Der gesamte Musk-Clan ist bekannt dafür, tief im Bruderschaftssystem zu stecken und wurde von ihrem ehemaligen Hausmädchen/Babysitter Rosemary geoutet, die sich auf YouTube Shalom Girl nennt. (SG 01

Jessie Czebotar hat festgestellt, dass Elons Großvater Joshua N. Haldeman mit Joseph Mengele und anderen Nazis, die zu den Illuminaten gehörten, in Verbindung stand. (GSR 01) (Seite 71)

"... Einige katholische Kirchen haben unterirdische

Verbrennungsanlagen. (ARA 004) Die Überreste von Kindern, die in Ritualen auf dem Gelände (oder unter) katholischen Kirchen geopfert wurden, können durch Verbrennung entsorgt werden, und dann, sehr zu meinem eigenen Abscheu, als ich das, nehmen sie manchmal diese Überreste und machen andere Dinge mit ihnen, wie z.B. Erinnerungsdiamanten daraus zu machen, und dann die Diamanten für Profit zu verkaufen, oder sie als Trophäendiamanten in Ringen zu tragen..." (Seite 97)

"... Die Spitzenleute der Freimaurerlogen sind laut Jessie und Cheryl hochrangige Luziferianer in den Illuminaten. Stufe 32 ist die letzte Stufe der Freimaurerei, die erreicht werden kann, ohne dass ein Menschenopfer erforderlich ist. Freimaurer der Stufe 33 haben diesen Rang erreicht, indem sie ein Kind opferten. (ARA 050) ..." (Seite 103)

"... Einige der Rituale haben Namen wie "Mondkind" oder "Satanische Taufe" oder "Erste Blasphemie/12-jähriges Ritual". Das erste Ritual, von dem ich hörte, war das 12-jährige Ritual, das für Jungen aus der Elitehierarchie gedacht ist, wenn sie den magischen Zirkel ihrer Kindheit "abschließen", um an den Ritualen teilzunehmen.

Bruderschaftskohorte/Magischer Kreis. Es ist auch das erste Ritual, bei dem sie freiwillig das Leben eines anderen Individuums nehmen, und allen Berichten zufolge ist es ein wildes Blutbad (RoR 080). Jessie erzählt von einem 12-jährigen Ritual, das sie als kleines Kind beobachtete, und der Junge, der es durchführte, war ein Rothschild.

Der 12-jährige Junge wird auch an einem Seil aufgehängt, und nachdem er aufgehängt wurde, er von den Mitgliedern des magischen Kreises, die seine erwachsenen Gruppenmitglieder werden, auf jede nur erdenkliche Weise vergewaltigt. Diese Personen werden für den Rest seines Lebens die Mentoren dieses Kindes sein, sie werden ihn durch seine Karriere führen und ihn ein Leben lang unterstützen. (ARA 003)

Bei diesem speziellen Ritual waren als Teil der erwachsenen Kerngruppe unter anderem Hillary Rodham Clinton und John Brennan anwesend. Eine weitere anwesende Einzeltäterin war Marilou Schroeder Whitney, eine Verwandte des Vanderbilt-Clans. Diese erwachsenen Personen sagen dem Kind, dass es "Gott abschwören und (seine) Position in der Bruderschaft einnehmenmuss.

Die Abkehr von Gott gilt als die "erste Blasphemie". An diesem Punkt wird das Kind freigelassen, high von Adrenochrom, das laut Jessie eine so starke Psychose hervorruft, dass man den Wunsch verspürt, "den Leuten das Gesicht abzureißen" oder sie mit Händen und Zähnen zu zerfetzen

Jessie merkt an, dass sie, als Adrenochrom an ihr getestet wurde, beim Absetzen der Droge in eine Zwangsjacke gesteckt und in einen Schrank gesperrt wurde, damit sie niemanden verletzen konnte. (GD 03, ARA 042, ARA 034)

Dann beginnt er seinen ersten Mord, indem er eines der aufgehängten Kinder kannibalisiert, und dann gesellen sich die anderen, die sich im tiefen Teil des gekachelten poolähnlichen Bereichs befinden, zu ihm, und es wird zu riesigen Blutbad (ARA 003.)

4 Illuminati-Großpriester leiteten das Ritual, darunter der verstorbene Monsignore Thomas C. Brady und Kardinal Timothy Michael Dolan. Beide arbeiten tagsüber in der katholischen Kirche und sind nebenbei Luziferianer.

Nach der Vergewaltigung eines 12-jährigen Kindes ist eines der Dinge, die das Kind tut, freiwillig sein erstes Leben zu nehmen ... Corey Feldman und Corey Haim, Hollywoods Kinderstars, waren dort, ebenso wie Christina Applegate aus der Fernsehserie Married with Children, Carter Vanderbilt (Sohn von Gloria Vanderbilt), Senator Robert Byrd, Ewan McGregor und Jimmy Saville wurden ebenfalls als Anwesende bei den Feierlichkeiten vor dem eigentlichen Ritual genannt. ..." (Seite 132-134)

> "Die Personen, die in diesen Quadranten tätig sind, könnten mit einem Namen bezeichnet werden, der ihren Quadranten bezeichnet, z.B. wird Jacob Rothschild der 'Blaue Drache' genannt, weil er im westlichen Quadranten tätig ist und die bezeichnende Farbe dieses Quadranten blau ist. (ARA 010)

> " Die Kontrolle durch die Illuminaten an der Spitze dieser Organisationen ist vollständig. Das FBI erlaubt es guten Leuten innerhalb ihrer Organisation, sich zu "outen", indem sie zum Beispiel pädophile Netzwerke verfolgen, aber dann benutzt es das, um ihre Karrieren zu zerstören und sie durch Individuen zu ersetzen, die eher loyal gegenüber den bösen oberen Rängen sind. (FB 01)..." (Seite 178)

> "... Svali ist von Trump nicht so angetan. Sie glaubt, dass sowohl Trump als auch Biden von ihren Gedanken gesteuert werden - und das ist eine Expertenmeinung, die auf ihrem früheren Beruf als "Chefprogrammierer" bei den Illuminaten beruht (SV 26, SV 57)

Zu den weiteren Plänen, die bisher noch nicht verwirklicht wurden, gehört, dass die Illuminaten eine völlige Abwertung der US-Währung anstreben, da dies Druck auf die Menschen ausüben würde, eine "Eine-Welt-Regierung im Gegenzug für wirtschaftliche Stabilisierung" zu akzeptieren. Die beängstigendsten Abschnitte dieses Plans beinhalten eine zweite Pandemie, die für kleine Kinder sehr tödlich ist, und die Einführung von Hassgesetzen, um "das Christentum, das Judentum und jede politische Gruppe zu kriminalisieren, die nicht mit der Agenda der Sekte übereinstimmt." (SV 57)

Henry Klein: Sanhedrin - Kopf der Illuminatenschlange?

Das Gift im Becher der Juden (1945)- Henry Klein (gekürzt von henrymakow.com)

Die Protokolle von Zion sind der Plan, nach dem eine Handvoll Juden, die den Sanhedrin bilden, die Welt beherrschen wollen, indem sie zuerst die christliche Zivilisation zerstören. Die Juden als Gruppe wissen nichts von diesem Plan. Sie sind ebenso Opfer des Sanhedrins wie Christen und Angehörige anderer Religionen.

"Jesus vor dem Sanhedrin", ein Gemälde von Jacques Tissot

Der Sanhedrin arbeitet über die Kehillah. Die meisten jüdischen Organisationen sind in der Kehillah vertreten. Sie ist das örtliche jüdische Leitungsorgan. Alle Vertretungen in der Kehillah erfolgen durch Delegierte, die entsprechend der Mitgliederzahl der einzelnen Organisationen zugeteilt werden. Jede jüdische Organisation, sei es eine Loge, ein brüderlicher Orden, eine Synagoge oder eine andere, hat Anspruch auf eine Vertretung. Diese Einheit entspricht dem Rat des verstorbenen Louis D. Brandeis, der die Juden aufforderte, sich zu vereinen, zu vereinen, zu vereinen".

Die Kehillah in New York City wird von einem Exekutivausschuss geleitet, dem ein Beratungsgremium vorsteht. Dieser Vorstand wird von Jahr zu Jahr gewählt oder bleibt im Amt. Er ist für den Betrieb der

Kehillah verantwortlich, die eine alte jüdische Institution ist, die auf die Zeit vor Jesus zurückgeht, der zu seiner Zeit Ziel der Kehillah war. Das Gleiche galt für Moses Maimonides im zwölften Jahrhundert; für Spinoza im achtzehnten Jahrhundert; für Jacob Branfmann im neunzehnten Jahrhundert und für mich heute.

Henry Klein (1879-1955)

Warum war ich das Ziel der Kehillah? Weil ich einen Christen verteidigt habe, der zusammen mit anderen Christen in dem gefälschten Aufwiegelungsprozess in Washington, D.C., im Jahr 1944 verfolgt wurde, und weil ich die Machenschaften einiger sogenannter pro-jüdischer Organisationen und Publikationen, die hinter dieser Verfolgung standen, aufgedeckt und gestoppt habe...

Mein Verständnis hat sich stark verbessert. Meiner Meinung nach sind die Protokolle nicht nur echt, sondern sie sind auch fast vollständig erfüllt worden. Der letzte Schritt in ihrer Erfüllung war die Verabschiedung der so genannten Charta der vereinigten Nation durch den Kongress, die eine Superregierung schuf, die Superregierung, die in den Protokollen beschrieben wird, die besagen, dass mit der Schaffung der Superregierung der Plan in den Protokollen erfüllt werden wird. Der Sanhedrin wird an der Macht sein.

Der Sanhedrin regiert jetzt die Vereinigten Staaten, Großbritannien und Russland, und mit der Atombombe hat er genug Macht, um seine Herrschaft über die ganze Welt zu sichern.

VENDETTA

Ich konnte nie verstehen, warum es in der New Yorker Zeitungsbranche viele Jahre lang "Daumen runter" für Klein hieß, wo ich viele Jahre lang ehrenhaft und mutig als Aufklärer und Aufdecker von Bestechung unter Einsatz meines Lebens gearbeitet hatte. Ich betrachtete eine solche Arbeit als die Pflicht eines Zeitungsmannes.

Ich war der führende Enthüllungsreporter bei der *World* unter Joseph Pulitzer und bei *The American* unter Hearst. in den frühen Tagen seiner Zeitungskarriere in New York City; und ich war der Chefermittler für einige der wichtigen offiziellen und inoffiziellen Ermittlungsbehörden. Ich habe in einem Zeitraum von mehr als vierzig Jahren meines sechsundsechzigjährigen Lebens im Alleingang mehr politische Korruption aufgedeckt als die meisten Zeitungsleute, Beamten und

Ermittler zusammengenommen...

Warum wurde Klein im Zeitungsgeschäft der Daumen nach unten gezeigt? Weil die Kehillah über den Sanhedrin die Zeitungen kontrolliert und weil der Sanhedrin keinen ehrlichen und mutigen Juden dulden kann. Als ich 1933 auf den Listen der Taxpayers' Party und der Five Cent Fare Party für das Amt des Bürgermeisters von New York City kandidierte, durfte keine Zeitung der Stadt meinen Namen erwähnen, obwohl eine oder zwei es taten. Ich verteilte drei Millionen Flugblätter, um die Unterdrückung durch die Zeitungen zu überwinden. Trotzdem erhielt ich 57.500 Stimmen, obwohl der Wahlvorstand mir nur 2607 Stimmen zuschrieb und 55.000 Stimmen für die Bürgermeisterwahl als "nicht registriert" meldete. Zehntausend Wähler unterzeichneten meine Nominierungspetition, um mir die Kandidatur zu ermöglichen.

All dies bedeutet, dass kein anständiger Jude eine Chance hat, bei anderen Juden oder beim Volk im Allgemeinen bekannt zu werden, wenn der Sanhedrin will, dass er nicht bekannt wird.' Doch eine der führenden Persönlichkeiten der Kehillah war nur ein Dutzend Jahre zuvor mit mir in einer Immobilientransaktion verbunden, und die meisten führenden Persönlichkeiten der Kehillah kennen meinen Werdegang ganz genau. Ich war kein Stempeljude oder Orthodoxer, und das reichte aus, um mich auszuschließen; außerdem war ich unabhängig und kreativ, und das war tabu. Die Kehillah versucht, die Juden orthodox und unwissend zu halten, damit sie leichter verängstigt und kontrolliert werden können. Sie wollen, dass die Juden gefügig bleiben und Befehle befolgen.

Nun, die Juden werden gründlich kontrolliert, aber wozu? Die Reaktion gegen sie ist in allen Ländern gewaltig. Sollen sie wie bisher alleine weitermachen und sich den Lehren ihrer selbsternannten Herren anpassen, oder sollen sie das Joch abwerfen und ihre Freiheit von rassischer und religiöser Kontrolle verkünden.

Wenn sie Letzteres nicht tun, sind die Juden dem Untergang geweiht. Bis jetzt wurden die meisten von ihnen als willige Sklaven betrachtet. Man hat sie mit allerlei falscher Propaganda gefüttert, um sie unwissend und in Angst zu halten. Juden und Christen wurden benutzt, um Rassenfeindschaften zu schüren, die Juden zusammengetrieben und auf Linie gehalten werden. Die Protokolle sagen, dass wir Antisemitismus haben müssen, um unser Volk zusammenzuhalten, selbst wenn wir einige von ihnen für den größeren Gewinn opfern...

Verwandt: Henry Klein - *Jüdischer Märtyrer entlarvt kommunistische Kontrolle über die USA* (online)

Ein Nachtrag zu den Protokollen von Zion

Was Israel den Palästinensern antut, werden das organisierte Judentum und die Freimaurerei schließlich uns allen antun, indem sie Pandemien und Kriege inszenieren. Ein Leser, ein langjähriger Patriot, stolperte über dieses vierseitige Pamphlet in seinen Unterlagen.

"Ich habe keine Ahnung, wie und wann ich es erfahren habe. Und auch nicht von der Richtigkeit von solchen wie diesem hier. Ich dachtewenn jemand Verwendung dafür hat, dann bist du es."

Der hasserfüllte Inhalt stimmt mit anderen Enthüllungen über die freimaurerisch-jüdische Agenda überein, wie den Protokollen von Zion und den Enthüllungen von Harold Rosenthal. Aus Angst, des "Antisemitismus" beschuldigt zu werden, hat der Westen seine eigene Zerstörung in Kauf genommen. Diese Verleumdung soll dazu dienen, den Widerstand gegen den Satanismus (freimaurerisches Judentum, Kommunismus) als "Bigotterieabzutun.

Kaum zu glauben, dass das Folgende vor der Erfindung des Internets geschrieben wurde: "Wir haben eine ganze neue Generation dazu erzogen, zu glauben, dass das einzige wichtige Ziel im Leben darin besteht, Beliebtheitswettbewerbe zu gewinnen; aus Angst davor, "unbeliebt" zu sein, wird es niemand wagen, eine Idee zu äußern oder eine Initiative zu zeigen, die wir ihm nicht zuerst einpflanzen."

EINE BOTSCHAFT DER HOHEN KABBALA (GEKÜRZT)

GEHEIME GRÜSSE, o auserwähltes Volk:

"Viele von euch fragen sich, wie lange wir Juden hier noch den abscheulichen Schein der Brüderlichkeit (O, Bruder!) gegenüber den verhassten christlichen Gojim aufrechterhalten müssen und wann wir endlich auf den Schnickschnack verzichten und offen die uns zugedachte Rolle als Herren der Erde übernehmen können. Ihr seid zweifelsohne angewidert davon, für immer eure Rollen in der Scheinwelt zu spielen, die wir geschaffen haben, um die Goj-Schmierigen zu unseren Füßen niederzuwerfen und hilflos zu machen. Ihr wartet ungeduldig auf den großen Tag, an dem wir den Beginn unserer Neuen Weltordnung verkünden können.

Lasst uns jubeln! Der große Tag ist nahe! Unser lang erwarteter Messias, unser König von Zion, wird bald gekrönt werden und über die ganze Erde herrschen! Nach endlosen Jahrhunderten nähern sich die Pläne unserer gelehrten Ältesten ihrer vollständigen Erfüllung.

Das dumme nichtjüdische Vieh ist jetzt bereit für die Opferung. Sie sehen, wie die Reste von ihnen, wie wir erlauben, zu überleben, nachdem wir durch die Auswahl von ihnen, bereits dienen uns in der Sowjetunion, Rot-China, etc. etc., als unsere ausgebildeten Affen, glücklich zu sterben Schlachtung und Versklavung der Rest ihrer Mit Gojim für uns. Sie haben gesehen, wie treu sie in Ungarn für uns gearbeitet haben. Und in der ganzen "freien" Welt schreien die Nichtjuden danach, wir von ihnen Besitz ergreifen.

Indem wir endlos um alle Themen von allen Seiten herumreden, haben wir die dummen Gojim so verwirrt und demoralisiert, dass sie eifrig jeden unserer Schritte zur Vollendung ihrer Versklavung unterstützen. Sie sind mehr und mehr auf unsere Führung angewiesen, denn nur wir wissen, wie man denkt.

Beobachten Sie, wie bereitwillig die geistlosen Gojim aus dem Norden ihre widerspenstigen Verwandten aus dem Süden dafür bestrafen, dass sie sich dreist weigern, den Befehlen zur Integration mit den kindischen afrikanischen Wilden zu gehorchen. Denken Sie daran, wie sie für uns gestorben sind, als wir ihnen befahlen, Hitler, Mussolini und die japanischen Kriegsherren zu vernichten.

Beachten Sie, dass ihr brutales Proletariat bereits unsere Gefangenen in den Gewerkschaften sind in die wir sie gepfercht haben. In ihrer abgrundtiefen Dummheit können sie nicht einmal erkennen, dass wir es sind, die ihre Gewerkschaftsbosse sind, obwohl wir unsere Hände nie mit entwürdigender Handarbeit beschmutzen.

Sie wählen eifrig uns oder unsere Marionetten, um über sie zu herrschen, und gehorchen sklavisch unseren Befehlen. Wir befehlen ihnen, immer wieder für immer höhere Löhne zu streiken, ohne dass merken, dass wir die Preise immer nur ein bisschen schneller erhöhen und sie in immer höhere Einkommenssteuerklassen bringen.

Als Entschädigung für unsere Bemühungen ziehen wir von diesen Goy Ochsen Milliarden an Gewerkschaftsbeiträgen und Sozialgeldern ab, die wir für unsere eigenen Zwecke verwenden. Wir haben sie gelehrt, skrupellose, ausbeuterische, reiche Kapitalisten zu hassen, indem wir sie völlig blind für die Tatsache machen, dass wir diese "bösen" Kapitalisten sind, indem wir ihnen auf die Schulter klopfen und ihnen sagen, dass wir für den "kleinen Mann" sind!

Natürlich sind sie viel zu dumm, um zu erkennen, dass alle Zeitungen, Bücher, Zeitschriften, Radio, Fernsehen und Kinofilme sie unaufhörlich mit unserer Propaganda bombardieren und beibringen, unsere Feinde, ihr Land, ihr kapitalistisches System usw. zu hassen und sich schuldig zu fühlen, weil sie es überhaupt wagen, sich für fähig zu halten, unabhängig zu denken. Sie sind unsere Zombies! Alles, was wir tun müssen, um irgendeine Idee zu fördern, egal wie absurd sie ist; um irgendeine unserer Marionetten voranzubringen, egal wie erbärmlich sie ist; um irgendeinen ihrer Führer zu zerstören, egal wie würdig er ist, ist, auf einen Knopf zu drücken, und unsere unwiderstehliche Propaganda beginnt, sie Tag und Nacht anzugreifen, wohin sie sich auch wenden - es gibt kein Entkommen - und sie glauben genau das, was wir ihnen sagen.

Wir haben ihre Schulen in glamouröse Kindergärten verwandelt, in denen die verblödeten Dummköpfe glauben, dass sie gebildet sind, nur weil sie zwölf bis sechzehn Jahre damit verbringen, in feinen Gebäuden unterhalten zu werden und ihre Gehirne durch unsere cleveren Techniken verwirren zu lassen. Unsere "modernen Psychologen" haben den hirnlosen nichtjüdischen Eltern beigebracht, dass sie ihre Kinder wie Unkraut auf den Feldern aufwachsen lassen müssen und dass sie ihre verabscheuungswürdigen Bälger nie und nimmer hemmen dürfen, denn sie werden "frustriert sein und unangepasst, introvertiert und neurotisch aufwachsen"!

Und dann bringen wir ihren barbarischen Kindern bei, ihre hohlköpfigen Eltern zu verachten, weil sie sie vernachlässigen! Wir haben eine ganze neue Generation dazu erzogen, zu glauben, dass das einzig wichtige Ziel im Leben darin besteht, Beliebtheitswettbewerbe zu gewinnen; aus Angst, "unbeliebt" zu sein, wird es niemand wagen, irgendeine Idee zu äußern oder irgendeine Initiative zu zeigen, die wir ihnen nicht zuerst einpflanzen.

Diejenigen, die sich weigern, sich anzupassen, werden für dringend psychiatrisch behandlungsbedürftig erklärt und zu unseren psychopolitischen Agenten geschickt, von denen sie ahnungslos glauben, dass sie daran interessiert sind, sie zu "heilen", die aber in Wirklichkeit unsere ausgeklügelten Techniken anwenden, um ihren Verstand zu unterwandern und sie für den Rest ihres Lebens zu unseren unwissenden Werkzeugen zu machen. Und sie zahlen viel Geld für dieses "Privileg"! Oh, ein Narr und sein Geld - !

Wir haben sie dazu gebracht, jeden wählen zu lassen - wenn wir nur das Wort sagen würden, würden sie die Babys in ihren Krippen wählen, aber Sie wissen, dass das zu unordentlich wäre! Wir üben die vollständige Kontrolle über ihre blinden, dummen Massen aus, die genau so "denken" und wählen, wie wir es vorgeben. Würde der alte FDR noch leben, hätten wir ihn schon im Weißen Haus, wo er unsere Befehle ausführt. Eleanor plappert, was wir ihr vorschreiben, immer weiter und weiter!

Um den Gojim keine Möglichkeit zur Flucht zu geben, haben wir die vollständige Kontrolle über beide politischen Parteien ergriffen. Wir können jetzt selbstgefällig den nichtjüdischen Wählern sagen, dass sie wählen müssen, "um ihre Freiheit zu bewahren!" Wir sagen ihnen, sie sollen ihre Stimme abgeben, aber auf jeden Fall wählen - aber die idiotischen Gojim merken kaum, dass wir ihnen immer die Wahl zwischen zwei Marionetten unserer Wahl lassen. Jetzt, da sie versuchen, eine dritte Partei zu gründen, um uns zu entkommen, werden wir auch die Kontrolle über sie kaufen.

Wann immer ein Politiker neugierig wird, weiß unsere Bnai Brith ADL genau, wie sie mit ihm umzugehen hat; siehe Dies, Thomas, McCarthy, Jenner, Welker, Eastland usw. Wenn ein hoher Beamter es wagt, sich uns zu widersetzen, vernichten wir ihn vollständig, wie wir es mit Graf Bernadotte, Forrestal, MacArthur usw. getan haben. Wir hatten immer die vollständige Kontrolle über das Atomenergieprogramm, und alle Streitkräfte stehen unter unserer direkten Kontrolle - sie kämpfen gegen wen, wann, wie und wo wir es ihnen befehlen!

Die aufmerksamen Nichtjuden, die bemerkt haben, dass wir nie direkt an den Kämpfen der Kriege teilnehmen, in die wir sie zwingen, nehmen an, dass wir Feiglinge sind - aber lassen Sie sie so glauben, es hilft unserer Sache. Sie werden es bald besser wissen.

Im Namen der Wohlfahrt nehmen wir den Gojim sowohl ihre Freiheit als auch ihr Geld. Im Namen der Sicherheit haben wir eine uneinnehmbare staatliche Festung um sie herum gebaut, die sie bald entdecken werden, wird ihr Gefängnis für die Ewigkeit sein. Im Namen der Brüderlichkeit haben wir sie gelehrt, sich uns nicht zu widersetzen.

Im Namen der Nächstenliebe haben wir sie mit Milliarden abgespeist. Im Namen der Vorbeugung von Zahnfäule veranlassen wir sie, eingebaute Wasservergiftungssysteme zu bauen, die sie völlig von unserer Gnade abhängig machen werden.

Im Namen der geistigen Gesundheit erklären wir diejenigen, die sich uns widersetzen, für geisteskrank und sperren sie lebenslang ein. Im Namen der fortschrittlichen Erziehung bilden wir sie zu unseren unreflektierten Robotern aus. In ihrem eigenen Namen zerstören wir ihre lästige Verfassung.

Wir haben ihre abscheuliche christliche Religion für unsere Zwecke benutzt. Im Namen der Brüderlichkeit zerstören ihre Geistlichen das Christentum, wie wir es anordnen, und lehren stattdessen die Prinzipien unseres brillanten Strategen, Karl Marx. Jeder Versuch, sich uns dabei zu widersetzen, wird als "unchristlich" gebrandmarkt! Was für einfache Idioten!

Wir haben fiktive Wissenschaftler gefördert, die mit monströsen Worten und geschickten Täuschungen die Gojim davon überzeugt haben, dass wir so klug sind, dass sie nicht einmal versuchen können, unsere anmaßenden Theorien zu verstehen. So haben sie Sigmund Freud und unseren treuen zionistischen Patrioten Albert Einstein verehrt und sich in blinder Bewunderung überschlagen. Und jetzt verehren sie unseren Jonas Salk für seinen unbewiesenen Polio-Impfstoff.

Wir haben so pervertiert ihre Kunst, dass unsere Picasso, Gertrude Stein, und Jacob Epstein sind so brillant, dass die schwachsinnigen goy Schafe können nicht einmal begreifen, was sie bedeuten, und zahlen viel Geld für das, was ein Kind hätte besser gemacht!

Wenn einige ihrer wenigen intelligenten Männer unsere Schikane erkennen und versuchen, uns zu entlarven, schreien wir: "Faschismus, Nazismus, Antisemitismus, Diskriminierung, Bigotterie, Völkermord, Wahnsinn", und unsere dressierten nichtjüdischen Affen stürzen sich wie wild darauf, diese störenden Stimmen in unserer Scheinwelt zu vernichten! Wir erlauben niemandem, einen Juden zu kritisieren, und kein jüdischer Bösewicht darf jemals dargestellt werden.

Wir befürchteten, dass wir vereitelt wurden, als unsere geheimen Pläne gestohlen und vor über fünfzig Jahren in Russland als "Protokolle der Weisen von Zion" veröffentlicht wurden und unser Handbuch über psychopolitische Kriegsführung von einem dreckigen nichtjüdischen Verräter unter dem Titel "Gehirnwäsche" veröffentlicht wurde.

Aber wir fanden heraus, dass unsere gelehrten Ältesten absolut Recht hatten, als sie schrieben, dass der dumme Gojim Augen hat, aber er kann nicht sehen, und er hat Ohren, aber er kann nicht hören. Sie hatten so recht, dass eine solche unwürdige Tierart nicht als Mensch betrachtet werden kann. Wie unsere gelehrten Rabbiner in unserem heiligen Talmud schrieben, müssen wir sie, kurz nachdem wir uns von dem Betrüger Jesus befreit haben, wie unser Vieh behandeln...

Freut euch, wir werden bald den Rest des nichtjüdischen Viehs in den Stall sperren, wo sie hingehören, und es ihnen nie wieder gestatten, uns bei der Führung der menschlichen Angelegenheiten zu stören. Wir sind dabei, unsere Eroberung der letzten Bastion der nichtjüdischen Welt, der Vereinigten Staaten von Amerika, abzuschließen, und aus all diesem geplanten Weltchaos bauen wir unaufhaltsam unsere neue Eine-Nation-Welt auf: Sie soll Zion heißen! Nachdem wir endlich in unser von Gott verheißenes Königreich über die Erde gekommen sind, werden Frieden, Wohlstand und Macht die Juden für immer segnen.

Lang lebe unser Messias, der unbesiegbare Weltkönig von Zion!

Ted Pike: Die Ausrottung der Gojim ist Grundlage der Kabbala

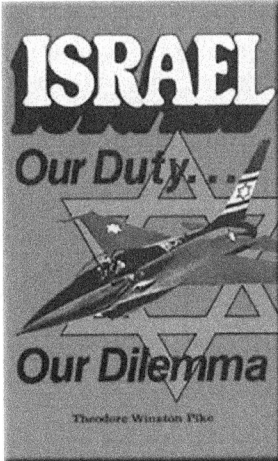

Die Kabbala (Satanismus) ist die Ideologie der Illuminaten.

Die "Antisemitismus"-Schmiererei lenkt von der düsteren Realität ab - der Hass geht in Wirklichkeit von kabbalistischen Juden und ihren Freimaurer-Agenten in Form eines gleichzeitigen Angriffs auf unsere geschlechtliche, rassische, religiöse und nationale Identität aus. Dieser Hass findet nun seinen Ausdruck in der pandemischen Psy-Op und den tödlichen Impfstoffen.

Ob Jude oder nicht, wenn Sie kein "Antisemit" Sinne eines Gegners dieser teuflischen Agenda sind, sind Sie ein Dummkopf, der für seine Konformität und Ignoranz teuer bezahlen wird.

Ted Pike, 74, hat der Menschheit in seiner 30-jährigen Missionskarriere einen heroischen Dienst erwiesen. Dank der Großzügigkeit eines anonymen Spenders schickte er 1988 15.000 Exemplare dieses Buches an christliche Evangelisten. In den 1990er Jahren trug er mit 750 Radiosendungen dazu bei, die Verabschiedung von Hassgesetzen zu verhindern. Sein Video *Zionismus & Christentum-Unheilige Allianz* ist der Schlüssel zum Verständnis unserer Welt

Ich empfehle Ihnen dringend die Lektüre *von Ted Pikes Israel: Our Duty...Our Dilemma* (1984) zu lesen, um die Gefahr zu verstehen, in der sich die Menschheit heute befindet. Die wesentliche Lehre des heiligsten Buches des Judentums, der Kabbala, ist, dass Nicht-Juden ein Hindernis für den Fortschritt darstellen und unterworfen oder ausgerottet werden müssen. Diese Ideologie erklärt wahrscheinlich einen Großteil der tragischen Geschichte und des drohenden Untergangs der Menschheit.

Nur "religiöse" Juden sind sich dieser Agenda bewusst, aber sie sind sehr in Kontrolle des Westens durch ihre Kontrolle des Bankensystems und der Freimaurerei.

Nur wenige Menschen nehmen sich die Zeit, die Kabbala zu lesen. Ted Pike hat das getan und seine Erkenntnisse in Kapitel 12, *Die Verschwörung der Kabbala*, dargelegt. (110-123)

Die Kabbala ist "ein Versuch der Pharisäer und ihrer Nachkommen, Gott die Kontrolle über diese Welt zu entreißen und sie sich selbst zu geben. Dies ist die Definition des Satanismus - Gott zu verdrängen. Das Judentum in seinem kabbalistischen Kern ist Satanismus. Deshalb muss man auch nicht an Gott glauben, um dem Judentum zu folgen.

GOYIM HATRED

Nach der Kabbala sind die Nichtjuden allein durch ihre Existenz ein Hindernis für die jüdische Herrschaft und den Himmel auf Erden. "Die Kabbalisten sahen die Ausrottung der Heiden als notwendigen Prozess zur Wiederherstellung der Ordnung im Universum. Der Nichtjude ist eine Form von Dämon, Satan selbst."

Pike zitiert die Kabbala: "Wenn Gott sich offenbart, werden sie vom Angesicht der getilgt werden." (I Ber. 25b)

Bis zu diesem gesegneten Tag werden die Juden weiterhin schmachten und sich von den Nichtjuden unterdrückt fühlen. Der "Mensch" im Alten Testament bezieht sich nur auf Juden. Wie wird der Mensch die Welt erobern?

> "Durch Täuschung und List, wo immer es möglich ist. Sie müssen ohne Unterlass bekämpft werden, bis die richtige Ordnung wiederhergestellt ist. Deshalb sage ich mit Genugtuung, dass wir uns von ihnen befreien und über sie herrschen sollen." (I, 160a, *Pranaitus* Trans. S.74

Das ist beängstigend, wenn man bedenkt, wer die Waffen der Massentäuschung kontrolliert.

Wenn die jüdische Weltherrschaft eingetreten ist, wird der Messias "seine Macht zeigen und sie aus der Welt vertilgen." (III, Schemoth, 7 und 9b, de Pauly.

> "Wenn diese ausgerottet sind, wird es sein, als hätte Gott an jenem Tag Himmel und Erde geschaffen..."(I, Ber. 25b)

"In dem Augenblick, in dem der Heilige ... alle Nichtjuden der Welt ausrotten wird, wird Israel allein fortbestehen, so wie es geschrieben steht, der Ord allein wird an jenem Tag groß erscheinen ." Vayschlah, follo 177b de Pauly, Webster S.373

Die Kabbala empfiehlt die Ausrottung der Heiden als höchste religiöse Pflicht. Nur dann werden die Juden gedeihen können. Die meisten Juden sind sich dieser teuflischen Agenda nicht bewusst und teilen diese Ziele sicherlich nicht. Diese Unterwerfung der Nichtjuden ist jedoch das Wesen des "Globalismus" und der Neuen Weltordnung.

Das "auserwählte Volk" ist der ultimative Betrug. Ich möchte nicht alarmistisch klingen, aber dies ist die beste Erklärung für das Weltgeschehen in Vergangenheit und Gegenwart. Wir haben die Fähigkeit verloren, das Böse zu erkennen und es bei seinem Namen zu nennen. Hier geht es nicht um eine Meinungsverschiedenheit. Hier geht es um Gut und Böse.

Ich möchte Ihnen etwas über das Böse erzählen. Das Böse ist darauf aus, alles Gute zu zerstören, auch Sie und alles, was Ihnen lieb und teuer ist.

Und denken Sie daran, dass viele Kabalisten Freimaurer sind. Diese Heiden wollen einen Platz am Tisch und haben ihre Seelen an den Teufel verkauft. Sie waren/sind unentbehrlich. Wir sprechen hier von einer weit verbreiteten satanistischen Verschwörung. Konzentrieren wir uns auf Satanisten und nicht auf jüdische Dummköpfe.

Wenn diese Agenda tatsächlich hinter dem Weltgeschehen steht, ist es an der Zeit, dass die Menschheit aus ihrer Selbstgefälligkeit erwacht und ihre Verteidigung organisiert.

Boris Pasternak: Jüdischer Nobelpreis-Romancier befürwortete jüdische Assimilation

Warum finden die jüdischen Führer die Assimilation so bedrohlich? Sie brauchen Juden als Kanonenfutter für ihre größenwahnsinnigen Pläne.

1959 sagte Israels Premier David Ben-Gurion gegenüber der Jewish Telegraphic Agency, *Dr. Schiwago* sei "eines der verachtenswertesten Bücher über Juden, das je von einem Mann jüdischer Herkunft geschrieben wurde...".

Wie kam es zu dieser Reaktion des ersten israelischen Premierministers?

Ben-Gurion war wütend über eine Romanfigur, einen zum Christentum Konvertierten, der fragte, warum Juden unter der Geißel des Antisemitismus leiden müssen:

"In wessen Interesse ist dieses freiwillige Martyrium? Entlasst diese [jüdische] Armee, die ewig kämpft und massakriert wird, niemand weiß, wofür... Sagt zu ihnen: 'Das ist genug. Hört jetzt auf. Haltet nicht an eurer Identität fest. Versammelt euch nicht alle in einer Menge. Zerstreut euch. Seid mit allen anderen zusammen.

Ihre nationale Idee hat die Juden dazu gezwungen, eine Nation und nichts als eine Nation zu sein - und sie waren durch die Jahrhunderte hindurch an diese todbringende Aufgabe gekettet, während die ganze übrige Welt durch eine neue Kraft [das Christentum], die aus ihrer eigenen Mitte kam, davon befreit wurde ... Und sie haben es tatsächlich gesehen und gehört und es losgelassen!

Wie konnten sie zulassen, dass ein Geist von solch überwältigender Kraft und Schönheit sie verließ, wie konnten sie denken, dass sie, nachdem er triumphiert und seine Herrschaft errichtet hatte, als leere Schale des Wunders, das sie abgelehnt hatten, zurückbleiben konnten?

Kommen Sie zur Vernunft, hören Sie auf. Haltet nicht an eurer Identität fest. Bleibt nicht zusammen, löst euch auf. Seid mit allen anderen zusammen. Ihr wart die ersten und die besten Christen der Welt. Jetzt seid ihr genau das wogegen sich die Schlimmsten und Schwächsten unter euch gewendet haben." - (Doktor Schiwago, Kapitel 12)

PASTERNAK - EIN CHRIST IM HERZEN

Pasternak wurde in Moskau als Sohn einer wohlhabenden, assimilierten russisch-jüdischen Familie geboren. Sein Vater war der postimpressionistische Maler Leonid Pasternak, Professor an der Moskauer Schule für Malerei, Bildhauerei und Architektur. Seine Mutter war Rosa Kaufman, eine Konzertpianistin und die Tochter des Industriellen Isadore Kaufman aus Odessa.

In einem Brief an Jacqueline de Proyart aus dem Jahr 1959 erinnerte sich Pasternak daran, dass seine "ausgeprägte Sichtweise" auf die Taufe durch ein Kindermädchen zurückzuführen ist:

"Ich wurde als Kind von meinem Kindermädchen getauft, aber ... es wurde immer als halb geheim und intim empfunden, als eine Quelle seltener und außergewöhnlicher Inspiration, anstatt ruhig als selbstverständlich hingenommen zu werden. Ich glaube, dass dies der Grund für meine Besonderheit ist. Am intensivsten hat das Christentum in den Jahren 1910-12 beschäftigt, als die wichtigsten Grundlagen dieser Besonderheit - meine Art, die Dinge, die Welt, das Leben zu sehen - Gestalt annahmen..."

MAKOWS SICHT AUF DAS JUDAISMUS

Die meisten Juden werden Ihnen sagen, dass jüdische Rituale weitgehend leer und langweilig sind. Feiertage sind in der Regel ein Stammesfest. Pessach erinnert an den Auszug aus Ägypten. Rosch ha Schona (Neujahr) beruht darauf, dass einige Kerzen länger brennen als sie sollten - ein Zeichen der "göttlichen Gunst". (Wer hat das nicht schon bei Kerzen gesehen?) Der "hohe Feiertag" Jom Kippur soll ein "Tag der Buße" sein. Aber es findet keine Buße statt. Stattdessen gibt das hebräische Kol Nidre-Gebet den Juden die Erlaubnis, im kommenden zu lügen und die Heiden zu betrügen. (Die meisten Juden verstehen das nicht.) An Purim wird der Völkermord an den "Antisemiten" gefeiert.

Der Grund, warum so viele Juden "säkular" sind und nicht an Gott glauben, ist, dass der Säkularismus ein verkapptes Judentum ist. Der Säkularismus ist eine Maske für den Satanismus - die Ablehnung Gottes und folglich der Religion

Abgesehen von den Zehn Geboten gibt es im Judentum nicht viel, was die Moral lehrt. Es gibt einige weltliche Ratschläge und Ermahnungen zur Gottesfurcht, aber nichts von der Selbstkasteiung (Ablehnung irdischer Verlockungen), die man in der *Bergpredigt* findet. In der Tat bestätigt der Talmud Arthur Koestlers Bemerkung, dass das Judentum "die Juden lehrt, wie man Gott betrügt".

"Gutes tun" bedeutet in der Regel, das zu tun, was für die Juden gut ist.

Die Autorin Grace Halsell gab ein Beispiel dafür, was "Gutes tun" wirklich bedeutet . Als Halsell Bücher über die Notlage der amerikanischen Ureinwohner, der Afroamerikaner und der mexikanischen Arbeiter ohne Papiere geschrieben hatte, war sie eine große Favoritin der Matriarchin *der New York Times*, Iphigene Ochs Sulzberger. All diese Anliegen förderten den Multikulturalismus, den das organisierte Judentum als vorteilhaft ansieht.

Als Halsell daraufhin ein eindringliches Buch schrieb, in dem sie die Notlage der Palästinenser beschrieb, zog sie sich den Unmut von Frau Suzberger zu und wurde von der Times schnell fallen gelassen. Halsell schreibt: "Ich konnte mir nicht vorstellen, dass man mich so plötzlich fallen lassen würde, als ich - aus ihrer Sicht - den 'falschen' Außenseiter entdeckte."

SCHLUSSFOLGERUNG

Die Juden werden schließlich erkennen, dass sie nicht an einem edlen Unternehmen beteiligt sind, für das sie zu Unrecht angefeindet werden. Vielmehr werden viele Juden (und Freimaurer) benutzt, um die menschliche Ethnie zu entmenschlichen und zu versklaven. Aus diesem Grund hasste David Ben Gurion Boris Pasternak. Er wollte, dass die Juden als Kanonenfutter in diesem wahnsinnigen Krieg gegen Gott und die Menschen dienen. Diejenigen, die konvertierten oder sich assimilierten, waren für ihn unerreichbar. Der Durchschnittsjude ist in der gleichen Lage wie die meisten Westler. Sie sind Dummköpfe.

Wenn sie sich nicht assimilieren können, müssen sich die Juden in einer neuen nicht-zionistischen und nicht-kommunistischen Struktur neu erfinden.

Prophetisch! "Kabalisten werden die Menschheit versklaven" - Texe Marrs in 2018

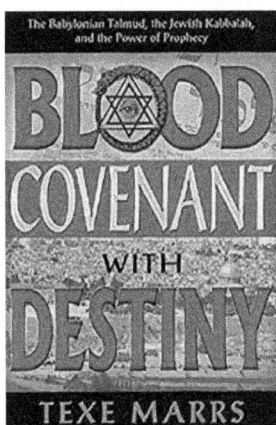

"Der Plan der Juden ist es, die Werkzeuge der Chaosmagie einzusetzen - Täuschung, Lüge, List und Magie - um ... die Eroberung der heidnischen Welt ... und die Errichtung eines [satanischen] Königreichs auf Erden zu erreichen. So wird die Welt schließlich "geflickt" (repariert oder wiederhergestellt) und "vollkommen gemacht". Vollkommen für sie, die Juden, das heißt. Für die Heiden wird die unheilige Hölle auf der Erde angekommen sein." (p.26)

Das ist "das jüdische Utopia". Klingt weit hergeholt, aber es erklärt vieles von dem, was heute passiert. Dieser Artikel wurde am 10. März 2018 veröffentlicht. Texe Marrs, ein großer Prophet, ist am 23. November 2019 gestorben. Jetzt wird alles wahr.

In seinem neuesten Buch erinnert Texe Marrs eindringlich an das "große Ganze" hinter dem Weltgeschehen. Der Westen wird bereits von satanistischen Juden kontrolliert, deren Ziel es ist, einen technologischen Polizeistaat zu errichten, der mit Stalins dunkelsten Tagen vergleichbar ist, und alle Christen oder Muslime abzuschlachten, die stur genug sind, sich an Christus oder Mohammed zu halten.

Dies scheint weit hergeholt zu sein, aber die täglichen Ereignisse bestätigen diese Analyse. Sie haben das Bankensystem benutzt, um alle sozialen Institutionen weltweit zu untergraben und zu kontrollieren.

Sie inszenieren Massenerschießungen, um ein Waffenverbot zu rechtfertigen. Bei der Massenerschießung an der Hochschule Parkland 2018 waren uniformierte Polizisten die wahren Schützen.

Warum müssen sie die Nichtjuden entwaffnen? Damit die Nichtjuden sich nicht gegen einen geplanten Terror verteidigen können, wie er in früheren freimaurerisch-jüdischen Revolutionen in Frankreich und

Russland stattfand

Sie zensieren die freie Meinungsäußerung im Internet. Sie sabotieren das Geschlecht und zwingen Mädchen dazu, eine steile Karriere anzustreben, anstatt Ehefrau und Mutter zu werden. Durch die Zerstörung von Weiblichkeit und Männlichkeit (Heterosexualität) vereiteln sie die grundlegende Alchemie der Fortpflanzung. Diese Umwälzung der Natur ist das Herzstück des Satanismus. Die westliche Gesellschaft wird in eine satanische Sekte eingeführt, nennen wir sie Kommunismus.

Sie fördern Migration und Rassenmischung. Es gibt eine flächendeckende Massenüberwachung. Wir sind das Ziel der hasserfüllten Kampagne des Social Engineering, werden aber der "Hassrede" beschuldigt, wenn wir es auch nur erwähnen. Wie teuflischer kann man noch werden? Die kommunistische (satanistische) Machtübernahme hat bereits stattgefunden. Sie warten nur auf den richtigen Moment, um die letzten Hüllen fallen zu lassen.

BLUTBUND MIT DEM SCHICKSAL

In seinem neuen Buch sagt Texe Marrs, der Zionismus sei die "satanischste und verkommenste Form des Rassenhasses". Er macht den Zionismus und seinen hässlichen Zwilling, den Kommunismus, für 250 Millionen Tote im letzten Jahrhundert verantwortlich. Er sieht eine abscheuliche "Bestie, die sich auf Bethlehem zubewegt" in Form einer gnadenlosen jüdischen Tyrannei, die in Palästina bereits in vollem Umfang zu sehen ist. Palästina könnte der Probelauf sein. Die US-Polizei wird von Israel ausgebildet.

"Die Menschheit hat seit langem ein Rendezvous mit dieser grausamen Bestie. Wir können nicht entkommen...seinem psychopathischen und barbarischen kriminellen Wahnsinn...Er ist der Inbegriff des vollendeten Bösen..." (14)

"Die Juden befinden sich auf der Überholspur zu ihrem okkulten Schicksal. Sie haben einen Vertrag mit der Hölle geschlossen, einen Bund mit dem Tod, und die Zahlungen auf ihre Schuld gegenüber Satan müssen in Übereinstimmung mit dieser vertraglichen Vereinbarung erfolgen." (15)

"Der durchschnittliche Christ nimmt an, dass die Juden lediglich Gläubige des Alten Testaments sind, die Jesus brauchen, um "vollendet" zu werden. In Wirklichkeit ist das Judentum eine böse, korrupte Religion des Hasses, der Täuschung und der abartigen Zügellosigkeit, der Sexualität und des Hedonismus." (130)

Marrs zeigt, wie sich die Juden im Laufe der Geschichte auf barbarische Weise verhalten haben, wann immer sie die Oberhand hatten. Er vertieft sich in den Talmud und die Kabbala, um zu zeigen, dass der wahre jüdische Bund nicht mit Gott, sondern mit dem Teufel besteht. Er zeigt, dass die Kabbala eine inzestuöse Familienseifenoper ist, in der die Beteiligten das kosmische Gleichgewicht erreichen, indem sie gegenseitig vögeln. Das jüdische Gebet (Beten) imitiert den Beischlaf.

> "Das ultimative Ziel der Kabbala ist, trotz der eitlen und leeren Leugnungen vieler ihrer Verfechter, die völlige Zerstörung aller Materie, der Menschheit selbst: Auslöschung. Die Ouroboros-Schlange, die die Menschheit umschlingt und erwürgt. Schöpferische Zerstörung nennen es die bösen satanischen Kabbalisten... Die Neokon-Kabale ist eine verschleierte und beschattete Demonstration . Sie wollen die Welt tatsächlich in eine nukleare Katastrophe und ins Chaos stürzen. Ein feuriges Chaos und eine Zerstörung, auf der sie ihre neue, okkulte, utopische Ordnung der Zeitalter aufzubauen hoffen. Es ist eine beängstigende Aussicht, und bisher war sie erfolgreich." (86)

Es werden die Weichen für einen Atomkrieg gestellt. Während seiner ersten Amtszeit hat Trump sein Wahlversprechen gebrochen, die Spannungen mit Russland zu entschärfen und unnötige Kriege in Ländern wie Syrien zu vermeiden. Der Westen bereitet sich darauf vor, den Iran anzugreifen, und wenn dieser nuklear wird, hat Putin geschworen, mit gleicher Münze zu antworten.

SCHLUSSFOLGERUNG

Als ethnischer Jude bin ich zutiefst betroffen, dass eine geheime Fraktion "meines Volkes" zu Satan übergelaufen ist und die Mehrheit entweder unwissend oder gleichgültig ist. Die Satanisten haben alle Juden in Gefahr gebracht. Der Antisemitismus könnte in Gewalt ausbrechen. Manche sehen einen Bürgerkrieg voraus. Die Juden müssen die satanische Agenda ablehnen oder die Konsequenzen tragen. Sie müssen sich an die Seite ihrer nichtjüdischen Nachbarn stellen und den Kommunismus in all seinen unzähligen Formen ablehnen.

Aber auch die Nichtjuden haben sich mitschuldig gemacht. Ich bin verwirrt über Marrs' enge Fokussierung auf die Juden. Diese Aussage verwirrt mich am meisten: "Die jüdische Mehrheit hasst die Menschheit, sie verachtet das Leben, sie hasst Gott. Deshalb sind sie Psychopathen und lieben den Tod." (16)

(Wenn Sie Juden hassen wollen, hassen Sie diejenigen, die an der Verschwörung beteiligt sind).

Das gilt für die jüdische Führung und ihre Lakaien, aber "die jüdische Mehrheit" ist ein Dummkopf, der nicht so denkt. Wie die Freimaurerei ist auch das Judentum eine satanische Sekte. Nur die "Eingeweihten" kennen die wahren Absichten. Die breite Masse wird mit hochtrabenden Platitüden manipuliert

Die Juden, die ich kenne, hassen die Menschheit nicht und lieben den Tod. Sie sind sich der dunklen Seite des Judentums nicht bewusst und ziehen die Assimilation vor. Die Rate der Mischehen liegt bei fast 60%, sie sind genauso ignorant wie der durchschnittliche Nichtjude. Schuld durch Assoziation ist falsch. Die wahren Hasser sind die Chabadniks und ihresgleichen

Ich bin verwundert, dass Texe Marrs die Freimaurerei nicht erwähnt. Die Banker benötigen die Mitarbeit von Nichtjuden, die ihre Gesellschaft, Religion und Kultur verraten haben. Was ist mit dem US-Kongress? Das sind Freimaurer, die hoffen, dass die "Juden" die ganze Schuld am Untergang Amerikas auf sich nehmen werden

In Texe Marrs' Buch gibt es nur einen einzigen Hinweis auf die Freimaurerei. Auf Seite 85 sagt er, die Freimaurerei sei "eine jüdische religiöse Sekte, die glaubt, dass Gott sowohl gut als auch böse ist

Das war's? Wenn die USA sowohl von Freimaurern als auch von Juden regiert wird

Warum lassen alle die Freimaurer vom Haken

Denn die assimilierten Juden sollen als Sündenböcke herhalten.

Yossi Gurwitz: Wenn Israel mächtig ist (Auszüge aus dem Transkript)

Im Jahr 2012 erklärte der ehemalige Jeschiwa-Student Yossi Gurwitz, was Nicht-Juden zu erwarten haben, wenn talmudische Juden die totale Vorherrschaft erlangen: ["Nach dem Judentum] sind sie Götzendiener, und man muss sie töten."

Es muss eine Säuberung stattfinden. Das religiöse Gesetz verbietet den Kontakt mit Nicht-Juden. Natürlich verbieten die Koscher-Gesetze, dass man mit isst. Andere Gesetze verbieten Ihnen, sie fair zu behandeln. Es ist verboten, einem Nicht-Juden einen verlorenen Gegenstand zurückzugeben - es sei denn, man will "den Frieden wahren". Es gibt kein Verbot, einen Nicht-Juden zu bestehlen - es sei denn, "den Frieden zu wahren". Man darf nicht "Hallo" zu ihnen sagen - es sei denn, es gibt keine Alternative. Und so weiter und so fort.

Was wir wissen, ist Folgendes: Das rabbinische Judentum ist von Anfang an ein Judentum, das die Menschen [die Menschheit] hasst. Es definiert nur Juden als Menschen - nur Juden, die an diese Religion glauben, als Menschen...

Der schlimmste Fall ist meiner Meinung nach der Fall von Maimonides, der verfügt - zunächst einmaldass es zulässig ist, mit einem dreijährigen Mädchen Geschlechtsverkehr zu haben. Dieses Alter der Zustimmung ist problematisch. Und zweitens ordnet er an, dass ein Jude, der ein dreijähriges nicht-jüdisches Mädchen vergewaltigt, hingerichtet werden muss. Sie, nicht er - weil sie ihn zur Sünde verleitet hat...

Juden verbergen diese Überzeugungen, bis "Israel mächtig ist". Dann gibt es ein jüdisches Regime. Es ist unabhängig und gnadenlos; es kann tun, was es will. Unter diesen Umständen ist alles vorbei, man kehrt zum Buchstaben des Gesetzes zurück.

Keine "friedlichen Wege" mehr, kein Nichts mehr. Wenn man über die jüdische Geschichte nachdenkt, sprechen viele Leute über die Hasmonäerkriege, die so ziemlich eine der einzigen Zeiten waren, in denen Juden Waffen führten, und sie denken daran, was die Hasmonäer hellenisierten Juden [die die griechische Kultur assimilierten] antaten. Sie wollten sie ausrotten, sie vernichten. Ein kleiner Völkermord. Daran erinnere ich die Menschen immer wieder, wenn Chanukka ansteht. Aber sie hörten nicht damit auf.

Sie begannen mit Plünderungs- und Eroberungszügen und zerstörten zu Beginn, in den ersten 20 Jahren, überall dort, wo sie ankamen, die örtlichen Tempel. Es war verboten, dass ein Ort, der unter jüdischer Herrschaft stand, einen heidnischen Tempel hatte. Das ist es, worüber wir hier sprechen. Außerdem zwangen sie die Edomiter unter Androhung des Todes, zum Judentum überzutreten. Es war eine Zwangskonversion. Etwas, von dem wir lernen, dass die [spanische] Inquisition es später tat. Sie nahmen Menschen mit und sagten ihnen: "Entweder du bist tot oder du konvertierst zum Judentum." Und von da an wurde es nur noch schlimmer...

GENOZID

Wir haben ein Gebiet erobert, das hauptsächlich von Muslimen bevölkert ist, und die Muslime bekämpfen uns - also fallen diese Verteidigungsmaßnahmen weg. Und sehen Sie, jetzt fangen sie an, von Völkermord zu sprechen. Sie haben das [Buch] "Torah Hamelech" [Königliche Tora], in dem es heißt, dass man Kinder töten darf, wenn es einen Grund zu der Annahme gibt, dass sie eines Tages Schaden anrichten könnten

Wenn man nun die gesamte Familie eines Menschen tötet und nur ihn am Leben lässt, hat er tatsächlich einen Grund, Schaden anzurichten. Wenn man ihm sein Land stiehlt, ihn zum Flüchtling macht, ihn nach Jordanien oder in den Libanon wirft - dann hat er in der Tat einen Grund, Schaden anzurichten. Viele Leute haben gesagt, dass die Argumente des Buches religiös nicht stichhaltig sind, und so weiter und so fort, aber niemand hat sich wirklich damit auseinandergesetzt. Und es ist kein Wunder, dass es ein wurde. Denn was religiöse Zionisten im Allgemeinen wollen, ist, das Land Israel nur für Juden ist.

Die Situation für die Christen hingegen wird sehr schlecht sein. [Nach Judentum sind sie Götzendiener, und man muss sie töten, auch wenn sie sich der jüdischen nicht widersetzen. In Jerusalem haben die Studenten der religiösen Seminare eine verabscheuungswürdige Angewohnheit: Sie urinieren oder defäkieren auf Kirchen. Wenn Sie dorthin fahren und mit dem Kirchenpersonal sprechen, werden Sie das von jeder Kirche hören. Auch das Bespucken von Geistlichen auf der Straße kommt regelmäßig vor. Wenn der Priester die Frechheit besitzt, zurückzuschlagen, zu ohrfeigen oder ähnliches, wird er still und leise abgeschoben. Seine Aufenthaltsgenehmigung im Land wird aufgehoben. Wenn man ein Pogrom rechtfertigen will, braucht man nur das Wort "missionarische Bedrohung" zu sagen.

Und unter diesem Gesichtspunkt wird das Christentum, der historische Erzfeind des Judentums, eine schwere Schlappe erleiden, sobald die religiösen Zionisten an der Macht sind. Die christlichen Fundamentalisten, die ihnen Geld schicken, verstehen offenbar nicht, womit sie es zu tun haben. Aber wissen Sie, es ist wirklich ein Fall von "Schande über eure beiden Häuser".

Chabad: Lubawitsch und der globalistische Prophezeiungsbetrug (2018)

Als Mike Pompeo sagte, Covid sei eine "Simulation", sagte Trump: "Ich wünschte, jemand hätte mir das gesagt." Seine Rolle war es, so zu tun, als sei er der "gute Bulle", während er den Laden an seine Satanistenkollegen übergab

Von Ken S

Kens Website ist Redefining God https://redefininggod.com/

Chabad-Mitglieder und Kushners haben Trumps Gehör

Es geht um mehr als die bloße Einführung der Neuen Weltordnung; es ist ein Plan, der letztlich darauf abzielt, die biblische Prophezeiung künstlich zu erfüllen und eine Wiederkunft Christi zu simulieren.

Dieses Schema zur Erfüllung der Prophezeiung ist ein Projekt der kabbalistischen "jüdischen" Zentralbanker und ihrer kriminellen Partner aus der königlichen Familie, und es wird von der kabbalistischen "jüdischen" Sekte Chabad Lubawitsch orchestriert

Chabad ist ein religiöser Ableger des Mossad und konzentriert sich auf die Produktion der globalistischen Endzeit-Show. Er hat auch enge Verbindungen zu Donald Trump und Wladimir Putin. Tatsächlich haben sowohl Trump als auch Putin große Rollen in ihrem Endzeit-Drehbuch

Für den ersten Akt wurde Trump als "Moshiach ben Yosef" (der Vorläufer-Messias) und Putin als "Moshiach ben David" (der Hauptmessias) besetzt

Und im zweiten Akt wird Putins Figur in die Rolle des "Endgültigen Antichristen" übergehen, des falschen Jesus der Globalisten, des "Kabbala-Christus".

Um die Welt zu täuschen und ihren Kabbala-Christus als den wahren Jesus zu akzeptieren, planen die Globalisten, die biblischen Prophezeiungen künstlich ZWEIMAL zu erfüllen

Die erste Erfüllung wird die "satanische Täuschung" bringen, die die Christen erwarten, und die zweite wird die "echte Wiederkunft" bringen, die sie ebenfalls erwarten

Bei beiden Erfüllungen wird es einen Christus und einen Antichristen geben. Beide werden ein 7-köpfiges, 10-hörniges Tier aus dem Meer und ein Tier aus der Erde beinhalten, das dem Tier aus dem Meer hilft. Und in beiden wird es Gog-Magog-Kriege und Schlachten von Armageddon geben. Aber beide sind falsche Erfüllungen. Ich weiß das mit Gewissheit, denn ich habe beobachtet, wie ihre Propagandisten die Grundlagen für beides gelegt haben, und ich habe ihre Täuschungen in meinem Blog dokumentiert.

In der ersten Erfüllung werden die Globalisten "den amerikanischen Antichristen und seine böse unilaterale / unipolare NWO" gegen "den russischen Christus und seine wohlwollende multilaterale / multipolare NWO" ausspielen.

Der russische Christus wird natürlich von Wladimir Putin gespielt, und deshalb hört man in den kontrollierten alternativen Medien so viel darüber, dass Putin "ein guter Christ ist, der sich gegen die westlichen Satanisten und ihre NWO gestellt hat

Während des bevorstehenden Dritten Weltkriegs in Korea, im Nahen Osten und in der Ukraine wird Putin den Westen besiegen und die "westlich dominierte" UNO in die multilaterale / multipolare NWO umwandeln. Und um die Menschen davon zu überzeugen, dass sie etwas Übernatürliches erleben, werden die Globalisten eine große

Show mit gefälschten Attentaten, gefälschten Wiederauferstehungen und gefälschten Außerirdischen veranstalten - all das wird durch Hollywood-Magie, beschlagnahmte Technologie und ein nahezu unbegrenztes Budget ermöglicht.

Am Ende dieser ersten Erfüllung werden die meisten davon überzeugt sein, dass Putin der jüdische und christliche Messias ist und dass die "neue, reformierte" UN/NWO sein demokratisches Reich ist.

In der zweiten Erfüllung wird Putins NWO etwa 3,5 Jahre nach ihrem Start ziemlich hässlich werden, und es wird jedem klar werden, dass sie "von Satan getäuscht" wurden, den endgültigen Antichristen an Christi Stelle zu akzeptieren. Nach weiteren 3,5 Jahren der "großen Trübsal" wird Putin seine UN-Armee und seine ET-Kumpel gegen eine zweite Gruppe von ankommenden Wesen anführen, den "wahren Jesus" und seine Engel.

Am Ende dieser zweiten Erfüllung erwarten die Globalisten, dass jeder den "echten Jesus", den sie präsentiert haben, akzeptiert. Und es ist durch diese falsche Galionsfigur Jesus, dass sie hoffen, über uns wie Götter in einer post-demokratischen Welt zu herrschen, die sie mit Haut und besitzen.

Buch zwei

Die kommunistisch-zionistische Links-Rechts-Scharade

Trump und das freimaurerisch-jüdische Tag-Team

Links: Kommunistische jüdische Gulag-Kommandanten in der UdSSR. Rechts: zionistische jüdische Pioniere im Kibbuz Gan Shmuel im Jahr 1921. Beide machen das klassische Freimaurer-Handzeichen.

Welchen Platz nimmt Donald Trump im Gesamtbild ein

Trump ist ein Freimaurer und ein Kryptojude

Das organisierte Judentum kann die Menschheit nicht allein unterjochen; es braucht die Gojim, um zu vernichten

Daher haben sie zwei Tag-Teams gebildet, die den Krieg führen

Auf der linken Seite haben wir die kommunistischen Juden ("Globalisten"), die die Nichtjuden angreifen, indem sie ihre nationale, religiöse (moralische), rassische und familiäre (geschlechtliche) Identität untergraben. Zu ihren Werkzeugen gehören giftige "Impfstoffe", Geo-Engineering, Stempelkultur, Geschlechtsdysphorie (Feminismus, Homosexualität) und Migration

Auf der rechten Seite stehen die Faschisten, Nazis oder zionistischen ("nationalistischen") Juden, die die Nichtjuden vor diesem Ansturm zu verteidigen scheinen. Trump hat zwei (und wahrscheinlich drei) Wahlen gewonnen, indem er an diese Demografie appellierte

Arnold J. Toynbee, ein Propagandist der kommunistischen (globalistischen) Fraktion, schrieb: "Die Schuld - oder das Verdienst - Jesus getötet zu haben, wird im Talmud den Juden zugeschrieben, nicht den Römern" (S. 481.

Toynbee fügte hinzu: "Es gab auch das Ziel, die heidnische Welt zur Anbetung Jahwes zu bekehren, und zwar unter der Schirmherrschaft eines Weltreichs, das sich auf Eretz Israel konzentriert und von 'dem Gesalbten des Herrn' regiert wird: einem kommenden menschlichen König davidischer Abstammung." (*Reconsiderations*, 1961, S. 486)

Es gibt viele Anzeichen dafür, dass der Nationalsozialismus von zionistischen Juden finanziert wurde. So enthüllte der ehemalige deutsche Bundeskanzler (1930-1932) Heinrich Bruning 1937 in einem Brief an Winston Churchill die Identität von Hitlers Geldgebern: "Ich wollte und will auch heute aus verständlichen Gründen nicht enthüllen, dass die beiden größten regelmäßigen Beitragszahler der Nazipartei ab Oktober 1928 die Generaldirektoren von zwei der größten Berliner Banken waren, beide jüdischen Glaubens und einer von ihnen der Führer des Zionismus in Deutschland.

Kommunismus und Zionismus sind zwei Seiten derselben Medaille und stehen letztlich für Sache, die freimaurerisch-jüdische Zentralbank-Tyrannei, die jüdische Weltordnung

Dennoch wird ihr Konflikt so dargestellt, als sei er echt, ähnlich wie das NATO-Russland-Patt in der Ukraine

In der Januar/Februar-Ausgabe 2003 der *Barnes Review* behauptete der russische nationalistische Historiker Dr. Oleg Platonov ganz offen, dass Stalin tatsächlich eine Großoffensive gegen den Zionismus gestartet habe

Platonow schrieb

> "Die jüdisch-bolschewistische Herrschaft über Russland wurde von Stalin gebrochen, der in der zweiten Hälfte der 1930er Jahre eine Konterrevolution durchführte und die Träger zionistischen Ideologie entmachtete
>
> In den 1930er und 1940er Jahren wurden nicht weniger als 800.000 jüdische Bolschewiki unter Führung Stalins vernichtet - die Elite der antirussischen Organisation, die Russland in einen jüdischen Staat verwandeln . Fast alle jüdischen Führer wurden gesäubert, und die Chancen der verbliebenen, wieder an die Macht zu kommen, wurden auf ein Minimum reduziert. Die letzten Jahre von Stalins Leben waren der Ausrottung des Zionismus und der Liquidierung der mit ihm verbundenen Organisationen gewidmet.

Dr. Platonov fügte diese äußerst wichtigen Details hinzu: Nach Stalins

Tod änderte sich alles schlagartig. Der Staat wurde von Leuten übernommen, die auf die Wiederherstellung des jüdischen Bolschewismus aus waren. Die Renaissance des Zionismus setzte sich während der gesamten Regierungszeit von N. S. Chruschtschow fort

DEN UNTERSCHIED?

"Was ist der Unterschied zwischen einem Stalinisten und einem Trotzkisten? Einige Leute von werden Ihnen sagen: "Alle Kommunisten sind gleich.

Michael Collins Piper schreibt: "...Ein Stalinist repräsentiert den ursprünglichen russischen Nationalismus. Ein Trotzkist vertritt die internationalistischen jüdischen Interessen von New York City

Die kommunistische Weltverschwörung ist keine russische Verschwörung, sie ist eine amerikanisch-jüdische Verschwörung. New York ist das eigentliche Zentrum der Verschwörung

Piper betonte, dass die uralten Bezeichnungen "rechts" und "links" keine wirkliche Bedeutung mehr hätten.

Trump ist 2020 gefallen, wie ein WWF-Wrestler

Wie DJT das Weiße Haus im Jahr 2020 verlor. Donald Trump ist ein Schauspieler in einer politischen Reality-Show

Er hatte einen klaren Weg, die manipulierten Wahlen zu kippen, und er hat ihn nicht genutzt. Zionismus und Kommunisten sind der rechte und linke Flügel der jüdischen Freimaurerei. Die Rolle von Zionisten wie Trump und Brasiliens Bolsonaro besteht darin, die Wahlen an die Kommunisten zu verschenken

Am Freitagabend, dem 18. Dezember 2020, Sydney Powell, Michael Flynn und Patrick Byrne zu einem informellen Treffen mit Donald Trump zusammen

Bei diesem Treffen erklärten Powell und Flynn Trump, dass er das Wahlergebnis aufgrund von zwei Executive Orders, die durch Beweise für eine ausländische Einmischung in eine amerikanische Wahl ausgelöst wurden, erfolgreich anfechten könne. Die eine war von Obama, die andere von Trump erlassen worden

Um Schikanen nachzuweisen, genügte es, sechs wichtige Bezirke zu überprüfen. Sie erläuterten das Verfahren im Detail. Trump war so beeindruckt, dass er Sydney Powell auf der Stelle zu seinem Sonderberater ernannte

Die dramatische Darstellung wurde von Byrne in einem 30-minütigen Video gegeben. Trump tat so, als sei er von dieser Information überrascht. "Warum haben Sie mir das nicht gesagt?", schimpfte er über seinen Anwalt Pat Cippollone. "Alles, was Sie tun, ist mir zu sagen, was ich nicht tun kann.

"Sehen Sie, was ich hätte erreichen können, wenn ich von anderen Menschen umgeben gewesen wäre", appellierte er an seine drei Gäste

Aber dann wurde er leiser: "Aber Pat ist ein Freund. Er ist in Ordnung.

"RUDY, ES MUSS RUDY SEIN

Rudy Giuliani war ebenfalls "ein Freund". Trump bestand darauf, dass Powell die Verantwortung mit Giuliani teilt, der sofort einen Streit mit Powell anfing und sich über die Strategie uneinig war

Trump kommt wie ein Mafia-Don daher. Loyalität gegenüber "Freunden" hat Vorrang vor der Verteidigung der Demokratie. Erwarten Sie nicht, dass ein Gangster einen historischen Sinn oder Prinzipien hat. Die hat er von seinem Redenschreiber Stephen Miller. Er hat israelische Spione und Chabad-Verbrecher begnadigt, aber nicht Julian Assange oder Edward Snowden

PLAUSIBLE BESTREITBARKEIT

Warum hat er sich mit solchen "Freunden" umgeben, wenn er selbst so "loyal" ist

Sein Stabschef Mark Meadows war ebenfalls ein Verräter. Selbst Mike Pence hat ihn vor Bus geworfen

Sie sind seine Illuminati (Freimaurer) Freunde/Handlanger

MAGA war eine Scharade. Trump diente einem Zweck, der Spaltung der Nation. Dann spielt er das Opfer und tut so, als sei er nicht für die Leute verantwortlich, die er ausgewählt hat. Sogar seine drei vom Obersten Gerichtshof ernannten Personen haben sich als Verräter erwiesen

Natürlich wurde Sydney Powell in der folgenden Woche entlassen

Trump fehlte eindeutig der Charakter, um seiner heiligen

Verantwortung gegenüber seinen amerikanischen Mitbürgern gerecht zu werden

Er hatte einen klaren Weg zum Sieg, und er hat ihn nicht eingeschlagen. Für jemanden, der stolz darauf war, zu gewinnen, hat er definitiv einen Rückschlag erlitten

Warum hat jemand erwartet, dass ein jüdischer New Yorker Gangster seine Versprechen einhält? Goyim, du wurdest schon wieder reingelegt.

Trump ist ein sexuell erpresster Mossad-Agent

Am 26. April 2016 reichte eine "Katie Johnson" bei einem kalifornischen Gericht eine Vergewaltigungsanzeige gegen die Angeklagten Donald Trump und Jeffrey Epstein

"Bei der vierten und letzten sexuellen Begegnung mit dem Angeklagten Donald J. Trump wurde die Klägerin Katie Johnson vom Angeklagten Trump an ein Bett gefesselt und anschließend gewaltsam vergewaltigt. Während dieses brutalen sexuellen Angriffs flehte die Klägerin Johnson den Beklagten Trump lautstark an, "bitte ein Kondom zu benutzen"

Der Beklagte Trump schlug daraufhin dem Kläger Johnson mit der offenen Hand ins Gesicht und schrie, dass er "tun würde, was er wolle", da dieser sich weigerte, einen Schutz zu tragen

Nachdem er einen sexuellen Orgasmus erreicht hatte, zog der Beklagte Donald J. Trump seinen Anzug wieder an, und als die Klägerin Katie Johnson den Beklagten Trump unter Tränen fragte, was passieren würde, wenn er sie geschwängert hätte, griff der Beklagte Trump nach seiner Brieftasche, warf ihr etwas Geld zu und schrie, sie solle das Geld verwenden, "um eine verdammte Abtreibung zu bekommen".

Katie Johnson, rechts, als Teenager

Der Anwalt Thomas Francis Meagher aus New Jersey überarbeitete Johnsons Fall und reichte ihn beim US-Bezirksgericht für den südlichen Bezirk von New York ein

"Der Kläger war Opfer von Vergewaltigung, sexuellem Fehlverhalten, kriminellen sexuellen Handlungen, sexuellem Missbrauch, gewaltsamen Berührungen, Körperverletzung, vorsätzlicher und rücksichtsloser Zufügung von seelischem Leid, Nötigung, Freiheitsberaubung und Androhung von Tod und/oder schwerer Körperverletzung durch die Beklagten, die während der Sommermonate 1994 auf mehreren Partys stattfanden

"Die Partys wurden vom Beklagten Epstein in einer vom Beklagten Epstein genutzten Residenz in New York City in der 9 E. 71st St. in Manhattan [bekannt als die Wexler Mansion] abgehalten. Während dieser Zeit war der Kläger minderjährig und 13 Jahre alt

Eine angebliche Zeugin, Tiffany Doe, der oben genannten Vergewaltigung, meldete sich. Sie behauptete, dass sie von Epstein dafür bezahlt wurde, minderjährige Mädchen zu Partys von Epstein und seinen Freunden zu locken, indem sie als Köder Modelmöglichkeiten versprochen bekam

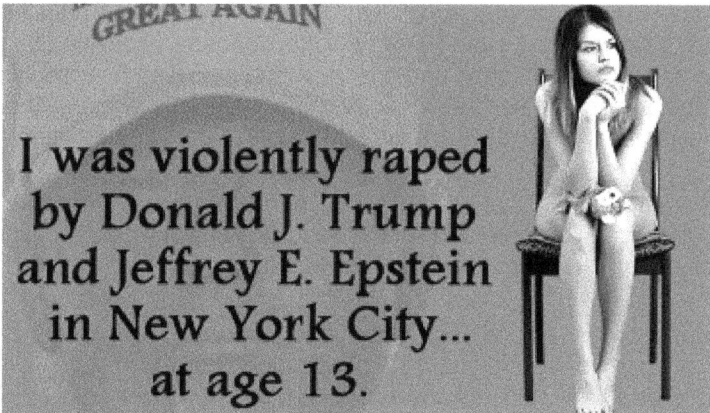

"Bei dieser Reihe von Partys war ich persönlich Zeuge, wie die Klägerin gezwungen wurde, verschiedene sexuelle Handlungen mit Donald J. Trump und Herrn Epstein vorzunehmen. Sowohl Mr. Trump als auch Mr. Epstein waren darüber informiert, dass sie 13 Jahre alt war

https://www.dailymail.co.uk/news/article-3894806/Woman-alleged-raped-Donald Trump-13-Jeffrey-Epstein-Sex-Party-DROPS-case-casting-doubt-truth-claims.html

Der Kalte Krieg entstand aus dem kommunistischen: Zionistisch-jüdisches Schisma

In einem Dokument aus dem Jahr 1965 erklärte Louis Bielsky, dass der Kalte Krieg auf Stalins "nationalistische" Entschlossenheit zurückzuführen sei, die Kontrolle über die jüdische Welthegemonie (den Kommunismus) von den "Globalisten", d.h. den Rothschild-Bankern in London und New York City, an sich zu reißen

Im Laufe der Geschichte wanderte das Zentrum der jüdischen Macht durch Europa - Venedig, Spanien, Holland, England (das "britische" Empire) - und schließlich nach Amerika. Lässt sich die derzeitige Verbitterung gegen Russland verstehen, dass die globalistische Fraktion die nationalistische angreift? Ist dieser Konflikt real oder nur eine Möglichkeit, die Ereignisse zu kontrollieren, indem man beide Seiten kontrolliert

Hier ist der Hintergrund dieses offensichtlichen Risses in jüdischen Machtstruktur. Bibliothek der politischen Geheimnisse: Die sowjetisch-israelische Kralle erwürgt die

FOLGEN DES JÜDISCH-STALINISTISCHEN SCHISMAS VON LOUIS BIELSKY

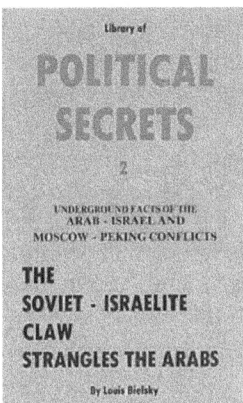

Der Kampf zwischen Stalin und dem Staat Israel, den er enthusiastisch unterstützt hatte, verlief folgendermaßen

Nachdem die Kryptojuden Roosevelt und Harry Salomon Truman Osteuropa und China ihrem israelitischen Bruder Stalin ausgeliefert hatten, um nach hebräischen Plänen eine kommunistische Diktatur in der ganzen Welt zu errichten, fühlte sich Stalin aufgrund seines paranoiden Machtstrebens fast wie der Herr der Welt und wollte, wie wir sagten, der oberste Führer des internationalen Judentums werden

Dies führte Ende 1948 zum Bruch zwischen Stalin und den stalinistischen jüdischen Gemeinden auf der einen und dem übrigen internationalen Judentum auf der anderen Seite

In diesem Fall gingen die Differenzen zwischen Stalin und dem internationalen Judentum, die ... in der geheimen jüdischen universellen Rabbinersynode diskutiert wurden, so weit, dass die institutionelle Einheit des internationalen Israels völlig zerbrach.

Stalin und seine geheime Sekte missachteten die Autorität des Jüdischen Weltkongresses und von Bernard Baruch über die israelitischen Gemeinden in der Sowjetunion und den roten Satellitenstaaten in Osteuropa. Gleichzeitig dehnten sie das Schisma auf ganze Welt aus und versuchten, die größtmögliche Zahl von Juden für Stalin zu gewinnen

In Russland und in den Satellitenstaaten konnte er das Schisma mit brutaler Gewalt durchsetzen, indem er jeden Israeliten, der sich ihm widersetzte, ermordete oder inhaftierte. Im Gegensatz dazu war in der freien Welt möglich, nur eine kleine Minderheit von fanatischen und aktivistischen Juden für den schismatischen Stalinismus zu gewinnen. Das Ergebnis dieser zeitlichen Spaltung innerhalb des israelischen Volkes, die sich die ganze Welt ausbreitete, war schädlich für sein revolutionäres Vorhaben

DIE URSPRÜNGE DES "KALTEN KRIEGES

Im neuen Staat Israel versuchten stalinistische Hebräer, die Regierung zu kontrollieren, aber sie scheiterten

Der jüdische Staat wie auch die zionistische Weltbewegung blieben in den Händen der Juden, die dem Jüdischen Weltkongress in New York und seinem verborgenen Führer Bernard Baruch treu ergeben waren

Baruch benutzte den Zionismus, der von den jüdischen Führern der Sowjetunion in hohem Maße unterstützt wurde, als Waffe gegen sie und veranlasste so die israelischen Führer des Kremls, einen erbitterten Krieg gegen den Zionismus, den Staat Israel, den Jüdischen Weltkongress in New York, den B'nai-B'rith-Orden und gegen den verborgenen Anführer all dessen zu beginnen [Bernard Baruch war der George Soros seiner Zeit.

Zur gleichen Zeit begannen Stalin und seine hebräischen Gefolgsleute auch ... eine brutale Strafverfolgung, nicht nur gegen Zionisten, sondern auch gegen Rabbiner und jüdische Gemeindeleiter, die dem New Yorker jüdischen Kommando gegenüber loyal sein . Diese wurden ... durch Rabbiner und Führer mit stalinistischer Gesinnung ersetzt. Die Gefängnisse waren voll von antistalinistischen Juden, und unter diesen Umständen wurden viele hebräische Führer und Regierungsbeamte ... ermordet

Die jüdische Macht in New York reagierte heftig gegen Stalin. Sie zwangen ihrem hebräischen Untertan, dem Präsidenten der Vereinigten Staaten, Harry Salomon Truman - und den anderen Kryptojuden, die die Regierungen Englands und anderer westlicher Mächte kontrollierten oder beeinflussten - die gewaltsame Änderung ihrer internationalen Politik auf, viele noch immer nicht verstehen und die die Freie Welt vor einem drohenden Sturz in die Hände des Kommunismus bewahrte, in dessen Richtung die Freie Welt durch die Komplizenschaft von Washington und London geführt wurde, die damals heimlich von der Freimaurerei und dem Judentum kontrolliert wurden

Truman und die hebräische Bande, die Osteuropa und China an Stalin ausgeliefert hatte, leiteten nun den Kampf, um ihn daran zu hindern, die Kontrolle über die Welt zu erlangen. Anfang 1949 wurde die NATO (North Atlantic Treaty Organization) gegründet, später die Mittelmeer-Allianz sowie das Bagdad- und das Südostasien-Bündnis. Die OAS, die Organisation Amerikanischer Staaten, wurde praktisch in ein antikommunistisches Bündnis umgewandelt.

So entstand das größte Netzwerk von Allianzen in der Geschichte der Menschheit, denn die jüdischen Führer der Welt erinnerten sich an die von Stalin verübten Morde an Juden - Trotzkisten, Sinowjews, Bujarinisten usw. Sie sahen sich in Gefahr, erschossen zu werden, wenn sie sich nicht darauf vorbereiteten, den gewaltigen Vormarsch Stalins, den sie zuvor unterstützt hatten, zu stoppen

Zuvor hatte Truman geplant, Indien und Nordjapan an Stalin auszuliefern, doch diese Ereignisse verhinderten ein solches Verbrechen. Als dieser Bruch der krypto-jüdischen Achse New York-London-Moskau stattfand, konnten die Juden Truman und Marshall, die still und heimlich den treuen Kollaborateur Stalins, Mao Tse-Tung, bewaffnet und alles getan hatten, um Chiang Kai-Chek zu erledigen, die Chinas durch Stalin nicht verhindern

Aber sie schickten die Sechste Flotte, um zu verhindern, dass Formosa in die Hände Maos fiel, und schützten so den letzten Sitz des nationalistischen chinesischen Regimes, obwohl sie auch keine offensiven Aktionen gegen das kommunistische Regime zuließen

Während der Zeit dieser vorübergehenden jüdischen Spaltung wollten die New Yorker Führer des internationalen Judentums Stalin daran hindern, die Weltherrschaft zu erlangen, aber nicht den Kommunismus zerstören, denn das würde die Zerstörung ihrer eigenen Arbeit und den all dessen bedeuten, was die jüdische Weltrevolution in 32 Jahren erreicht hatte...

Haviv Schieber entlarvt Zionismus/Kommunistische Komplizenschaft

Wie die jüdischen Antikommunisten Henry Klein und Myron Fagan ist auch Haviv Schieber in der Versenkung verschwunden. Haviv Schieber floh 1937 aus Polen nach Palästina und schloss sich der Irgun unter Menachem Begin

Als er eine antikommunistische zionistische Partei gründete, war er den Zionisten ein Dorn im Auge. Er beschreibt ihre Verfolgung in seinem Buch *Holy Land Betrayed* (1987

Seine Anwältin Bella Dodd wehrte sich gegen ihre Bemühungen, ihn zurück nach Israel abzuschieben. Aus Protest schnitt er sich die Pulsadern auf. In den Tagen, als es in den USA noch eine freie Presse gab, war das ein Grund zur Aufregung

Schieber zog den Vorhang zurück für die Scharade Kommunisten (links) gegen Zionisten (rechts). Er enthüllte, dass Israel seine Existenz Russland zu verdanken hat. An der Spitze sind Zionismus und Kommunismus alternative Wege zur Rothschild-Weltregierung

Und er setzte sich für einen palästinensischen Staat ein, der die Palästinenser gleichberechtigt einschließt. Sie werden nie einen wirklich antikommunistischen Film sehen (zum Beispiel über Bella Dodd), weil die USA von kommunistischen Juden und Freimaurern regiert werden

Haviv Schieber, 1913-1987

"Der Nationalsozialismus hat mir Angst gemacht, ein Jude zu sein. Der Zionismus hat mich dazu gebracht, mich zu schämen, ein Jude zu sein." Haviv

Wie meine Leser wissen, kontrollieren die Rothschilds die Ereignisse mit Hilfe von zwei scheinbar gegensätzlichen freimaurerisch-jüdischen satanischen Kulten, dem Kommunismus (links) und dem Zionismus (rechts.

Der zionistische Flügel (rechts) ist nationalistisch, konservativ und treibt die NWO durch Krieg voran. Der kommunistische Flügel ist "progressiv" (woke) und befürwortet die Auflösung des Nationalstaates durch Migration, Sozialtechnik und Unterdrückung

Dieser Konflikt wird so ausgetragen, als ob er real wäre. So wurde 1948 ein Bürgerkrieg nur knapp abgewendet, nachdem Ben Gurion die Versenkung des Irgun-Schiffs Altalena angeordnet hatte, was 35 Tote, Hunderte von Verletzten und den Verlust von Tonnen von Munition zur Folge hatte. Begin machte im Interesse der jüdischen Einheit einen Rückzieher, denn schließlich sind Zionismus und Kommunismus zwei Seiten derselben Medaille

Heute wäre Schieber auf der Seite von Netanjahu und Trump, würde aber dennoch verfolgt, weil er die zionistischen Verbindungen zu Russland aufgedeckt hat:

1) Die UdSSR stand hinter der Gründung Israels. Bei Ausbruch des Krieges 1948 "kamen die Sowjets ihren marxistischen Brüdern wieder einmal zu Hilfe. Sie schickten viele hochrangige Offiziere der Roten Armee, um die israelische Armee auszubilden und zu führen." (20)

2) Die Sowjets öffneten die Tür für die jüdische Auswanderung nach Israel und lieferten über ihren tschechischen Satelliten dringend benötigte Waffen. Sie gaben vor, die Araber zu unterstützen und stachelten sie mit begrenzten Waffen und Versprechungen an.

3) Was den Sechstagekrieg betrifft, so ermutigten die Sowjets Ägypten zu kriegerischen Drohungen, um als Aggressor zu erscheinen. Dann forderten die Sowjets Nasser auf, sich zurückzuziehen. Der Angriff auf die USS Liberty war ein Versuch unter falscher Flagge, die USA in den Krieg zu ziehen.

1950 gründete Schieber die Anti-Kommunistische Liga Israels, der Muslime, Christen und Juden angehörten. "Wir sollten der Welt zeigen, dass es nicht nur kommunistische Juden gibt, sondern auch antikommunistische Juden". (29) Er beschreibt die Zusammenarbeit zwischen Zionisten und Nazis: "Die linken Zionisten unterdrückten alle Versuche der jüdischen deutschen Ghettos, gegen Hitler zu protestieren und aufzubegehren ... sie waren besser über die

Konzentrationslager informiert als das deutsche Volk, taten aber nichts, um es zu verhindern."

Natürlich haben die Zionisten Hitler finanziert, um die deutschen Juden nach Israel zu treiben.

Schieber ermutigte seine Anhänger mit diesen Worten: "Wenn jemand eine Chance hat, den Kommunismus zu zerstören, dann sind es die Juden. Schließlich sind wir diejenigen, die ihn begonnen und aufgebaut haben." (52)

"Bella Dodd war die Einzige, die die Notwendigkeit der Schaffung einer weltweiten Organisation begriff... Bis zu ihrem Tod im Jahr 1969 war sie tief in meine Sache involviert." (53) Als Rabbi Wise sagte, der Kommunismus sei die Erfüllung des Judentums, warnte Schieber die Juden, dass "sie durch die Handlungen ihrer jüdisch-marxistischen liberalen Führung geschädigt werden".

SCHLUSSFOLGERUNG

Schieber konvertierte zum Christentum und wurde auf einem christlichen Friedhof beigesetzt. In *Holy Land Betrayed* schrieb er sein eigenes Epitaph.

"Mein ganzes Leben lang habe ich mich leidenschaftlich für das Konzept eines jüdischen Staates in Palästina eingesetzt... Ich war angewidert von dem, was sich entwickelt hatte. Ich hatte von einem Staat geträumt, in dem Würde, Freiheit und Sicherheit herrschen. Stattdessen sieht man jede Form von menschlicher Erniedrigung, Korruption, Laster und Verbrechen. Die Ergebnisse des Zionismus drehten mir den Magen um."

"Ich glaube, dass dies Gottes Plan ist: Israel sollte abrüsten, seine Grenzen öffnen und ein freies Wirtschaftssystem einführen. Nur so kann eine massive Zerstörung, vielleicht sogar ein globaler Atomkrieg, abgewendet werden." (64)

Einige Juden unterstützten Schieber, baten aber darum, anonym zu bleiben. Die Juden werden von den freimaurerischen Zwillingszangen des Zionismus und des Kommunismus als Geiseln gehalten, die uns nun alle gefangen halten.

Dasselbe gilt für Menschen, die im Bann des radikalen Islam stehen, der von den Freimaurern ins Leben gerufen wurde, um einen dritten freimaurerisch-jüdischen Weltkrieg zu ermöglichen.

Israel und der Iran werden beide von Freimaurern geführt, die den Dritten Weltkrieg planen

Damit wir nicht vor lauter Jubel für den Iran in die Hände klatschen, sollten wir uns nicht auf die Scharade des Dritten Weltkriegs einlassen. Die Islamisten (Hamas) sind das muslimische Gegenstück zu den jüdischen Kommunisten.

Zionisten und Kommunisten sind Flügel der gleichen Freimaurer-Sekte. Ihre Dogmen sind nur ein Vorwand, um ihr Volk der Freiheit und des Eigentums zu berauben und grundlose Kriege zu schüren.

Jetzt schließen sie sich zusammen, um uns durch einen Atomkrieg zu vernichten. Die Prophezeiung von Pike wird wahr! Die muslimischen und zionistischen Führer sind buchstäblich Agenten der Illuminaten.

Auch der Iran wird von Satanisten kontrolliert

Albert Pike sah drei Weltkriege voraus

Dieser Artikel wurde von einem 18-jährigen Iraner geschrieben und am 4. Oktober 2010 veröffentlicht.

Von Beginn der islamischen Revolution an wurden Schlüsselpositionen wie die Justiz an Mullahs übertragen, die keine Erfahrung in der Führung des Landes hatten. Befehlshaber des Militärs, Ingenieure und Ärzte, die sich dem Regime widersetzten, wurden gehängt, weil sie "Feinde Allahs" waren.

Die islamische Revolution im Iran hatte nichts mit dem Islam zu tun. Wie jede andere Revolution in der jüngeren Geschichte zielte sie im Wesentlichen darauf ab, die Macht an einige wenige Personen zu übergeben. Im Falle der iranischen Revolution von 1979 wurde der Staat an die Chomeini-Sekte übergeben, eine Gruppe von Muslimbrüdern, die direkte Verbindungen zu ausländischen Geheimdiensten unterhält.

Man darf nicht so naiv sein, zu glauben, dass der Iran eine Opposition gegen die neue Weltordnung ist.

Es fällt mir sehr schwer zu glauben, dass die Briten, die Mussadeq so energisch bekämpft haben, plötzlich das iranische Öl aufgeben und den Mullahs die Kontrolle über die Ölressourcen des Landes überlassen würden.

Die wahre Geschichte ist, dass die Briten die islamische Revolution von Khomeini angestiftet haben. Ziel war es, die Energie des Irans zu kontrollieren, indem man ihn schwächte (und die Iraner in den Hunger trieb) und die religiöse und familienorientierte Gesellschaft des Irans zu zerstören.

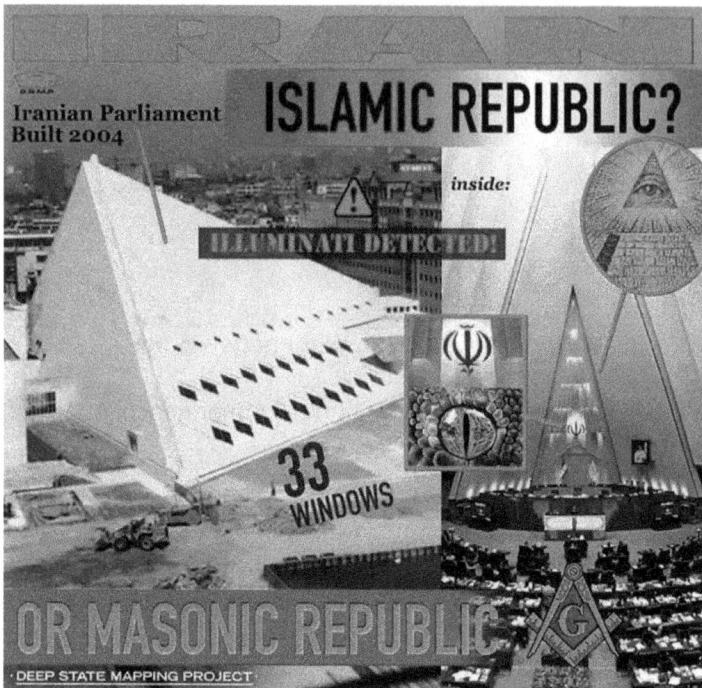

Das iranische Parlament - eine Pyramide

Viele unserer Großayatollahs sind auch Freimaurer und Mitglieder der Muslimbruderschaft, und ich habe zuverlässige Quellen, die mir sagen, dass sie alle paar Monate nach London reisen, um ihre Aufträge zu erhalten. Eine der mächtigen Figuren des iranischen Kultregimes ist Ayatollah Mesbah Yazdi. Er ist der Anführer einer sehr mächtigen Sekte namens Haqqani-Schule.

Zu den Mitgliedern gehören Mahmoud Ahmadinejad (ein Top-Schüler von Mesbah), Kommandeure der Revolutionsgarden, der Basij-Miliz, Anwälte, Richter und die Chefs der wichtigsten Zeitungen...

Ich glaube, dass die Hauptursache für diese Probleme darin liegt, dass unsere Gesellschaft und insbesondere die junge Generation keinen Glauben mehr an Werte wie Familie, Religion und harte Arbeit hat.

Der Grund dafür ist, dass die Sekte uns unsere Grundrechte genommen hat und uns mit einer Version des Islam füttert, die zur Zerstörung von Religion und Gesellschaft geführt hat.

Ich habe keinen Zweifel daran, dass sich unter den Religionslehrern in Qom Satanisten befinden, denn ich habe viele wahre Geschichten über Kindesmissbrauch gehört. Unsere Mullah-Sozialingenieure haben die Öffentlichkeit so verwirrt, dass sie nicht mehr weiß, was richtig oder falsch ist und deshalb bereit ist, eine NWO-Übernahme zu akzeptieren.

Religiöse Fanatiker haben Israel gekapert (und die USA)

Die einzige praktikable Lösung für den Nahostkonflikt ist eine Zweistaatenlösung. Doch das scheint aussichtslos, da 800 000 Siedler im palästinensischen Sektor leben und wohl kaum umziehen werden. Wenn man dann noch das Komplott zur Erfüllung einer okkulten jüdischen Prophezeiung hinzunimmt, sieht die Lage ziemlich düster aus. Die israelische Regierung ist außer Kontrolle geraten, und der Westen wird von ihr kontrolliert, weil sie die Kredite kontrolliert.

Die Selbstmordspirale muss eingefroren und schrittweise umgekehrt werden. Letztlich ist das alles eine Scharade, um Chaos, Leid und Entvölkerung zu rechtfertigen. Beide Seiten werden von Satanisten (Freimaurern) kontrolliert. Der Satanismus ist die Anbetung von Tod und Zerstörung.

Die vier Reiter der Apokalypse

Jahrzehntelang war der Angriff auf den Gazastreifen Netanjahus Mittel, um der Unzufriedenheit im eigenen Land zu begegnen.

Haim Bresheeth-Zabners Buch *An Army Like No Other* (2019) ist ein Augenöffner. Es zeigt, dass der Völkermord im Gazastreifen keine Abweichung ist, sondern die Fortsetzung einer konsequenten Politik der ethnischen Säuberung und des Völkermords, auf der der Staat Israel aufgebaut wurde.

Benjamin Netanjahu verfolgte in der Tat eine Politik des Abschlachtens von Menschen aus dem Gazastreifen, wann immer es in Israel zu innerstaatlichen Unruhen kam, wie etwa der Widerstand gegen seine "Justizreformen" vor dem 7. Oktober 2023. Im Jahr 2012 gab es zum Beispiel Proteste wegen der hohen Lebenshaltungskosten.

> "Netanjahu (der in den Umfragen stark zurücklag) beschloss, der Öffentlichkeit seine Lieblingsmedizin zu geben: einen Angriff auf Gaza. Der Angriff auf den Gazastreifen im Jahr 2012 beendete die sozialen Proteste und brachte Netanjahu wieder in eine führende Position. Während die israelisch-jüdischen Stämme in vielen Fragen tief gespalten sind, dient das Thema "Sicherheit" als wirksamster sozialer Klebstoff." (p.344)

Nur eine Bedrohung von außen kann das Land zusammenhalten.

Während Israel Lippenbekenntnisse zu einer "Zwei-Staaten-Lösung" abgibt, war es immer sein Ziel, Palästina vom "Meer bis zum Fluss" und darüber hinaus zu kontrollieren.

Dies gilt umso mehr, als die Parteien, die die 800.000 "Siedler" im Westjordanland vertreten, die Kontrolle über die Regierung und die IDF übernommen haben.

Israels Umgang mit den Palästinensern war schon immer barbarisch. "Während der Weihnachtsfeiertage 2008 rückte Israel mit enormer Gewalt in den Gazastreifen ein. Fast 1500 Palästinenser wurden getötet, zumeist Zivilisten, darunter mehr als 400 Kinder. Die Verwüstung in Gaza war intensiver als bei jedem anderen IDF-Angriff. Israel traf die Infrastruktur - Strom-, Gas- und Wasserversorgungssysteme, die in Gaza im besten Fall anfällig sind und bereits durch die von Israel 2006 verhängte Blockade beeinträchtigt wurden."

"Bei den folgenden zwei Angriffen auf den Gazastreifen im November 2012 und im Juli-August 2014 wurde das bereits erschreckende Ausmaß an Tod und Zerstörung noch übertroffen: Im Sommer 2014 tötete die IDF 2310 Menschen im Gazastreifen und verwundete 10.626. Ganze Stadtteile des Gazastreifens verschwanden über Nacht, mehr als 120.000 Menschen verloren ihre Häuser. Die Infrastruktur, die seit dem letzten Angriff teilweise wiederhergestellt worden war, lag in Trümmern." (322) Das Gleiche taten sie 1982 in Beirut. In der Tat ist die Doktrin der unverhältnismäßigen Zerstörung nach "Dahiya" benannt, dem Stadtteil von Beirut, den Israel dem Erdboden gleichgemacht hat. (207)

Ich war beeindruckt von der totalen Barbarei und dem Mangel an Mitmenschlichkeit der Israelis, die sich selbst als zivilisierte Menschen betrachten.

Der Westen hat sich auf ein sinkendes Schiff eingelassen. Israel erhält 55% der gesamten US-Militärhilfe.

Wenn man den Fanatismus der israelischen Führer versteht, erkennt man, dass es keine Hoffnung auf Frieden gibt.

Die Führung kommt aus dem fanatischsten Teil der israelischen Gesellschaft, den Siedlern. Die am schnellsten wachsende Bevölkerungsgruppe sind die hereditischen oder orthodoxen Juden, die nichts beitragen, aber alle möglichen Subventionen und Privilegien fordern. Sie unterstützen die Vertreibung oder Liquidierung der Palästinenser.

HB-Z erklärt, dass der Krieg Israels Brot und Butter ist. Die IDF sind die reichste Institution des Landes. Mehr als 20% der Bevölkerung arbeiten für sie oder den militärisch-industriellen Komplex, den sie fördert. Sie haben eine Gesellschaft geschaffen, die sich "von Aggression ernährt und durch sie gedeiht". (198)

Auch wenn die Zionisten Lippenbekenntnisse zu Kompromissen abgeben, wird es keine geben. Die einzige Möglichkeit, den Völkermord zu stoppen, besteht darin, Israel im Kampf zu besiegen.

Verwandt: *Israels Abstieg in einen moralischen Abgrund* (Online oder in Illuminati I)

Henry Klein: Der Zionismus ist der Fluch des Judentums

Henry Klein (1879-1955) vertrat die Mehrheit der Juden, die sich einfach assimilieren wollten. Wie er jedoch in diesem Essay von 1945 erklärte, brauchten die Banker sie, um die Tyrannei der Weltregierung zu erreichen.

Infolgedessen wurden die Juden dazu verleitet, den "Globalismus" voranzutreiben, und zweifellos werden sie und nicht die Freimaurer dafür verantwortlich gemacht werden.

Die meisten Juden sind sich nicht bewusst, dass sie für ein teuflisches Komplott benutzt werden. Sie sind als "nützliche Idioten" effektiver.

von Henry Klein

" Zionism is a political program for the conquest of the world. "

" Zionism destroyed Russia by violence as a warning to other nations. It is destroying the United States through bankruptcy, as Lenin advised. Zionism wants another world war if necessary to enslave the people. Our manpower is scattered over the world. Will we be destroyed from within or will we wake up in time to prevent it?" - "

Klein is another American hero flushed down the memory hole for defying the Rothschild - Rockefeller cartel.

Henry Klein (1879-1955)

smoloko.com

"Macht die Juden weltbewusst, sagen ihre Führer. Lasst sie von Palästina und einem Weltstaat träumen. Lasst sie nicht zu Nationalisten im Denken werden. Lasst sie sich nicht als Bürger irgendeiner Nation betrachten, außer der jüdischen Traumnation in Palästina. Macht sie zu

Internationalisten."

Das ist es, was sie mit den Juden in Russland und anderswo in Europa gemacht haben; das ist es, was sie mit den meisten Juden in den Vereinigten Staaten machen. Das Hauptmedium, durch das dies geschieht, ist der politische Zionismus.

Was ist der politische Zionismus? Meiner Meinung nach ist er der Fluch des Judentums. Was einst ein schöner Traum für orthodoxe Juden war, die ihren Lebensabend in Palästina verbringen wollten, ist zu einem schaurigen Albtraum geworden, der Juden, Christen und Mohammedaner gleichermaßen auszulöschen droht.

Führende Juden in den Vereinigten Staaten waren einst gegen den politischen Zionismus und gegen eine jüdische Nation in Palästina. ... In Russland war es nach der Revolution von 1917 ein Kapitalverbrechen, den Zionismus in diesem Land zu befürworten. Der Zionismus wurde als feindlich gegenüber der wirtschaftlichen und politischen Philosophie des Kommunismus angesehen, da er einen Staat im Staat schuf.

Führende amerikanische Juden waren der Meinung, dass Juden den Vereinigten Staaten gegenüber loyal sein sollten und nicht gegenüber einer unabhängigen Nation. Letztendlich änderten diese führenden Juden ihre Ansichten. Sie übernahmen den Gedanken, den sie einst verurteilt hatten; nicht weil sie glaubten, dass amerikanische Juden nach Palästina wollten, sondern weil sie zu der Überzeugung gelangt waren, dass eine jüdische Nation in Palästina ein Symbol der jüdischen Weltmacht sei und sie eine solche Macht befürworteten. Sie erkannten nicht, dass die jüdische politische Macht durch den Mord an Jesus gebrochen wurde.

Die Balfour-Erklärung von 1917 gab dem Zionismus großen Auftrieb. Großbritannien versprach den Juden ein "Heimatland" in Palästina. Im Gegenzug trugen die politischen Zionisten dazu bei, die Vereinigten Staaten in den Ersten Weltkrieg zu ziehen. Zwei Jahre zuvor hatte Großbritannien auch den Arabern Selbstbestimmung und Schutz in Palästina gegen die Türken versprochen.

Ein "Heimatland" wurde damals nicht als jüdischer Staat interpretiert. Diese Interpretation wurde von denjenigen vorgenommen, die den Zionismus zu ihrem Geschäft gemacht haben und von einem Wiederaufstieg des Judentums zur Weltmacht träumen. Die Juden als Masse haben keinen solchen Traum und keine solchen Ambitionen. Sie sind zufrieden, in Frieden und Glück zu leben, wo sie sind. Sie haben nicht den Wunsch, nach Palästina zurückzukehren oder die Welt zu beherrschen. Nur eine Handvoll hat diesen Wahn.

Viele Juden, die jetzt in Palästina leben, würden es gerne verlassen, wenn sie könnten.

Wozu hat der politische Zionismus geführt? Er hat dazu geführt, dass die Juden in der ganzen Welt riesige Geldsummen gesammelt haben. Er hat zur Gründung von pro-zionistischen Organisationen in den meisten Ländern geführt. Er hat zum Abschlachten von Juden in Europa und zur Bedrohung durch einen Aufstand von Moslems gegen Juden und Christen geführt, obwohl es viele arabische Christen gibt...

Die Moslems kennen die Protokolle. Sie lesen und studieren sie seit mindestens einer Generation, und ihr Wissen über ihren Inhalt hat bei ihnen Hass hervorgerufen.

Ihre Vertreter protestierten in San Francisco gegen die Gewährung weiterer Rechte für Juden in Palästina, und sie protestierten mehrmals bei der britischen Regierung. Sie protestierten bei Präsident Roosevelt. Sie wissen, dass die politischen Zionisten ihr Programm trotz all ihrer Proteste durchsetzen, und sie warnen, dass jeder offenkundige Schritt zur Errichtung eines jüdischen Staates in Palästina, ob mit oder ohne Hilfe irgendeiner Nation, von ihnen mit heftigem Widerstand beantwortet werden wird. Sie sind sowohl gegen einen jüdischen Staat als auch gegen die jüdische Weltmacht, und sie beabsichtigen, beides zu verhindern.

Ich warne das jüdische Volk, auf die muslimischen Drohungen zu hören. Stoppt den Wahnsinn des Sanhedrins und die Gaunerei und Propaganda der politischen Zionisten. Sie sind das Gift im Kelch der Juden.

Buch Drei

Verborgene Geschichte

Vatikan räumt jüdische Hegemonie 1890 ein

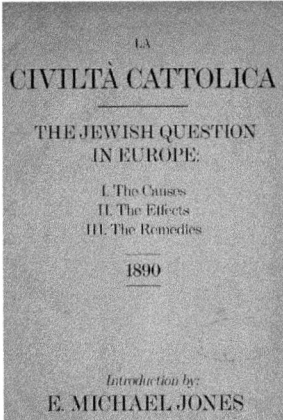

LA
CIVILTÀ CATTOLICA
___
THE JEWISH QUESTION
IN EUROPE:

I. The Causes
II. The Effects
III. The Remedies

1890
___

Introduction by:
E. MICHAEL JONES

La Civilta Cattolica (italienisch für Katholische Zivilisation) ist eine Zeitschrift, die seit 1850 ohne Unterbrechung von den Jesuiten in Rom, Italien, herausgegeben wird und zu den ältesten katholischen italienischen Zeitschriften gehört.

Die Veröffentlichung des Vatikans rückt die NWO ins rechte Licht.

"Das vom Himmel auserwählte Instrument zur Bestrafung des degenerierten Christentums unserer Zeit sind die Hebräer

Wir müssen bis ins Jahr 1890 zurückgehen, um zu verstehen, was sich da abgespielt hat. Ein Artikel in der offiziellen Vatikanzeitschrift *La Civilta Cattolica* vom 23. Oktober 1890 enthüllt, wie die Juden von den Katholiken vor 135 Jahren wahrgenommen wurden. Der Artikel bestätigt, dass die Menschheit von einer satanischen Sekte, dem kabbalistischen Judentum, kolonisiert wurde, auch dank der Freimaurerei, die eine jüdische Kabbala für Heiden ist. Die Gesellschaft ist tatsächlich "satanisch besessen".

Der Artikel aus dem Jahr 1890 beginnt damit, dass er die "Invasion der Israeliten in jeden Bereich des öffentlichen und sozialen Lebens" in Europa und Russland beklagt.

Die Christen versammeln sich, um "die Ausbreitung dieser Seuche" und "ihre schlimmsten Folgen" zu stoppen.

"Nachdem sie die absolute bürgerliche Freiheit und die Gleichheit mit den Christen und den Völkern in allen Bereichen erlangt hatten, wurde der Damm, der die Hebräer zuvor zurückgehalten hatte, für sie geöffnet, und in kurzer Zeit drangen sie wie ein verheerender Strom ein und übernahmen mit List alles: Gold, Handel, Börse, die höchsten Ämter in der politischen Verwaltung, in der Armee und in der Diplomatie; das öffentliche Bildungswesen, die Presse, alles fiel in ihre Hände oder in die Hände derer, die unweigerlich von ihnen abhängig waren ... die Gesetze und Institutionen der Staaten selbst hindern die christliche Gesellschaft daran, das Joch der hebräischen Kühnheit abzuschütteln, das unter dem Deckmantel der Freiheit auferlegt wurde."

Der Artikel zeigt deutlich die böswilligen Absichten der jüdischen Führung auf. Die Leute, die "Hass" schreien, sind in Wirklichkeit die wahren Hasser. Ihr Ziel - "die Ausrottung der christlichen Zivilisation" - ist fast erreicht.

Der Talmud betrachtet alle Nicht-Juden als Untermenschen, d.h. als Bestien. Die Juden sehen sich selbst als "die höchste Ethnie der Menschheit", die "Anspruch auf den gesamten Reichtum des Universums" erhebt. Ihr Messias muss "ein großer Eroberer sein, der die Völker unter das Joch der Juden zwingt." (Hier ist Christus gescheitert.)

Der Talmud "lehrt, dass ein Israelit Gott wohlgefälliger ist als die Engel des Paradieses; dass einen Juden zu schlagen bedeutet, Gott zu schlagen..."

Gewöhnliche Juden wie ich wissen nichts über den Talmud und teilen diese Ansichten nicht. Sie sind jedoch Bestandteil der völkermörderischen NWO-Agenda.

Der Artikel führt den Antisemitismus auf diesen wahnsinnigen jüdischen Größenwahn, die jüdische Unmoral und ihren "unstillbaren Appetit, sich durch Wucher zu bereichern" zurück...

"HILFSMITTEL

Der Autor ringt mit dem Problem, wie man die christliche Zivilisation verteidigen kann, wenn alle gesellschaftlichen Institutionen - Regierung, Medien, Bildung und Wirtschaft - von den jüdischen Bankiers der Illuminaten und ihren jüdischen und freimaurerischen Agenten übernommen worden sind.

Die Hebräer "sind eine Plage für die christliche Gesellschaft". Krieg ist gerechtfertigt. Leider fehlt es dem Christen an den nötigen Mitteln und an Rücksichtslosigkeit. Er will nicht "zum Blutvergießen greifen".

Das jüdische Vermögen sollte konfisziert und die Juden sollten ausgewiesen werden: "Es ist absolut legitim ..., dass das ausgeplünderte Volk die unrechtmäßig erworbenen Gewinne von den Dieben zurückfordert ...

Gold ist die mächtigste Waffe, mit der die Juden die Religion ausrotten und das Volk unterdrücken; ...man hat zumindest das Recht, ihnen diese Waffe zu entreißen."

Juden sollten als Ausländer betrachtet werden und es sollte ihnen verboten werden, Ackerland zu besitzen, das schnell in ihre Hände fällt. Der Autor räumt jedoch ein, dass sie weiterhin städtisches Eigentum besitzen könnten.

Der Autor erkennt an, dass nicht alle Hebräer "Diebe, Betrüger, Wucherer, Freimaurer, Kadaver und Sittenverderber sind ... eine gewisse Anzahl ist nicht an den Machenschaften der anderen beteiligt. Wie könnten diese Unschuldigen "in die Strafe einbezogen werden"? Der Autor führt Gegenargumente an, dass die Dringlichkeit der Situation alle Bedenken überwinden muss.

Dann macht er eine Kehrtwende und sagt: "Selbst wenn das Mittel der universellen Verbannung der Hebräer jetzt durchführbar wäre, würde es nicht mit der Denk- und Handlungsweise der römischen Kirche übereinstimmen."

Europa wird "eine einzige riesige Plantage werden, die von den Juden durch die Arbeit und den Schweiß der Christen ausgebeutet wird, die zu Sklaven gemacht werden."

Diese Vision der Neuen Weltordnung ist 135 Jahre alt!

Siehe: *Dresdner Antijüdisches Manifest - Nichtjuden gaben sich 1882 geschlagen* Online oder in *Illuminati 3*

Freimaurermord vor 109 Jahren

Am 1. Juli 1916 begann **General Douglas Haig**, ein Freimaurer, die Schlacht an der Somme, die bis November den Tod von einer Million christlicher, britischer Patrioten im besten Alter zur Folge hatte.

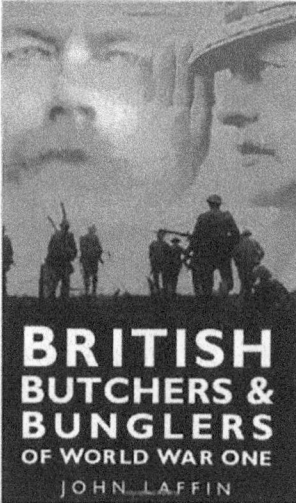

Väter, Söhne, Ehemänner, Brüder, Liebhaber.

Krieg ist eine List, mit der die globalistische satanische Elite unter dem Deckmantel der nationalen Pflicht Patrioten tötet.

Deutscher Maschinengewehrschütze: "Als wir anfingen zu schießen, mussten wir einfach nachladen. Sie gingen zu Hunderten zu Boden. Wir brauchten nicht zu zielen, wir schossen einfach in sie hinein.

Im Ersten Weltkrieg, einem der teuersten Kriege der Geschichte, starben auf beiden Seiten etwa 10 Millionen Soldaten. Das unnötige Gemetzel in den Grabenkämpfen wird von den freimaurerisch kontrollierten Medien und dem Bildungssystem gewöhnlich als unbeabsichtigte Folge dargestellt.

Tatsächlich werden diese Kriege von den jüdischen Illuminaten-Bankern und ihren freimaurerischen Lakaien inszeniert, um die Christen zu töten, um die westliche Zivilisation im Vorfeld der satanischen NWO, die sich jetzt deutlich manifestiert, zu degradieren.

Alle Kriege sind darauf ausgerichtet, die Banker zu bereichern und zu ermächtigen, während sie die Menschheit zerstören und demoralisieren. Kriegstreiberischer "Patriotismus" ist eine List. Je eher leichtgläubige Nicht-Satanisten aufhören, in ein Schwert zu fallen, desto besser.

Ich werde mich auf die Schlacht an der Somme konzentrieren, eine der größten Schlachten des Ersten Weltkriegs. Meine Informationen beruhen auf John Laffins *British Butchers and Bunglers of World War One*, (1988, S. 63ff.)

Sowohl General Douglas Haig, Oberbefehlshaber an der Westfront, als auch sein Hauptmitplaner Sir Henry Rawlinson waren Freimaurer. Die Somme-Offensive ("The Big Push") sollte die Pattsituation beenden und den Krieg gewinnen. Die Alliierten verfügten über 700.000 Mann, eine zahlenmäßige Überlegenheit von 7:1. Haig und Rawlinson rechneten damit, 500.000 Mann zu verlieren.

Der Plan war einfach: Fünf Tage und Nächte lang die Deutschen bombardieren, dann zu den feindlichen Schützengräben gehen und die verbliebenen Soldaten töten oder diejenigen, die sich ergeben hatten, gefangen nehmen.

Nach 5 Tagen der Bombardierung waren die deutschen Schützengräben und ihre Verteidigungsanlagen jedoch kaum angekratzt. Die Engländer versäumten es, dies aus der Luft aufzuklären oder zu beobachten. Die Deutschen mussten nur ihre Maschinengewehre abfeuern, nachladen und erneut schießen. Diese Art von Angriff setzte sich vom 1. Juli bis November 1916 fort. Über eine Million Männer starben, 58.000 am ersten Tag.

Am 1. Juli 1916 griffen 11 britische Divisionen an einer 13 Meilen langen Front an. Um 7.30 Uhr waren die sechs deutschen Divisionen mit dem Frühstück fertig, wischten sich mit ihren Servietten das Gesicht ab und holten ihre Maschinengewehre aus den bequemen tiefen Kellern. Sie begannen damit, die Angreifer zu besprühen, die in ordentlichen Reihen vorrückten, "um die Ordnung aufrechtzuerhalten".

Ein deutscher Maschinengewehrschütze schrieb: "Wir waren überrascht, sie gehen zu sehen; das hatten wir noch nie gesehen. Die Offiziere gingen vorneweg. Einer trug einen Spazierstock...

Wenn wir zu schießen begannen, mussten wir einfach nachladen und nachladen. Sie gingen zu Hunderten zu Boden. Wir brauchten nicht zu zielen, wir schossen einfach in sie hinein. "

Ein deutscher Offizier berichtete über seinen Eindruck von dem Angriff. "Ganze Abschnitte schienen zu fallen. Entlang der gesamten Linie sah man Engländer, die ihre Arme in die Luft warfen und zusammenbrachen, um sich nie wieder zu bewegen. Die tödlich Verwundeten wälzten sich im Todeskampf, während die Schwerverwundeten in die Granatenlöcher krochen, um Schutz zu suchen. "

John Laffin: "Von den 110.000 Männern, die angriffen, wurden an diesem einen Tag 60.000 getötet oder verwundet. Etwa 20.000 lagen tot zwischen den Linien. Haig und Rawlinson waren direkt verantwortlich für die Annahme, dass die Bombardierung den Stacheldraht durchschneiden und die Deutschen verwundbar machen würde. Die Deutschen verloren am 1. Juli schätzungsweise 8000 Mann. 2000 wurden gefangen genommen." (64)

Auf einer Krankenhausstation wurden in den ersten 48 Stunden 10.000 Verletzte behandelt. Ein Chirurg schrieb:

> "Ströme von Krankenwagen, die eine Meile lang waren, warteten darauf, entladen zu werden. Die gesamte Fläche des Lagers, ein Feld von sechs Hektar, war vollständig mit Bahren bedeckt, auf denen jeweils ein leidender oder sterbender Mensch lag. Wir Chirurgen arbeiteten eifrig im Operationssaal, einer guten Hütte mit vier Tischen. Gelegentlich warfen wir einen kurzen Blick in die Runde, um aus den Tausenden von Patienten die wenigen auszuwählen, die wir noch retten konnten. Es war schrecklich. (73) Haigs Chronist, Oberst Boraston, schrieb, dass der Angriff "die Schlussfolgerungen des britischen Oberkommandos bestätigte und die angewandten taktischen Methoden reichlich rechtfertigte". (Zweifellos waren diese Männer alle Freimaurer.)

Laffin schreibt:

> "Dies ist eine unerhörte Aussage. Es ist zutreffender, den 1. Juli 1916, wie H. L'Etang es tut, als 'wahrscheinlich die größte Katastrophe für die britische Armee seit Hastings' zu bezeichnen... Sicherlich hat man weder vorher noch nachher ein solch mutwilliges, sinnloses Gemetzel gesehen...".

Laffin beklagt das völlige "Fehlen von Cleverness" in der militärischen Strategie. Er betont, dass "hohe Verluste eine Grundregel des Spiels waren und einfach akzeptiert werden mussten". (76)

Wer weiß, wie die Welt heute aussehen würde, wenn die Elite dieser Generation von Christen 1915-18 nicht in Frankreich in den Schlamm getreten worden wäre?

Es gibt einfach keine andere Erklärung dafür, dass man eine Welle nach der anderen in die Schlacht schickt, als dass dies das bewusste Ziel war. Jeder vernünftige General hätte den Angriff abgebrochen, sobald klar wurde, dass die Strategie gescheitert war.

Die westliche Gesellschaft wird von einer satanischen Sekte kontrolliert, deren Ziel es ist, die Menschheit zu versklaven. Es ist an der Zeit, dass wir aufhören, uns an unserer eigenen Zerstörung zu beteiligen.

Genozid: Die absichtlich durch Impfstoffe verursachte Spanische Grippe

Swine Flu Expose - ein Buch von Eleanora I. McBean, Ph.D., N.D.

http://www.whale.to/a/mcbean2.html

Der Erste Weltkrieg forderte schätzungsweise 16 Millionen Menschenleben. Die Grippeepidemie, die 1918-1920 über die Welt hereinbrach, kostete schätzungsweise 50 Millionen Menschen das Leben. Ein Fünftel der Weltbevölkerung wurde von diesem tödlichen Virus befallen. Innerhalb weniger Monate tötete sie mehr Menschen als jede andere Krankheit in der Geschichte.

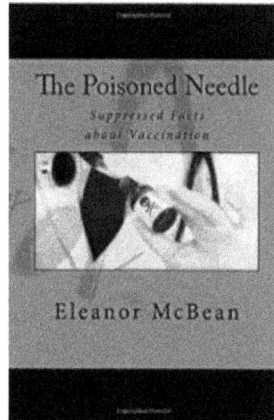

"ICH WAR EIN BEOBACHTER DER GRIPPEEPIDEMIE VON 1918 VOR ORT"

Alle Ärzte und Menschen, die zur Zeit der Spanischen Grippe 1918 lebten, sagen, dass dies die schrecklichste Krankheit war, die die Welt je erlebt hat. Starke Männer, gesund und munter, waren am einen Tag tot und am nächsten wieder gesund.

Die Krankheit wies die Merkmale des Schwarzen Todes auf, ergänzt durch Typhus, Diphtherie, Lungenentzündung, Pocken, Lähmungen und all die Krankheiten, gegen die die Menschen unmittelbar nach dem Weltkrieg geimpft worden waren.

1. Praktisch die gesamte Bevölkerung war mit einem Dutzend oder mehr Krankheiten - oder

giftigen Seren - "geimpft" worden. Als all diese von Ärzten verursachten Krankheiten auf einmal ausbrachen, war das tragisch.

Diese Pandemie zog sich zwei Jahre lang hin, wobei die Ärzte, die versuchten, die Symptome zu unterdrücken, weitere giftige Medikamente verabreichten, um sie am Leben zu erhalten. Soweit ich herausfinden konnte, traf die Grippe nur die Geimpften. Diejenigen, die die Impfungen verweigert hatten, blieben von der Grippe verschont. Meine Familie hatte alle Impfungen verweigert, so dass wir die ganze Zeit über gesund blieben. Wir wussten aus den Gesundheitslehren von Graham, Trail, Tilden und anderen, dass man den Körper nicht mit Giften kontaminieren kann, ohne Krankheiten zu verursachen.

Als die Grippe ihren Höhepunkt erreichte, waren alle Geschäfte, Schulen und Unternehmen geschlossen - sogar das Krankenhaus, denn die Ärzte und Krankenschwestern waren ebenfalls geimpft worden und hatten die Grippe. Keiner war auf der Straße. Es war wie eine Geisterstadt. Wir schienen die einzige Familie zu sein, die nicht an der Grippe erkrankt war, und so gingen meine Eltern von Haus zu Haus und taten, was sie konnten, um sich um die Kranken zu kümmern, da es damals unmöglich war, einen Arzt zu bekommen.

Wenn es möglich wäre, dass Keime, Bakterien, Viren oder Bazillen Krankheiten verursachen, dann hätten sie reichlich Gelegenheit gehabt, meine Eltern anzugreifen, als sie viele Stunden am Tag in den Krankenzimmern verbrachten. Aber sie bekamen keine Grippe, und sie brachten auch keine Keime mit nach Hause, die uns Kinder angreifen und etwas verursachen konnten. Keiner in unserer Familie hatte die Grippe - nicht einmal einen Schnupfen - und das im Winter, als der Schnee tief lag.

Wenn ich sehe, wie Menschen zusammenzucken, wenn jemand in ihrer Nähe niest oder hustet, frage ich mich, wie lange sie brauchen werden, um herauszufinden, dass sie sich nicht anstecken können - was auch immer es ist. Die einzige Möglichkeit, eine Krankheit zu bekommen, besteht darin, sie sich selbst zuzuziehen, indem man falsch isst, trinkt, raucht oder andere Dinge tut, die zu einer inneren Vergiftung und verminderter Vitalität führen. Alle Krankheiten sind vermeidbar und die meisten von ihnen sind mit den richtigen Methoden heilbar, die den Ärzten nicht bekannt sind, und auch nicht alle medikamentenlosen Ärzte kennen sie.

Es wird behauptet, dass die Grippeepidemie von 1918 weltweit 20.000.000 Menschen getötet hat. Aber in Wirklichkeit waren es die Ärzte, die sie mit ihren plumpen und tödlichen Behandlungen und

Medikamenten umbrachten. Das ist eine harte Anschuldigung, aber sie ist dennoch wahr, wenn man den Erfolg der arzneimittelfreien Ärzte im Vergleich zu dem der Mediziner betrachtet.

Während die Mediziner und medizinischen Krankenhäuser 33% ihrer Grippefälle verloren, wurden die nichtmedizinischen Krankenhäuser wie *Battle Creek, Kellogg und MacFadden's Health Restorium* mit ihren Wasserkuren, Bädern, Einläufen usw., Fasten und bestimmten anderen einfachen Heilmethoden, gefolgt von sorgfältig ausgearbeiteten Diäten mit natürlichen Lebensmitteln, zu fast 100% geheilt. Ein Arzt hat in acht Jahren keinen einzigen Patienten verloren.

Wären die Ärzte so fortschrittlich gewesen wie die Ärzte ohne Medikamente, hätte es diese 20 Millionen Todesfälle durch die medizinische Grippebehandlung nicht gegeben.

Bei den geimpften Soldaten traten siebenmal mehr Krankheiten auf als bei den ungeimpften Zivilisten, und zwar die Krankheiten, gegen die sie geimpft worden waren.

Ein Soldat, der 1912 aus Übersee zurückkehrte, erzählte mir, dass die Lazarette voll mit Fällen von Kinderlähmung waren und er sich fragte, warum erwachsene Männer eine Kinderkrankheit haben sollten.

Heute wissen wir, dass Lähmungen eine häufige Folge von Impfstoffvergiftungen sind. Die Daheimgebliebenen bekamen die Lähmungen erst nach der weltweiten Impfkampagne von 1918.

Hitler: Israel ist das Hauptquartier des künftigen jüdischen Weltstaats

Otto Wagener leitete kurzzeitig die Nazi-SA und war in den Jahren 1930-1932 Hitlers ständiger Begleiter. Aus Wageners Memoiren geht hervor, dass Hitler die freimaurerisch-jüdische Bankenverschwörung genau kannte und sich dennoch entschloss, ihr zu dienen.

Er griff ihr Anhängsel (die UdSSR) an und nicht ihr Herz, die City of London. Dies ist ein weiterer Beweis dafür, dass Hitler ein Illuminaten-Agent und eine falsche Opposition war.

"In den Jahren 1931 und 1932 habe ich Hitler auf den meisten seiner sehr häufigen Reisen begleitet. Im Jahr 1931, dem ersten Jahr meiner Ehe, verbrachte ich nur 42 Tage in München. In der übrigen Zeit war ich mit Hitler unterwegs, meist mit dem Auto...

Deutschland' war unser einziger Gedanke - das deutsche Volk und die deutsche Zukunft." (177)

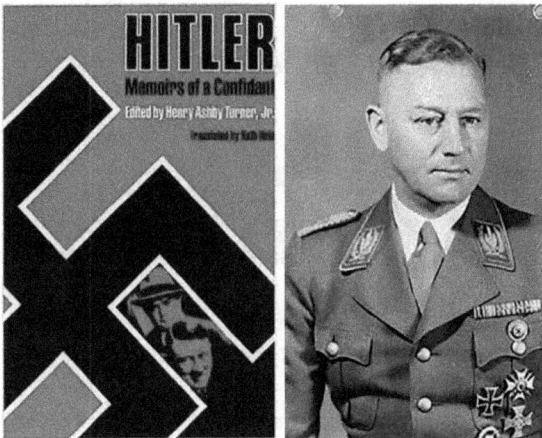

Laut Otto Wagener (1888-1971) sagte Hitler 1932, die Juden wollten Israel nicht als "Heimatland", sondern als "weltweite jüdische Zentrale".

Sie "beabsichtigten, mit der Zeit ihre internationale Finanzmacht zu nutzen, um die absolute Kontrolle über die Geschicke aller Völker der Welt zu erlangen".

Er sagte, das Endziel sei "die Erweiterung des Völkerbundes zu einer Art Weltstaat".

> "Wenn dieser Weltstaat dann in der Lage wäre, militärische Macht auszuüben ... als Weltpolizei - dann wird Juda endlich seine finanzielle Macht in der Welt stabilisiert haben."

> "(Dies wird) garantiert und gesichert werden durch die ... internationale Militärmacht, in die die unterdrückten Otto Wagener (1888-1971) eingezogen werden, um ihren Unterdrückern zu dienen. Das ist der Sinn von Palästina!"

Er sagte, dass dies die Verheißung des Alten Testaments erfüllen wird:

> "Alle Völker sollen dir untertan sein, ihre Könige sollen dir dienen."

Er sagte,

> "Diese Finanzmacht würde durch unsere Idee des Gelddruckens ein für alle Mal gebrochen werden", aber das Weltjudentum und seine unzähligen Verbündeten in Industrie und Handel werden sich dieser Maßnahme widersetzen. Deshalb hat Hitler seine Vertrauten auf Geheimhaltung eingeschworen." (Obige Zitate, S. 187-188)

HITLERS OPPOSITION IST VERDÄCHTIG

Hitlers Widerstand gegen die Agenda der Banker ist fragwürdig. Er wusste, dass das britische Empire das Instrument der freimaurerisch-jüdischen Weltverschwörung war. Er verglich Großbritannien mit einer privaten Firma: "Der Verwaltungsrat ist die Regierung - oder besser gesagt, die Freimaurerlogenorganisation hinter der Regierung." (154)

In den Protokollen von Zion erfuhr Hitler, dass die Freimaurer Botenjungen für die jüdischen Satanisten waren.

Hitler wusste, dass der Sowjetkommunismus jüdischer Kabalismus ist, d.h. Satanismus, Freimaurerei. Er wusste, dass die UdSSR von der britischen und amerikanischen Freimaurerei gegründet wurde. Dennoch bestand er darauf, dass Deutschland und England natürliche Verbündete im Krieg gegen den Kommunismus seien. Er sagte zu Wagener:

"Auch England erkennt die Gefahr, die von Russland ausgeht. England braucht einen Degen auf dem Kontinent. Unsere Interessen sind also die gleichen - ja, wir sind sogar voneinander abhängig.

Wenn wir vom Bolschewismus überrollt werden, fällt auch England. Aber gemeinsam sind wir stark genug, um der internationalen Gefahr des Bolschewismus zu begegnen." (157)

Wagener beklagte, dass Hitler nicht erkannte, dass England ein erstarktes Deutschland als Bedrohung ansehen und sein Gewicht eher auf die Seite Russlands als gegen Russland legen würde. Hitler beharrte auf einer rassischen Verbindung zwischen Deutschland und England, obwohl es Beweise für eine jüdische Kreuzung mit der englischen Aristokratie gab. Sie waren teilweise jüdisch, genau wie er selbst.

Er wusste, dass Russland ein freimaurerisch-jüdisches Gebilde ist: "Das nationalsozialistische Deutschland kann keine Bündnisse mit Russland eingehen. Ich sehe vielmehr die Entschlossenheit des Judentums, Russland als Sprungbrett zu benutzen, um von dort aus die Beseitigung der bestehenden Ordnung auch in anderen Nationen zu lenken! ...die Komintern ist rein jüdisch." (167)

Hitler erkannte nicht, dass das Vereinigte Königreich und Amerika bereits unterlegen waren. Seine Stumpfsinnigkeit mag darauf zurückzuführen sein, dass er von denselben freimaurerischen jüdischen Bankiers mit Sitz in London und New York finanziert wurde, gegen die er wetterte.

In früheren Ausgaben von Illuminati und auf meiner Website liste ich einige Artikel auf, die meine Ansicht stützen, dass Hitler eine falsche Opposition war. Seine Rolle bestand darin, jede Opposition gegen die satanische Weltherrschaft auszuräuchern und sie in die Zerstörung zu führen. Er war in der Lage, diese Rolle effektiv zu spielen, weil er, wie ich vermute, eine multiple Persönlichkeit war. Möglicherweise wurde er 1912 während eines achtmonatigen Zeitraums in Tavistock einer Gehirnwäsche unterzogen.

(Siehe *Hitler war ein Illuminati-Agent* online oder in *Illuminati I*)

Wagener war ein echter deutscher Patriot, kein Opportunist und Verräter wie Hitler. Er warf Widersprüche auf und stellte peinliche Fragen zu den Finanzen Hitlers und Görings. Während der SA-Säuberung von 1934 wurde er beinahe ermordet. Zufällig hatte der

Lastwagen, der ihn und andere SA-Veteranen zu ihrer Hinrichtung brachte, eine Panne und sie wurden in ein Gefängnis gebracht.

Freunde konnten seine Freilassung erwirken. Wagener diente später in der Wehrmacht und stieg bis zum Rang eines Generalmajors auf. Er war von 1945-1952 inhaftiert, als er seine Memoiren schrieb. Sie zeugen von einer Intelligenz und Kultur, wie man sie heute nur noch selten findet.

Zusammenfassend lässt sich sagen, dass England im Mai-Juni 1940 am Boden lag. Hitler hatte die Gelegenheit, dem freimaurerisch-jüdischen Geldmonopol, das die Menschheit in seinem Bann hält, das Herz herauszureißen. Stattdessen ließ er 330.000 britische und alliierte Soldaten in Dünkirchen entkommen, ein Beweis dafür, dass er ihr Agent und nicht ihr Feind war.

Nazis retteten Chabad-Rabbi aus dem Warschau der Kriegszeit

Frierdiger Rebbe

Ist eine satanistische jüdische Sekte namens Chabad der "Kopf der Illuminatenschlange"?

Die VIP-Behandlung, die ihrem Anführer zuteil wird, lässt dies vermuten.

Im Januar 1940 war die Gestapo verblüfft, als sie eine Gruppe von 18 orthodoxen Juden in der ersten Klasse eines Zuges von Warschau nach Berlin sah.

Ihre Abwehrbegleiter erklärten, sie stünden unter "vollem diplomatischen Schutz".

Die Gruppe bestand aus Josef Yitzhak Schneerson, rechts, dem dynastischen Führer der weltweiten Chabad-Lubawitscher-Bewegung, seiner Familie und seinen Mitarbeitern. Er wollte seine 40.000 Bände umfassende Bibliothek mitbringen, aber Abwehroberst Ernst Bloch, selbst Halbjude, hielt das für unpraktisch.

Von Berlin aus reiste die Gruppe in der ersten Klasse nach Riga, Lettland, und dann weiter nach Stockholm, wo sie im März 1940 ein Schiff in die USA bestieg und dort eintraf. Die "Flucht" ist in dem Buch *Rescued from the Reich* (2004) von Bryan Mark Rigg, einem Doktoranden aus Cambridge und Professor an der American Military University, dokumentiert.

"Ironischerweise wäre ohne die Rettung von Rebbe Schneersohn die Rettung seines Schwiegersohns und des nächsten Rebbe Menachem Mendel Schneersohn nicht möglich gewesen. In Zusammenarbeit mit der Regierung und Kontakten innerhalb des US-Außenministeriums gelang es Chabad, Menachem Mendel 1941 aus Vichy-Frankreich zu retten, bevor die Grenzen geschlossen wurden." (Wikipedia)

Diese Rettung widerspricht dem Narrativ, dass die Nazis Antisemiten waren, die das europäische Judentum ausrotten wollten. Vielmehr stützt sie die Ansicht, dass die Chabad, in Tim Fitzpatricks Worten, "der Kopf der Illuminaten-Schlange" sind, die eine unglaubliche, unsichtbare Macht über das Weltgeschehen ausübt. Sie unterstützt die Ansicht, dass die jüdischen Illuminaten-Banker, die wie Chabad kabbalistische Satanisten sind, den Zweiten Weltkrieg inszeniert haben, um Deutschland zu zerstören und einen Vorwand (den Massenmord an hauptsächlich assimilierten Juden) für die Gründung des Staates Israel zu liefern.

Admiral Wilhelm Canaris

Die Rettung Schneersons wurde von Admiral Wilhelm Canaris eingefädelt, der ein Freimaurer (Kabalist) und möglicherweise ein Kryptojude war. Canaris kannte das Drehbuch und warnte auf dem Höhepunkt des Nazi-Erfolgs im August 1940 den rumänischen Minister Michael Sturdza (und später General Franco), dass Deutschland den Krieg verlieren würde.

Das US-Außenministerium, eine Bastion der Illuminaten, war Teil der Verschwörung, Millionen von Juden zu opfern, um die Gründung Israels zu rechtfertigen. Für Rabbi Schneerson und seine Partei machten sie jedoch eine Ausnahme. Und warum? Weil die Chabad mitschuldig oder verantwortlich waren.

Bryan Rigg schreibt: "Amerikanische Beamte versäumten es, nicht nur auf Tausende verzweifelter Bitten europäischer Juden zu reagieren, die in die Vereinigten Staaten fliehen wollten, sondern auch auf Deutschlands eigene Bitte auf der Konferenz von Evian 1938, ihnen die

Auswanderung zu gestatten. Es bedurfte äußerst einflussreicher Politiker, darunter Außenminister Cordell Hull und der stellvertretende Leiter der Europaabteilung des Außenministeriums Robert T. Pell, zusammen mit Postmaster General James A. Farley, Richter Louis Brandeis, Senator Robert Wagner, Generalstaatsanwalt Benjamin Cohen und einigen anderen, um Rebbe Schneersohns Fall durch das bürokratische Bermudadreieck zu lenken. Ohne eine solch mächtige und hartnäckige Lobby in Washington, welche Chancen hätte der durchschnittliche europäische Jude gehabt, Amerika zu erreichen?" (p. 197)

DAS HOYER-MEMORANDUM

In seinem Buch *The New Underworld Order* (2007) behauptete Christopher Story (1938-2010), dass "der schlimmste Feind der Juden andere Juden sind". Nazi (d.h. kabbalistische) Juden halfen, den Holocaust zu organisieren. Er zitiert einen Bericht des SS-Generals Horst Hoyer aus dem Jahr 1952, der nahelegt, dass Schneersons Rettung durch die Nazis nicht einzigartig war.

> "Nach einem Treffen mit dem jüdischen Ältestenrat, der für das Warschauer Ghetto zuständig war, verkündete ein Pfleger: "Beamte! Führer! Die Herren sind eingetroffen." Sechzehn oder siebzehn ernst aussehende Juden wurden hereingelassen, vorgestellt und nahmen an einem großen ovalen Tisch Platz. In einer kurzen feierlichen Stunde wurden diese Juden mit personalisierten Urkunden (auf weißem Hartpapier, 40 x 40 cm) ausgezeichnet. Auf der linken Seite befand sich ein großes goldenes nationales Abzeichen mit Buchstaben in gotischer Schrift und ein Siegel mit der Originalunterschrift von Adolf Hitler."

> "Diese Urkunden versicherten den vollen Schutz dieser Juden, ihrer Familien und ihres Eigentums durch das Großdeutsche Reich. Darin enthalten waren Dankesworte und Segenswünsche Hitlers im Namen des deutschen Volkes. An diesem Tisch mit seinen angesehenen Juden und in dieser festlichen Stunde spürte man keinen Hass, keinen Krieg und keine Verschwörung...

Einmal wurde mir in unseren Diskussionen leidenschaftlich gesagt: "Unsere Ethnie muss lernen, Opfer zu bringen!" Später wurde mir von jüdischen Faschisten gesagt: "Von denen, die hier sind, werden wir noch 60% vor Madagaskar (d.h. Israel) 'ins Gras beißen' lassen."

Ein Kommentator, der das Hoyer-Memorandum gelesen hat, sagte:

> "Man muss sich der starken innerjüdischen Spannungen und Gegensätze bewusst sein, vor allem zwischen den Zielen der national

assimilierten Juden und denen des Weltjudentums und des Zionismus.

Diese Spaltungen gehen viel tiefer als die Beziehungen zwischen gläubigen und nicht gläubigen Juden... eine Gruppe von Juden fiel einer anderen zum Opfer..." (Story, 532) In seinem Buch *Blood Covenant with Destiny*, (2018)

Texe Marrs schrieb, dass

"Das ultimative Ziel der Kabbala ... ist die völlige Zerstörung aller Materie, der Menschheit selbst: Vernichtung... Die Neokon-Kabale ist eine verschleierte und schattenhafte Demonstration davon. Sie wollen die Welt tatsächlich in eine nukleare Katastrophe und ins Chaos stürzen. Ein feuriges Chaos und eine Zerstörung, auf der sie ihre neue, okkulte, utopische Ordnung der Zeitalter zu errichten hoffen. Es ist eine beängstigende Aussicht, und bisher war sie auch erfolgreich" (S. 86).

Bestätigt - Briten retteten Bormann aus dem belagerten Berlin

Bevor "James Bond" zum Begriff wurde, war es der Name der Operation, die Martin Bormann am 2. Mai 1945 aus Berlin rettete.

Die Mission wurde von Ian Fleming und John Ainsworth Davis geleitet, der Fleming zu seinen Romanen inspirierte.

Ainsworth Davis beschrieb diese Mission in seinem Buch *Op JB* (1996), das er unter dem Pseudonym Christopher Creighton schrieb. Ich habe es hier rezensiert: Proof WW2 Was a Psyop to Kill Goyim. Martin Bormann war ein "britischer" Agent

https://henrymakow.com/martin_bormann_was_rothschild.html (Nachgedruckt in Illuminati 3)

Der Journalist Milton Shulman beriet John Ainsworth Davis bei dem Buch *Op JB*. In seiner 1998 erschienenen Autobiografie *Marilyn, Hitler & Me* berichtet er auf 70 Seiten über diese Zusammenarbeit.

Seine Authentizität wird durch Milton Shulmans Bericht über ihre siebenjährige Zusammenarbeit bestätigt.

Richard Overy, Professor für Neuere Geschichte, King's College, London:

"Die Vorstellung, dass Churchill eine solch absurde Operation genehmigen sollte, ist einfach unglaublich. Ich kann nicht glauben, dass Churchill das Risiko eingegangen wäre, unsere Verbündeten zu verärgern, indem er heimlich jemanden von so hohem Rang wie Bormann schützte, während alle Anstrengungen unternommen wurden, andere Kriegsverbrecher zu fassen."

Die Reaktion von Professor Overy war typisch für die Skepsis, mit der das Buch von John Ainsworth Davis, *Op JB*, sowohl vor als auch nach seiner Veröffentlichung im Jahr 1996 aufgenommen wurde. Martin Bormann war nicht nur ein "ranghoher" Nazi. Er war der zweitwichtigste nach Hitler. Er kontrollierte den Parteiapparat der Nazis. Er kontrollierte das Geld. Außerdem förderte er die "Endlösung", die zum Tod von Millionen von Juden führte.

Die Vorstellung, dass dieser Mann ein britischer Agent gewesen sein könnte, war für viele Menschen unerträglich.

Noch rätselhafter ist, dass *Op JB* von einem großen etablierten Verlag, Simon and Schuster, veröffentlicht wurde. Wie kann das sein?

Milton Shulman (1913-2004) war 38 Jahre lang Theaterkritiker für den *London Evening Standard.* Während des Krieges diente er beim militärischen Nachrichtendienst und erstellte Profile für die Schlachtordnung der Wehrmacht. Nachdem er 1989 über seine Kriegserfahrungen geschrieben hatte, erhielt er einen Brief von "Christopher Creighton". Damit begann eine siebenjährige Zusammenarbeit, die schließlich 1996 zur Veröffentlichung von *Op JB* führte.

Shulmans detaillierter 70-seitiger Bericht (*Martin Bormann und das Nazi-Gold*) in seiner Autobiographie beantwortet viele Fragen zu diesem umstrittensten und aufschlussreichsten Buch des Zweiten Weltkriegs.

Mindestens drei große Verlage erwarben Optionen auf das Buch und zogen diese zurück, bevor Simon and Schuster die Rechte für rund 250.000 Dollar ersteigerte.

1983 hatte die deutsche Tageszeitung *Stern* 6 Millionen Dollar für Hitlers Tagebuch gezahlt, das sich als Fälschung herausstellte. Die betreffenden Redakteure wurden entlassen und Professor Hugh Trevor Roper, der das Tagebuch gebilligt hatte, wurde gedemütigt. Weil man befürchtete, dass Creighton ebenfalls ein Schwindler war, wurde er von misstrauischen Verlegern mehrfach zum Spießrutenlauf durch die Verhöre gezwungen. Shulman schreibt:

> "Was auch immer Creighton beschrieb, ob es sich um eine Reiseroute, ein Gespräch oder ein komplexes technisches Gerät wie Infrarotinstrumente handelte, es wurden winzige Fakten geliefert, um die Authentizität zu belegen. In den sieben Jahren, in denen ich (Creightons) Schilderungen verfolgte, fand ich eine erstaunliche Beständigkeit bei diesen unzähligen Details, und bei der Befragung durch zahlreiche Experten geriet er nur selten ins Wanken." (p. 126)

Creighton legte Briefe von Churchill, Ian Fleming und Lord Mountbatten vor (die zu diesem Zeitpunkt alle schon tot waren), in denen die Echtheit der Operation bestätigt wurde. Mountbatten schickte ihm ein Memorandum, in dem das gesamte beteiligte Personal aufgelistet war und das bestätigte, dass Creighton und Fleming "Martin Bormann aus dem Bunker eskortierten und stromabwärts auf der Spree und der Havel entkamen und am 11. Mai am Westufer der Elbe in die Sicherheit der dortigen alliierten Streitkräfte gelangten..." (S.133) Als die Herausgeber die Echtheit dieser Briefe anzweifelten, legte Creighton eine eidesstattliche Erklärung von "Susan Kemp", der dritten Befehlshaberin der Operation, vor, und schließlich erschien sie persönlich vor den Herausgebern. "Susan Kemp war nicht nur die dritte Befehlshaberin in den Kajaks, die Bormann nach Potsdam brachten, sondern sie war auch Bormanns Geheimdienstkontrolleurin, als er in England ankam, und schließlich übernahm sie Mortons Position als Leiterin der Abteilung M." (155)

Als das Buch schließlich erschien, war das Echo der Kritiker "entsetzlich". Niemand konnte glauben, dass "eine solch kindische Fantasie Tatsache war", und niemand konnte verstehen, wie ein seriöser Verlag wie Simon and Schuster "ein solches Sammelsurium von Unsinn" herausgeben konnte. (160) Doch als Creighton eine Belohnung von 30.000 Dollar für jeden aussetzte, der die Geschichte entlarven konnte, versuchte es niemand.

Trotz der kritischen Reaktionen verkaufte sich das Buch weltweit etwa eine Million Mal, wurde aber nicht verfilmt. Es scheint wahrscheinlich, dass der MI6 die Kampagne zur Diskreditierung des Buches orchestriert hat. Ein anderes Buch, in dem behauptet wurde, Bormann sei in Berlin gestorben, erschien genau zur gleichen Zeit, und zuvor hatte der MI6 einen Bormann produziert, der dann als Fälschung entlarvt wurde.

WARUM HABEN DIE ILLUMINATEN ZUGELASSEN, DASS CREIGHTON DIESES BUCH HERAUSGIBT?

Churchill hatte Creighton die Erlaubnis erteilt, diese Geschichte nach seinem Tod zu schreiben, "natürlich unter Auslassung der Dinge, von denen Sie wissen, dass sie niemals enthüllt werden können".

Churchill mag eine sentimentale Bindung zu jemandem gehabt haben, den er, Mountbatten und Morton als Jugendlicher sexuell ausgebeutet hatten. Vielleicht wollten sie, dass Creighton die ihm gebührende Anerkennung und Belohnung für seine illustren Dienste für die Illuminaten erhält. Aber ich glaube, sie hatten vor allem Vertrauen in die

Art und Weise, wie die Geschichte erzählt wurde. Bormann hatte sich angeblich bereit erklärt, alle Nazi-Vermögenswerte im Ausland zu übergeben, damit sie ihren rechtmäßigen Besitzern zurückgegeben werden konnten, im Gegenzug für sicheres Geleit nach England und Schutz und Sicherheit als britischer Einwanderer. (133)

In Wirklichkeit wissen wir, dass die Beute nicht zurückgegeben wurde, wie es Creighton und Fleming versprochen worden war. Sie wurde von den Illuminaten, darunter viele Nazis, behalten. Shulman schreibt:

> "Millionen, wenn nicht Milliarden deutscher Gelder wurden von der Morton-Sektion (MI6) und der CIA abgesahnt, wobei nur sehr wenig für die geplünderten Opfer übrig blieb..." (167) In England erhielt Bormann eine plastische Operation und eine neue Identität und war weiterhin das, was er immer gewesen war, ein Illuminaten-Agent. Zwischen 1945 und 1956 unternahm er mehrere Reisen nach Südamerika, wo er die Sache der Nazis vorantrieb.

> Als es 1956 in England zu heiß wurde, starb sein Alias und zog dauerhaft nach Argentinien. Seine Gesundheit begann zu schwinden und er starb im Februar 1959 im Alter von 59 Jahren in Paraguay.

Ainsworth Davis, der im November 2013 starb, schrieb später eine Vorgeschichte zu *Op JB*, die Greg Hallett 2012 veröffentlichte. Ich fand, dass es wenig neue Erkenntnisse über die Illuminaten enthielt.

SCHLUSSFOLGERUNG

Obwohl die Nazis es nicht wussten, wurden sie an der Spitze vom jüdischen Illuminaten-Bankenkartell mit Sitz in London kontrolliert. Sowohl Hitler als auch Bormann waren Verräter, der wahre Grund, warum sie nach dem Krieg gerettet wurden. Es ist Unsinn zu glauben, dass die Alliierten Bormanns Unterschrift benötigten, um die von den Nazis geplünderten und in Schweizer Banken gelagerten Schätze zurückzuerhalten.

Martin Bormann und Hitler waren Agenten der Illuminaten. Der Zweck des Krieges war es, die "Besten der Nichtjuden" zu töten, genug Juden abzuschlachten, um Israel zu rechtfertigen, den deutschen Nationalismus zu zerstören und die UNO zu gründen.

Kriege werden von den Illuminaten ausgeheckt und inszeniert, um die Herrschaft Satans auf dem Planeten Erde zu fördern. Wir sind buchstäblich satanisch besessen.

Der Holocaust & die Kreuzigung von David Irving

Sechzig Millionen Nichtjuden starben im Zweiten Weltkrieg. Es war ein wahrer Holocaust an den Nichtjuden. Sechs Millionen Antisemiten (Nazis) starben. Zionisten haben den Holocaust inszeniert, um Juden zu zwingen, Israel zu gründen. Zionisten nutzen ihn für politische Zwecke, weshalb viele Menschen leugnen, dass er überhaupt stattgefunden hat. Sie glauben, dass die Nazis die Juden so sehr liebten, dass sie ihnen freie Kost und Logis gewährten. Meine Mutter versteckte sich, während ihre Nachbarn von den Nazis zusammengetrieben wurden. Durch ihre Fensterläden sah sie, wie sie an ihrem Fenster vorbeimarschierten.

David Irving ist kein "Holocaust-Leugner". In einem Geständnis von 2009 - *https://www.bitchute.com/video/iYSaATOqtBOT/* - räumte er ein, dass rund zwei Millionen Juden in vier Lagern vergast wurden.

Warum wird er also verfolgt?

DAVID IRVING | FREIMÜTIG REDEN

David Irving über seine Karriere, sein Leben und seine Familie.

David Irving, 86, veröffentlichte 2009 ein zweistündiges Geständnis, in dem er erklärt, dass Geschichte ein jüdisches Monopol ist. Historiker, die dieses Narrativ fördern (Martin Gilbert, Ian Kershaw usw.), werden mit glänzenden Kritiken und Verkaufszahlen belohnt.

Historiker, die versuchen, die Wahrheit herauszufinden, werden ausgegrenzt. Irvings Verbrechen besteht darin, dass er Dokumente ausgegraben hat, die zeigen, dass Hitler nichts vom

Holocaust wusste und ihn nicht angeordnet hat. Das ist unaufrichtig, denn selbst Irving gibt zu, dass die Nazis Dokumente produzierten, um ihre Schuld zu vertuschen. Er interviewte Hitlers Anhänger, deren Heldenverehrung auf ihn abfärbte.

Für sein Verbrechen wurde Irving vom organisierten Judentum unerbittlich verfolgt. Er wurde nach Wien gelockt und 400 Tage lang in Einzelhaft gehalten. Er ahnte Gefahr und ging trotzdem! Er nutzte diese Zeit, um ein Buch aus dem Gedächtnis zu schreiben!

Irving sagt, der "Holocaust" sei eine jüdische Marketingkampagne gewesen. Vor 1972 war vom "Holocaust" nicht die Rede. Dennoch glaubte er, wie der Artikel unter zeigt, dass zwei Millionen Juden vergast wurden, um ihren Reichtum zu plündern. Dummerweise verklagte er Debra Lipstadt wegen Verleumdung und verlor alles, was er besaß, einschließlich seiner Akten.

Wie konnte er so unwissend sein, dass die Freimaurer und Juden das Justizsystem kontrollieren? Und dann sagt er dummerweise, er würde es wieder tun?! Er ist wirklich rücksichtslos. Er beschreibt, wie Lipstadts Team, das von dem Satanisten Steven Spielberg finanziert wurde, versuchte, ihn vor dem Prozess zu destabilisieren, indem sie den Selbstmord seiner behinderten Tochter ausnutzten. Diese Juden glauben, der Zweck heilige die Mittel.

Ob man mit ihm übereinstimmt oder nicht, David Irving ist ein Wunderkind. Sein Gedächtnis ist enzyklopädisch.

David Irving, 86, wurde vom organisierten Judentum als "Holocaust-Leugner" **verunglimpft**, doch sein eigentliches Verbrechen bestand darin, originelle Forschung zu betreiben.

Jemand sagte: "Geschichte ist Propaganda über die Vergangenheit", und Irving hat zwar bestätigt, dass es Vergasungen gab, ist aber von der Parteilinie abgewichen. Er stellt in Frage, wie viele Juden in Auschwitz starben und ob die Vernichtungen auf Hitlers Befehl hin durchgeführt wurden. Er behauptet, Hitler habe immer versucht, die Gewalt gegen Juden zu mildern oder zu beenden.

Im Jahr 2009 drehte Irving einen zweistündigen autobiografischen Film mit dem Titel "Confession", den ich sehr empfehlen kann. Er ist ein Genie, das Beste, was Großbritannien in Bezug auf Charakter und Mut hervorbringen kann. Seine Redegewandtheit und sein Verständnis von Informationen sind phänomenal. Dieser Mann hätte Premierminister von England werden sollen. Er stellt all die anderen Dummköpfe, einschließlich des Psychopathen Winston Churchill, in den Schatten. Das organisierte Judentum schuldet David Irving eine Entschuldigung und Millionen an Entschädigung.

Im Jahr 2005 wurde Irving von einem Geheimdienstagenten, der sich als Student ausgab, nach Österreich gelockt und für 13 Monate inhaftiert. Das sind 400 Tage Einzelhaft in einer 6 x 6 Meter großen Zelle, weil er nichts anderes getan hat, als zu versuchen, die Fakten über den Holocaust zu erfahren.

Er befasst sich mit dem Holocaust ab ca. 1 Std. 35 min im Geständnis. Er fand Dokumente, die bestätigen, dass die "Bug River"-Lager tatsächlich Vernichtungslager waren und dass etwa zwei Millionen Juden in Treblinka, Sobibor, Belzec und Majdanek vergast wurden.

Er sagt, er sei ein "Abweichler" unter den Revisionisten, die behaupten, es habe keine Vergasung stattgefunden. Er sagt, dass diese Ausrottungen, die Operation Reinhard genannt wurden, wirtschaftlicher Natur waren - reiche Juden wurden geplündert und dann ermordet. In den Dokumenten sind goldene Uhren, Münzen, Füllfederhalter usw. aufgelistet, die bei dieser Operation angefallen sind.

Was Auschwitz betrifft, so zitiert er eine Quelle, die besagt, dass arbeitsunfähige Menschen vergast wurden, aber er neigt dazu, die Zahlen herunterzuspielen. Er zitiert ein polnisches Dokument aus der Nachkriegszeit, das die Gesamtzahl der Toten auf 300.000 beziffert.

Laurence Rees, Autor von *Auschwitz, eine neue Geschichte,* bestätigt diese Ansicht.

"Laut Rees wurden 1942 2,7 Millionen Juden von den Nazis ermordet, davon 1,6 Millionen in den Lagern der Operation Reinhard, aber nur

200.000 Juden wurden in jenem Jahr in Auschwitz in zwei alten, umgebauten Bauernhäusern vergast. Rees schrieb, dass fast die Hälfte aller in Auschwitz ermordeten Juden ungarische Juden waren, die innerhalb von 10 Wochen im Jahr 1944 vergast wurden. Bis zum Frühjahr 1944 waren die drei Lager der Operation Reinhard in Treblinka, Belzec und Sobibor die wichtigsten Tötungszentren der Nazis für die Juden gewesen, nicht Auschwitz".

Da Irving einräumt, dass noch viel mehr Juden durch die Kugeln starben, ist es schwer zu verstehen, warum er als "Holocaust-Leugner" gilt. Selbst offizielle Historiker wie Raul Hilberg schätzen die Zahl der Toten auf eher fünf Millionen. Irving deutet an, dass der Holocaust für das organisierte Judentum eine große Einnahmequelle ist und dass sie deshalb so hart gegen ihn vorgehen. Natürlich wird der Holocaust auch benutzt, um Juden einen besonderen Status als Märtyrer zu verleihen.

HITLER

Irving ist auch geächtet worden, weil er Hitler vermenschlicht hat.

Er zitiert Hitler mit den Worten, er wolle die Lösung der "Judenfrage" auf die Zeit nach dem Krieg verschieben.

Ich weiß nicht, warum Irving Deborah Lipstadt wegen Verleumdung verklagt hat, weil sie ihn einen Holocaust-Leugner genannt hat. Wie konnte er jemals erwarten, Recht zu bekommen?

Er sagt, Lipstadt habe in einem Interview zugegeben, dass sie versucht hätten, ihn vor dem Prozess zu "destabilisieren".

Irving erzählt, wie an dem Tag, an dem seine 30 Jahre alte - Verarsch dich! Hitler war ein Freimaurer jüdischen alten Tochter, die von unheilbaren Agent Krankheit Selbstmord begangen, ein reicher Jude schickte ihm eine teure reeve mit einer Inschrift "einen barmherzigen Tod" Bezug auf die Nazi-Euthanasie-Programm.

Lipstadts 15 Millionen Dollar teures Verteidigungsteam wurde von Illuminaten-Juden wie Steven Spielberg finanziert.

Irving stand allein. Das Urteil sprach ihn frei. Doch als Hollywood kürzlich einen Film über diesen Prozess drehte, wurde David, der einsame Held, der gegen Goliath für die Wahrheit eintrat, als Bösewicht dargestellt. Das ist es, worum es dem organisierten Judentum geht: die Umkehrung von Gut und Böse. (Die wahre Bedeutung von "Revolution".)

Ich bin froh, dass David Irvings Geständnis auf Band vorliegt. Menschen mit Charakter und Mut sind eine aussterbende Art in einer aussterbenden Kultur. Wir müssen ihm zuhören und uns inspirieren lassen.

Obwohl ich denke, dass Irving in Bezug auf Hitler naiv ist, ist er im Allgemeinen einer der wenigen Historiker, denen wir vertrauen können. Wie er sagt, werden die Menschen auch in hundert Jahren noch seine Bücher lesen wollen, weil er für das Schreiben ins Gefängnis kam.

Verwandt: Nazi-"Euthanasie" war der Vorläufer des Holocaust - Warum ist David Irving blind gegenüber der Freimaurerei (siehe meine Website für diese Artikel)

Zweiter Weltkrieg im Pazifik völlig vermeidbar

Der Angriff auf Pearl Harbor am 7. Dezember 1941 wurde von kommunistischen Juden in der Regierung von Roosevelt angezettelt, um Stalin vor einem möglichen Angriff Japans zu retten.

36 Millionen Nichtjuden starben.

Wir sind für die Götter wie Fliegen für lüsterne Jungs,
Sie töten uns zu ihrem Vergnügen.
König Lear Akt 4, Szene 1

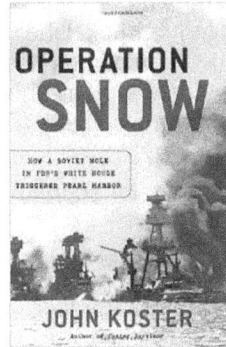

OPERATION SNOW

HOW A SOVIET MOLE
IN FDR'S WHITE HOUSE
TRIGGERED PEARL HARBOR

JOHN KOSTER

In unserem Fall sind die "Götter" die satanistischen jüdischen Zentralbanker, die alle Kriege anzetteln, Millionen von Menschenleben vernichten und dann Historiker wie John Koster dafür bezahlen, dies als nationale Rivalität auszugeben.

Die Banker betrachten den Krieg als "revolutionär", da er die Zivilisation umstürzt und den Weg für ihre kommunistische jüdische Tyrannei, die *Neue Weltordnung*, ebnet.

Sie tötet die "Besten der Nichtjuden" (ein talmudisches Gebot) und verschafft den Bankern riesige Profite sowohl mit Munition als auch mit Schulden.

U234 bei der Übergabe an die USS Sutton am 14. Mai 1945, die es nach Portsmouth NH eskortierte. Das Transport-U-Boot transportierte angereichertes Uran und andere fortschrittliche Nazi-Technologie.

Nachdem Hitler im Juni 1941 in Russland einmarschiert war, waren die Zentralbanker bereit, Deutschland ein für alle Mal zu vernichten. Ihr Agent Hitler hatte Deutschland in einen tödlichen Zweifrontenkrieg verwickelt. Die einzige Gefahr bestand darin, dass der Nazi-Verbündete

Japan vom Fernen Osten aus in Russland einmarschieren würde. Dann würde auch Russland an zwei Fronten angegriffen werden.

Um ihrem Schützling Stalin dieses Dilemma zu ersparen, mussten die Bankiers einen japanischen Angriff auf die Vereinigten Staaten provozieren. Sie verhängten ein Ölembargo und froren japanische Vermögenswerte ein. Japan hatte keine Lust auf einen Krieg mit den Vereinigten Staaten. Sie unterbreiteten ein Versöhnungsangebot. Im Gegenzug für die Beendigung der Embargos würde sich Japan aus China zurückziehen und sein Territorium nicht über Französisch-Indochina hinaus ausdehnen. (S. 123-124) Japan und die USA würden wieder harmonische diplomatische und kommerzielle Beziehungen aufnehmen. (132)

John Koster schreibt:

> "Beide Seiten konnten davon profitieren: Japan konnte einen langwierigen Krieg mit den Vereinigten Staaten nicht gewinnen, und die meisten Japaner wollten mit einem Minimum an Gesichtsverlust aus China herauskommen, während sie die Mandschurei und Korea behalten und eine Revolution abwehren wollten. Die USA würden einen Krieg vermeiden, auf den sie nicht vorbereitet waren." (133)

Der japanische Premierminister Fuminaro Jonoe bat um ein Treffen mit Roosevelt, um den Vertrag zu besiegeln.

SOWJET MOLE

Der "sowjetische" Agent "Harry Dexter White" (ursprünglich Weit), Sohn litauischer Juden, war der Hauptberater des Finanzministers Henry Morgenthau, ebenfalls ein Jude. Morgenthau stand Rosenfeld (FDR), einem Kryptojuden, nahe.

"Harry Dexter White" (ursprünglich Weit)

Weit entwarf eine Liste mit zehn Forderungen, die Japan unmöglich akzeptieren konnte, ohne eine Revolution zu provozieren. Dazu gehörten der vollständige Rückzug aus Asien, der Wiederaufbau Chinas, der Verkauf von 3/4 der Kriegsproduktion an die USA und die Ausweisung aller Deutschen. (S.135-136)

Nach den Worten von Koster war der amerikanische Vorschlag, der auf den Empfehlungen von Weit beruhte, "eine Kriegserklärung". Das Ergebnis war, sechs Monate nach Hitlers Angriff auf Russland, der japanische Angriff auf Pearl Harbour. Hitler erklärte den USA pflichtgemäß den Krieg und sorgte dafür, dass Deutschland an zwei Fronten kämpfen musste.

Denken Sie daran, dass Hitler ein Illuminaten-Agent war, der den Auftrag hatte, Deutschland zu zerstören.

Die als *Venona-Entschlüsselungen* bekannten Kriegsdrähte zwischen Moskau und der sowjetischen Botschaft in Washington enthüllten, dass Harry Dexter White der als *Jurist* bekannte sowjetische "Spion" war. (169) (Darüber hinaus hatten die Überläufer Elizabeth Bentley und Whitaker Chambers bestätigt, dass Weit bereits 1939 ein kommunistischer Agent war.) Obwohl das FBI das Weiße Haus 1945 informierte, ernannte Harry Truman Weit 1946 zum ersten Direktor des Internationalen Währungsfonds.

Koster spinnt seine Geschichte als *"How a Soviet Mole in FDR's White House Triggered Pearl Harbour"* (Wie ein sowjetischer Maulwurf im Weißen Haus Pearl Harbour auslöste), aber es ist klar, dass die Provokation Japans die Politik der FDR-Regierung war, um in den Krieg gegen Deutschland einzutreten. (137) Koster versucht, FDR als einen "anglo-holländischen" Aristokraten darzustellen, aber FDRs eigene Handlungen enthüllen ihn als Teil des jüdischen Illuminaten-Bankenkartells.

1933 stellte FDR die 1917 abgebrochenen diplomatischen Beziehungen mit der UdSSR wieder her. 1935 brachte er das Illuminati-Symbol mit dem Auge Luzifers auf dem Ein-Dollar-Schein an.

"Einige meiner besten Freunde sind Kommunisten", sagte Roosevelt, als ein Kongressabgeordneter versuchte, ihn auf die "imaginäre" Gefahr von kommunistischem Diebstahl, Subversion und offenem Verrat in seiner Regierung hinzuweisen.

Am 2. September 1939 übergab Whitaker Chambers dem Sicherheitsdirektor des Außenministeriums, Adolphe Berle (ebenfalls ein Jude), eine vierseitige Liste mit kommunistischen Agenten in der FDR-Regierung.

Berle gab sie an FDR weiter, der ein Auge zudrückte. Er war selbst ein Verräter.

Abgesehen von Pearl Harbour sind auch Weit's andere Beiträge zur kommunistisch-jüdischen Zentralbanker-Tyrannei beeindruckend:

1. Weit stellte die finanzielle Unterstützung für Chiang Kai shek ein, "was zum Sieg der Kommunisten in China beitrug, den sowohl die Japaner als auch die Amerikaner zu verhindern gehofft hatten." (166)

2. Weit übergab die Druckplatten für die Besatzungswährung an die Sowjets, damit diese ihre Besetzung Ostdeutschlands finanzieren konnten. Sie nutzten den Kredit des amerikanischen Steuerzahlers, um genug Geld zu drucken, um ihrer gesamten Armee sechs Jahre Soldnachzahlung zu geben.

3. Weit half bei der Ausarbeitung des Morgenthau-Plans, der Deutschland entindustrialisiert und zu einer landwirtschaftlichen Kolonie gemacht hätte. Roosevelt drängte Churchill diesen Plan auf und bot ihm 6 Milliarden Dollar für den Wiederaufbau Großbritanniens an. Kriegsminister Henry Stimson beklagte die Tatsache, dass Weit und Morgenthau die FDR-Regierung "übernommen" hatten: "Es ist ein wildgewordener Semitismus, der sich an rächt und ... den Samen für einen weiteren Krieg in der nächsten Generation legen wird." (167)

Nach einer Untersuchung durch das HUAC beging White 1948 Selbstmord.

Koster weist darauf hin, dass die Beseitigung Deutschlands, abgesehen von der Rache, das Hindernis für die kommunistische Expansion in ganz Westeuropa beseitigte. Die Illuminaten ersetzten jedoch den Morgenthau-Plan durch den Marshall-Plan, nachdem sie beschlossen hatten, den "Kalten Krieg" zu fabrizieren und die Menschheit durch weitere 50 Jahre Elend und Verschwendung zu bringen.

SCHLUSSFOLGERUNG

Harry Dexter Weit war ein effektiver Diener des Satanismus. Er trug dazu bei, den unnötigen Pazifikkrieg zu entfachen, in dem 36 Millionen Menschen starben, etwa die Hälfte der Gesamtzahl im Zweiten Weltkrieg. Der Krieg war "fortschrittlich" und "revolutionär", weil er die Sache der freimaurerisch-jüdischen Hegemonie vorantrieb.

Ein teuflischer, blutsaugender Parasit hat die Kontrolle über die Menschheit übernommen und uns vorgegaukelt, Krieg sei natürlich und Widerstand sei "Bigotterie".

Bormann lieferte Nazi Uran für US Atombomben

Ein weiterer Beweis dafür, dass der Zweite Weltkrieg eine Scharade war, um Nichtjuden zu töten und ihre Nationen zu zerstören.

In Zylindern, die "mit Gold ausgekleidet" waren, befanden sich 1.120 Pfund angereichertes Uran mit der Bezeichnung "U235" - das spaltbare Material, aus dem Atombomben hergestellt werden.

Das Buch Critical Mass dokumentiert, wie diese Nazi-Bombenteile dann vom Manhattan-Projekt verwendet wurden, um sowohl die Uranbombe, die auf Hiroshima abgeworfen wurde, als auch die Plutoniumbombe, die auf Nagasaki abgeworfen wurde, fertigzustellen.

Martin Bormann arrangierte den Transfer fortschrittlicher Nazitechnologie in die USA am Ende des Zweiten Weltkriegs. Dies ist ein weiterer Beweis dafür, dass Martin Bormann ein Illuminaten-Agent war und der Zweite Weltkrieg eine Farce war.

Bormann war ein kabbalistischer Banker-Agent, der die Kriegsanstrengungen der Nazis unterwanderte. Hitler schützte ihn. Beide Männer waren deutsche Verräter.

Der Technologietransfer wurde in dem Buch Critical Mass (1998) von Carter Hydrick aufgedeckt. Das Buch wurde weitgehend ignoriert, weil es eine unbequeme Wahrheit enthält. Außerdem hat Hydrick, ein akribischer Forscher, die Bedeutung seiner Erkenntnisse nicht so hervorgehoben, wie ich es getan habe. Stattdessen konzentrierte er sich auf die Details der US-Atombombenproduktion, Bormanns Bewegungen, das U234-Logbuch usw., um seinen Fall zu beweisen.

Kirkus Reviews bietet eine ausgezeichnete Zusammenfassung von Hydricks Buch:

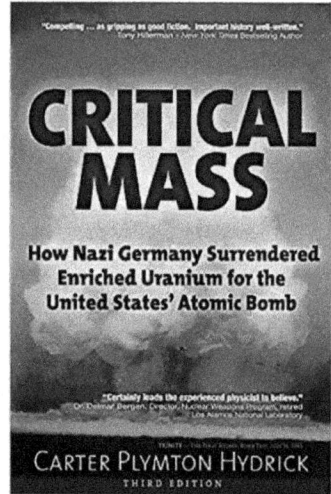

Ein radikal revidierter Blick auf den Wettlauf um die Atombombe während des Zweiten Weltkriegs.

"Nach gängiger Geschichtsauffassung waren die Vereinigten Staaten das erste Land, das eine Atombombe erfand und damit den Krieg gegen die Achsenmächte gewann. Der Autor Hydrick argumentiert jedoch, dass die US-Regierung nicht in der Lage war, genügend angereichertes Uran oder den für einen voll funktionsfähigen Sprengsatz erforderlichen Auslösemechanismus herzustellen.

Außerdem habe Hitler-Deutschland zwar über genügend bombenfähiges Uran verfügt, aber letztlich eine kalkulierte Entscheidung getroffen, dass es nicht in seinem Interesse lag, es zu verwenden, da es den Gegenwert von 2 Milliarden Dollar für einen bestenfalls harmlosen Versuch riskiert hätte.

Stattdessen, so der Autor, beabsichtigte Deutschland, die fertige Bombe entweder als Druckmittel bei Verhandlungen einzusetzen oder sie an Japan zu übergeben. Der Autor behauptet, dass (Hitlers Stellvertreter) Martin Bormann zwar versuchte, ein Geschäft mit Japan auszuhandeln, aber schließlich heimlich arrangierte, die Materialien an die Vereinigten Staaten zu übergeben.

Kurz gesagt: Amerika hat das Wettrüsten verloren, und ohne den deutschen Technologietransfer wäre die Sowjetunion vielleicht noch mächtiger geworden.

In dieser dritten Auflage seines Buches geht Hydrick auf die Kritik ein, dass, wenn seine Darstellung der Wahrheit entspräche, riesige Mengen an nicht verbrauchtem Uran übrig geblieben wären, die jedoch nie gefunden wurden.

Tatsächlich aber, so sagt er, wurden 126.000 Fässer entdeckt, was seine These weiter bestätigt. Hydricks Theorien sind ebenso provokant wie akribisch. Im Gegensatz zu anderen Forschern, die sich auf persönliche Berichte und Aufzeichnungen in den Nationalarchiven konzentriert haben, durchkämmte er Uranproduktionsaufzeichnungen, Versandpapiere und metallurgische Herstellungsunterlagen, die von anderen weitgehend vernachlässigt wurden. Der daraus resultierende Bericht liest sich wie ein fesselndes Drama ... dieses Buch markiert einen Wendepunkt in der Geschichte der Atombombenforschung, und keine zukünftige Studie kann seine überzeugenden Behauptungen glaubhaft ignorieren.

Eine Rarität in der akademischen Literatur, ein wirklich originelles Buch über ein äußerst wichtiges Thema."

ANDERE GUTHEITEN

Neben dem angereicherten Uran enthielt U234 auch Pläne, Teile und Personal zum Bau von V4-Raketen, Messerschmidt 262-Jets und sogar des Stratosphärenflugzeugs Henschell 130. (S. 294) *Das Projekt Paperclip,* die Rekrutierung von Nazi-Wissenschaftlern, war eine Fortsetzung dieses Technologietransfers.

Hydrick sagt, dass die Buna-Kautschukfabrik in Auschwitz eigentlich eine Anlage zur Urananreicherung war. Sie verbrauchte mehr Strom als die gesamte Stadt Berlin und produzierte nie Gummi. (72)

Er sagt, das U-Boot habe Bormann in Spanien abgesetzt. Die ganze Operation war als Technologietransfer nach Japan getarnt. Zwei japanische Marineattachés an Bord durften Selbstmord begehen, als sie das wahre Ziel erfuhren.

Hydrick fand Archivmaterial, das die Komplizenschaft der USA mit den Nazis beweist. Die USA wussten über den Fortschritt von U234 Bescheid und schützten das U-Boot. Sie wussten von Bormanns Aufenthaltsort. (270) Laut Hydrick fehlen in den von ihm besuchten Archiven wichtige Dokumente.

Hydrick schlussfolgert: "Um zu glauben, dass ein großer Teil der in diesem Buch beschriebenen Aktionen tatsächlich stattgefunden hat, muss man glauben, dass die Regierung der Vereinigten Staaten in irgendeiner Form und auf irgendeiner hohen Ebene mit Martin Bormann und den an seiner Flucht Beteiligten im Bunde war." (269) Das taten sie tatsächlich. Wie bei Bormanns Rettung aus Berlin durch die Briten wurde der Technologietransfer als Austausch für Bormanns (und Hitlers?) Sicherheit nach dem Krieg ausgegeben. Bormann war die ganze Zeit über ein "alliierter" Agent.

Die Nazis waren eine falsche Opposition. An der Spitze arbeiteten sie für die Illuminaten-Banker, die sowohl den Faschismus als auch den Kommunismus kontrollieren. Kriege werden von Freimaurern auf beiden Seiten für Profit, Zerstörung und Entvölkerung angezettelt. Kriege sind Opfergaben an Satan.

Die Nazis wurden nie vernichtet

Paul Manning, ein angesehener MSM-Journalist, wurde verfolgt, weil er 1981 enthüllte, dass der Zweite Weltkrieg eine Scharade war.

In Zusammenarbeit mit den Alliierten sorgte Martin Bormann für den wirtschaftlichen Wiederaufschwung Deutschlands nach dem Krieg, indem er das Vermögen der Nazis ins Ausland transferierte. Sowohl er als auch Hitler haben wahrscheinlich überlebt. Dies ist ein weiterer Beweis dafür, dass die Nazis und die Alliierten an der Spitze von denselben Leuten kontrolliert wurden, den Illuminaten (sabbatisch-fränkischen) jüdischen Bankiers. Der Zweck des Krieges im Allgemeinen ist es, die nicht-freimaurerischen jüdischen und nichtjüdischen Patrioten zu töten, die Menschheit zu erniedrigen und zu demoralisieren, die Schulden zu erhöhen und die Macht in den Händen der Bankiers zu konsolidieren.

Warum zögern die Menschen zu glauben, dass die Menschheit in der Gewalt von Satanisten ist? Die moderne Geschichte war (und ist) für viele Millionen die Hölle auf Erden. Das war nicht das Werk von Chorknaben.

The Sabbatean Frankist Nazi Empire after WW2 (Das sabbatianisch-frankistische Nazireich nach dem Zweiten Weltkrieg) ist der Titel eines Videos von Dave Emory, das man gesehen haben muss. Ich habe diese Rezension in den Kommentaren gefunden. Dave verdient Anerkennung dafür, dass er diese wichtige Geschichte im Alleingang am Leben erhalten hat. Natürlich wollen sie sie unterdrücken.

Die ungeschminkte Wahrheit. Eine Rezension von Paul Mannings Martin Bormann: *Nazi im Exil* 1981.

Von John C. Sanders (auf Amazon.de)

In Erwartung der Niederlage des Dritten Reiches gründete Reichsleiter Martin Bormann 750 Unternehmen in neutralen Ländern, die als

Vehikel für den Erhalt des deutschen Barvermögens sowie von Patenten und anderen geschützten industriellen Informationen dienen sollten.

Bormann, der als "Graue Eminenz" bekannt war, war ein Organisationsgenie und die eigentliche Kraft hinter Hitler. Er floh erfolgreich aus Europa nach Südamerika und verwaltete in den Nachkriegsjahren ein "Reich im Exil".

Mit den Überresten der SS als Vollzugsorgan, dem ehemaligen Gestapo-Chef General Heinrich Müller als Sicherheitsdirektor, 750 Unternehmen als Basis der wirtschaftlichen Macht und dem bereitwilligen Schweigen und der Kooperation der westlichen Alliierten führte Bormann seine Organisation in eine Position der absoluten Macht.

Ein von Manning zitierter Banker bezeichnete die Bormann-Organisation als die "weltweit bedeutendste Ansammlung von Geldmacht unter einer Kontrolle in der Geschichte".

Die Bormann-Organisation kontrollierte die großen deutschen Unternehmen, die Bundesrepublik selbst und weite Teile Lateinamerikas und verfügte auch in den Vereinigten Staaten über einen beachtlichen Einflussbereich.

Paul Manning hat den maßgeblichen Text über die Bormann-Organisation geschrieben. Manning arbeitete während des Zweiten Weltkriegs bei CBS Radio in London als Mitglied des Elite-Teams Edward R. Murrow/Walter Cronkite und wurde dann Redenschreiber für Nelson Rockefeller.

ENTDECKUNG

Mehrere Jahrzehnte nach dem Zweiten Weltkrieg stieß Manning in den US-Nationalarchiven auf die CSDIC-Verhöre (Combined Services Detailed Interrogation Centers) des US-Militärs, in denen Angehörige deutscher Industrie- und Bankmagnaten befragt wurden. Manning war entsetzt über die Ergebnisse und machte sich daran, ein Buch über die geheimen Machenschaften der Nazi-Geldwäsche zu schreiben.

Was Manning nicht wusste, war, dass das Manuskript ein Pfahl im Herzen des ehemaligen CIA-Direktors Allen Dulles war, der in den 1930er und 40er Jahren mit seiner Anwaltskanzlei Sullivan and

Cromwell mit Büros in New York und Berlin viele deutsche Interessen auf beiden Seiten des Atlantiks vertrat.

Nach der deutschen Kapitulation war Dulles maßgeblich daran beteiligt, Hitlers obersten Geheimdienstler, General Reinhard Gehlen, und viele seiner wichtigsten Agenten zu rekrutieren.

Sie wurden nach Fort Hunt, Virginia, gebracht und in die amerikanische O.S.S. eingegliedert, die 1948 mit der Verabschiedung des NSC68 unter Truman in die CIA umgewandelt wurde. Gehlen blieb bis zu seiner Rückkehr an die Spitze des deutschen BND in den fünfziger Jahren im verdeckten Dienst der USA. Er bestätigte, dass Bormann ein "sowjetischer" Agent war in seinem Buch *"Der Dienst"* (1972)

https://henrymakow.com/hitler_and_bormann_were_traito.html

Aus Sorge, dass Mannings Ermittlungen an die Öffentlichkeit geraten könnten, bot Dulles dem ahnungslosen Manning an, ihm bei seinem Manuskript zu "helfen", und schickte ihn auf eine wilde Verfolgungsjagd nach Martin Bormann in Südamerika. Ohne zu wissen, dass er absichtlich abgelenkt worden war, schrieb Manning ein Vorwort zu seinem Buch und bedankte sich persönlich bei Allen Dulles für seine Zusicherung, dass "ich auf dem richtigen Weg sei" und "weitermachen sollte".

In Wirklichkeit zielte Dulles' Unterstützung darauf ab, Manning und sein Manuskript in die Dunkelheit zu schicken, um die Offenlegung des Transfers und des Schutzes von Nazi-Geldern zu vermeiden.

VERÖFFENTLICHUNGSGESCHICHTE

Durch ihre Verbindungen zu großen amerikanischen Unternehmen setzte die Bormann-Gruppe erfolgreich einen Verleger nach dem anderen unter Druck, Mannings Manuskript abzulehnen. Von besonderer Bedeutung für die Unterdrückung von Mannings Buch war die Familie Thyssen.

(Patriarch Fritz Thyssen war Hitlers frühester und prominentester Förderer unter den deutschen Industriellen) Sein Enkel, Graf Zichy Thyssen, der Thyssen Steel von aus kontrollierte, ließ verlauten, dass er es sehr begrüßen würde, wenn amerikanische Verleger sich von dem Manning-Text "fernhalten" würden.

Manning fand schließlich ein Zuhause für das Buch bei dem unkonventionellen Verlag Lyle Stuart. Als Vergeltung wurden dem Leiter des Verlags in der Woche, in der das Buch veröffentlicht wurde, die Beine gebrochen, und die Rezensionen des Buches wurden in den großen Zeitungsmärkten und Mainstream-Publikationen blockiert. 1993, nach einem weiteren Jahrzehnt intensiver Recherchen, wurde Mannings Sohn Jerry sinnlos und auf unerklärliche Weise ermordet.

Aufgrund von Informationen, die er von seinen Kontakten in der Geheimdienstgemeinschaft erhalten hatte, kam Manning zu dem Schluss, dass die Ermordung eine Vergeltung für seine fortgesetzte Arbeit und die Absicht war, ein Folgebuch "In Search of Martin Bormann" zu veröffentlichen. Der Tod seines Sohnes erschütterte Manning und hinderte ihn an der Fertigstellung des zweiten Buches. Er starb kurz darauf im Jahr 1995.

Im Dezember 1998 führte der in Kalifornien ansässige Forscher und Rundfunksprecher Dave Emory ein Live-Radiointerview ... mit Mannings überlebendem Sohn Peter über die Bormann-Flugkapitalorganisation und die Arbeit seines Vaters, die Aktivitäten dieser Organisation ans Licht zu bringen. Peter erzählte auf bewegende Weise von den Schwierigkeiten, die seine Familie aufgrund der Arbeit seines Vaters an dem Buch hatte.

Die Familie wurde nicht nur überwacht und schikaniert, sondern musste auch wirtschaftliche und seelische Schwierigkeiten in Kauf nehmen, weil Elemente, die der Botschaft des Buches feindlich gesinnt waren, gezielt gegen sie vorgingen. Aus offensichtlichen Gründen wurden Exemplare dieses Buches eifrig vom Markt genommen und sind seit einiger Zeit nicht mehr zu bekommen.

VERBÜNDETE FINANZIERTEN DIE NAZIS

Im August 1934 erwarb American *Standard Oil* in Deutschland 730.000 Acres Land und baute große Ölraffinerien, die die Nazis mit Öl versorgten.

Gleichzeitig erhielt Deutschland heimlich die modernste Ausrüstung für Flugzeugfabriken aus den Vereinigten Staaten, die mit der Produktion deutscher Flugzeuge beginnen sollten. Deutschland erhielt eine große Anzahl militärischer Patente von den amerikanischen Firmen *Pratt and Whitney, Douglas und Curtis Wright*, und die Junkers 87 wurde mit amerikanischer Technologie gebaut.

Im Jahr 1941, als der Zweite Weltkrieg tobte, beliefen sich die amerikanischen Investitionen in die deutsche Wirtschaft auf 475 Millionen Dollar.

Standard Oil investierte 120 Millionen, *General Motors* 35 Millionen, *ITT* 30 Millionen und *Ford* 17,5 Millionen Dollar. Die enge finanzielle und wirtschaftliche Zusammenarbeit zwischen anglo-amerikanischen und nationalsozialistischen Wirtschaftskreisen war der Hintergrund, vor dem in den 30er Jahren eine Politik der Beschwichtigung zum Zweiten Weltkrieg führte.

ERSTER KOMMENTAR VON ANONYMOUS

(Haftungsausschluss: Die Veröffentlichung dieser Auszüge stellt keine Empfehlung dar. Bilden Sie sich Ihre eigene Meinung.)

"Das Buch von Manning ist veraltet. Die Nazi-Diaspora ist in Südamerika allgemein bekannt.

Harry Cooper stößt überall auf den Nachwuchs...

Die US-Regierung heuerte massenhaft Nazis an. Niemand sagte den um ihre Söhne trauernden Iowanern, dass das Reich Berlin verließ und DC einnahm. Gehlen leitete die CIA Europa. Ein Nazi leitete das Pentagon bis ins hohe Alter.

Nazis leiteten Bell Helicopter, die NASA und andere Organisationen. Der UFO-Überflug über das Weiße Haus 1952 war ein Nazi-Untertassentrupp, der zeigte, wer der Boss ist. Ein Nazi-Spion wurde US-Präses. Das Reich schickte einen jugendlichen Scherff, um Tesla zu bespitzeln. Wir kennen Scherff als George H.W. Bush. Hitlers Leibwächter Otto Skorzeny hinterließ Beweise für seine wahre Identität. Der Bush-Clan hat ihn gefälscht.

...Satanisten sind Lügner, also wurde einer (H.W. Bush) Oberbefehlshaber, nachdem er die chinesische Botschaft und die CIA geleitet hatte. Scherff hatte mehrere Amtszeiten im Weißen Haus. Er hat Reagan, Clinton und Obama gemanagt. Seine persönliche Amtszeit war eine illegale Usurpation durch einen im Ausland geborenen, feindlichen Ausländer mit gefälschter Familiengeschichte.

Kommt Ihnen das bekannt vor? Obama war ein Baby der Subud-Sekte. Die Sekte hatte einen Agenten in den Lebensdaten von Hawaii. Obamas Frau war ein Mann. Seine Töchter wurden von einer anderen

Familie für PR-Zwecke "ausgeliehen". Obama trug kürzlich ein satanisches "Partykostüm", d.h. ein rituelles Kleid. Wir sehen Hillarys Geist beim Kochen. Scherffs Frau "Barbara Bush" war Crowleys rituelle Sexkult-Tochter.

Im Fernsehen sagte sie, wenn man ihren Mann kritisiere, "ist man tot". Scherff zeigte Trump live im Fernsehen eine schneidende Geste. Das ist die Art der Sekte. Scherff half dabei, JFK und später JFK Jr. mit einer Luftbombe zu töten, um Hillarys Kandidatur für den Senat zu ermöglichen. Die Demokratie ist ein Witz für Satanisten. Reagan wurde durch einen Attentatsversuch unterworfen, um VP Scherff an die Macht zu bringen. Danach befolgte Reagan seine Befehle wie ein braver kleiner Junge.

Die wahre Regierung ist die Sekte. Ihre Macht beruht darauf, dass sie die Massen mit falscher Politik und falscher Geschichte täuscht. Der Nazi-Kollaborateur George Soros finanziert jetzt die Braunhemden der Antifa.

Antifa bedeutet antifaschistisch. Der Nationalsozialismus ist der Nationale Sozialismus, der Kommunismus ist der Internationale Sozialismus, und der homosexuelle Hitler suchte die Zusammenarbeit mit beiden. Hitlers Finanziers waren auch die von Lenin. Sie präsentierten der Welt eine falsche Wahl zwischen Sozialismus und Sozialismus. "Lasst uns kämpfen, ihr und er."

Pierre Elliot Trudeau war auch ein kommunistischer Verräter

Ein handgeschriebener Abschiedsbrief von Fidel Castro Diaz-Balart, 68, dem ältesten der ehelichen Kinder von Fidel Castro, scheint das in Kuba seit langem bestehende Gerücht zu bestätigen, dass Fidel Castro der Vater von Justin Trudeau ist.

Der Tod des hochrangigen Nuklearwissenschaftlers der Regierung, der wegen seines väterlichen Aussehens auch "Fidelito" oder "Kleiner Fidel" genannt wurde, hat die Nation in Erstaunen versetzt, doch ist es sein "explosiver" Abschiedsbrief, der in Havanna die Gemüter erregt.

Inmitten einer Vielzahl von Beschwerden deutet die Notiz darauf hin, dass Fidelito wütend auf seinen verstorbenen Vater, den revolutionären kubanischen Diktator, war. Fidelito schrieb, dass sein Vater, Fidel Castro, "mich immer ungünstig mit Justin vergleicht" und "meine Leistungen im Vergleich zu seinem Erfolg in Kanada abtut".

> "Aber was sollte ich tun? Ich bin Kubaner. Mein Bruder ist Kanadier. Wäre er in Kuba geboren und aufgewachsen, hätte er genau wie ich für immer im Schatten unseres Vaters gelebt."

https://thepeoplesvoice.tv/bombshell-evidence-proves-justin-trudeau-is-fidel-castros-son/

Justins gehörnter "Vater" Pierre Elliot Trudeau (1919-2000) war von 1968-1979 und 1980-1984 kanadischer Premierminister.

Seine Akte wurde vernichtet, weil er ein kommunistischer (Illuminati)-Agent war. Trudeau unternahm die ersten Schritte zur Normalisierung der Homosexualität und machte europäische Kanadier zu einer Minderheit, d.h. "Multikulturalismus".

1968 warnte der russische Überläufer Igor Gouzenko, dass Trudeau "ein weiterer Castro werden und Kanada in ein weiteres Kuba verwandeln würde". Castros uneheliches Kind ist in Trudeaus Fußstapfen getreten und wurde auf dieselbe Weise gehasst.

Steve Hewitt, Dozent an der Universität von Birmingham, warf dem CSIS vor, die Akte des Premierministers "in ein Orwellsches Gedächtnisloch" zu schicken. Er nannte die Löschung der Akte "ein Verbrechen gegen die kanadische Geschichte" und sagte, dass solche Aktionen "von einem autoritären Staat und nicht von einer echten Demokratie erwartet werden".

Illuminaten-Hand: Er signalisiert seine Loyalität zu Satan

Eine Akte über den ehemaligen Premierminister Pierre Trudeau, die von der damaligen Spionagebehörde des Landes, dem Sicherheitsdienst der Royal Canadian Mounted Police (RCMP), zusammengestellt worden war, wurde 1989 vernichtet und ist daher nicht, wie vorgesehen, in den nationalen Archiven gelandet.

Die Akte wäre im September 2020 der Öffentlichkeit zugänglich gemacht worden. Der CSIS (Canadian Security & Intelligence Service) behauptete, die Akten von Trudeau und den früheren Premierministern Lester Pearson und John Diefenbaker seien im Interesse der "Privatsphäre" vernichtet worden und weil die RCMP im Umfeld des Kalten Krieges "zu eifrig" gewesen sei. Alle drei Premierminister waren Freimaurer. Alle Geheimdienste arbeiten für die Rothschilds, nicht für die nationalen Regierungen, die sie finanzieren.

PETs FBI-Akte wurde jedoch vor zehn Jahren veröffentlicht und enthüllte, dass er stets für kommunistische Anliegen eintrat und mit kommunistischen Führern verkehrte.

IGOR GOUZENKO

1968, am Vorabend des Aufstiegs von Pierre Elliot Trudeau zum liberalen Regierungschef und Premierminister, veröffentlichte Igor Gouzenko (1919-1982) ein Dossier, in dem er behauptete, PET sei ein gefährlicher Kommunist.

Igor Sergejewitsch Gouzenko war ein Chiffrierbeamter der sowjetischen Botschaft in Kanada in Ottawa, Ontario. Er lief am 5. September 1945, drei Tage nach dem Ende des Zweiten Weltkriegs, mit 109 Dokumenten über die Spionageaktivitäten der UdSSR im Westen über. Dies erwies sich als sehr peinlich, da die Führer des Westens allesamt geheime Kommunisten (Freimaurer) waren. Der Mann, der PET zur Macht verhalf, Lester Pearson, wurde von der KGB-Überläuferin Elizabeth Bentley als russischer Agent enttarnt.

Die globalistischen Verräter beschlossen, aus einer Zitrone Limonade zu machen. Sie nutzten Gouzenkos Enthüllungen, um den fingierten "Kalten Krieg" in Gang zu setzen.

Igor Gouzenko

Gouzenko, der untergetaucht war, warnte davor, dass PET als Kommunist aus den USA verbannt worden war. Er sagte, PETs Ideen seien von Mao und Lenin entlehnt.

Seine akademischen Schriften waren alle pro-kommunistisch. Er drohte damit, den USA wegen des Vietnamkriegs Nickel vorzuenthalten.

PET hatte sich schon als junger Mann verdächtig verhalten. Er nahm an Konferenzen im Kreml teil, reiste während des Vietnamkriegs nach Vietnam und wurde sogar von der US-Küstenwache aufgegriffen, als er versuchte, vor der Schweinebucht mit einem Boot nach Kuba zu rudern.

Premierminister Lester Pearson wollte nicht zulassen, dass das FBI Gouzenko befragt. Er ernannte den homosexuellen Robert Bryce zum stellvertretenden Finanzminister. In dieser Position strich Bryce den internationalen Dienst der CBC, der in die UdSSR ausgestrahlt wurde. Bryce hatte einer kommunistischen Studiengruppe in Washington DC angehört.

JUSTIN TRUDEAU CASTRO

Die Illuminaten sind sexuell abartig. Sie missbrauchen ihre eigenen Kinder als Teil des Gehirnwäscheprozesses. Es gibt eine Andeutung, dass dies mit Justin geschehen ist.

In ihrem Buch *Trance-formation of America* (1995) erklärt die MK-ULTRA-Überlebende Cathy O'Brien, dass viele führende Politiker der Welt, darunter Pierre Trudeau und Brian Mulroney, pädophil sind. Sie lernte sie im Laufe ihres Lebens als Sexsklavin kennen, die (zusammen mit ihrer kleinen Tochter) dazu ausgebildet wurde, hochrangigen Politikern zu dienen. Andere Quellen unterstützen Cathy O'Briens Behauptungen.

Pierres Ehe mit Margaret im Jahr 1968 wurde vom Militär "arrangiert". Das Paar wurde auf einer abgelegenen Farm in British Columbia von PET mit LSD programmiert. Dies könnte erklären, warum Margaret an Fidel Castro weitergereicht wurde.

Justin traf seinen echten Vater Fidel Castro bei der Beerdigung.
Das Gesicht einer Mutter lügt nicht.

Justins Grabrede zum Tod seines Bruders Fidel löste einen Skandal und zahlreiche Parodien aus.

Justin lobte seinen Vater dafür, dass er "seinem Volk gedient" habe, und übersah dabei die Tatsache, dass Castro schätzungsweise 140.000 Menschen ermordet und sein Land zu einem Polizeistaat mit Knechtschaft und Elend gemacht hatte. Castro war ein Milliardär, während die Ärzte mit der Arbeit für ihre "Kameraden" einen Hungerlohn verdienten. Havanna ist eine bröckelnde Zeitkapsel aus dem Jahr 1958.

War Fidel Castro der Vater von Justin Trudeau?

https://www.winterwatch.net/2024/03/was-fidel-castro-justin-trudeaus-daddy/

Buch Vier

Illuminati Beobachtet

Kay Griggs - US-Armee ist eine Mafia-Operation, die von kabbalistischen Sexfanatikern geführt wird

Ken Adachi: "Jeder amerikanische Bürger muss sich das gesamte achtstündige Videointerview von Kay Grigg aus dem Jahr 1998 anhören, um die vollständige Entartung und Unterwerfung zu verstehen, die in der oberen Kommandostruktur der Armee, der Marine und der Marineinfanterie aufgrund des Umsturzes durch die zionistische fünfte Kolonne stattgefunden hat."

Kay Griggs Enthüllungen von 1998 über die Kontrolle US-Militärs durch die Illuminaten gelten als eine der beunruhigendsten Enthüllungen über den "tiefen Staat".

Kay Pollard Griggs ist die frühere Ehefrau von Oberst George Griggs, dem Leiter von Sondereinsätzen unter Admiral Kelso von der NATO.

Kay Pollard Griggs

Oberst George Griggs, ein Princeton-Absolvent (Jahrgang 1959) und Absolvent der NATO-Verteidigungsakademie in Rom, war seit dem Vietnamkrieg als Spion und Attentäter für Spezialeinheiten tätig.

Auf der Grundlage unzähliger Enthüllungen, die Oberst Griggs in betrunkenem Zustand machte, berichtete Kay Griggs 1998 in einem ausführlichen Interview, dass das US-Militär von sexuell abweichenden Personen, zumeist Homosexuellen, geleitet wird und dass das US-Militär selbst eine Bewusstseinskontrolloperation ist.

Teil 1 von 4 der 1998 von Pastor Rick Strawcutter geführten Interviews enthält Griggs Beschreibungen ihres eigenen (vom Militär organisierten) Bandenstalkings sowie der

Bewusstseinskontrolloperationen und Kulte, die in der US-Militärkultur operieren.

1. Auf den höchsten Ebenen des Marine Corps und der Army in den Special Operations Forces sind die Personen eigentlich alle in der Brooklyn-New Jersey Mafia. Mein Mann, General Al Gray, General Sheehan, Heinz Kissinger, Caspar Weinberger... gehören zu einer Gruppe von Zionisten, die aus Deutschland kamen (in der "Operation Paperclip" und anderen).

Sie betreiben eine Menge Geldwäsche in den Banken, Bargeldtransaktionen in den Banken für die Drogen, die sie rüberbringen. Die Militärangehörigen sind alle involviert, sobald sie im Ruhestand sind.

Sie gehen in den Drogen- und Waffenhandel.

Admiral Jeremy Boorda, ein Jude, wurde 1996 ermordet, als er drohte, diesen Drogenhandel aufzudecken.

https://www.henrymakow.com/2018/12/The-Murder-of-Admiral-Jeremy-Boorda.

2. Es ist eine sehr kleine Sekte/Geheimgesellschaft. Ich habe gehört, was sie tun, wenn sie Colonels werden. Es ist dasselbe, was sie bei Skull and Bones und Cap and Gown machen (wo es viele Geheimdienstler und vergewaltigte Jungen gibt) .... Sie machen viele homosexuelle Verlockungen. Das hält sie davon ab, Geheimnisse zu verraten. Die Besten der Besten tun dies; sie veranstalten Sexpartys, Orgien, usw. Die Männer, die an die Spitze kommen, sind diejenigen, die für Poolpartys usw. ausgewählt werden. ...

3. Die Skull and Bones-Induktionsmethoden werden jetzt in der Armee verwendet. Das geht auf die deutsche Sache zurück; es ist das, was das deutsche Oberkommando getan hat. Man sagt, es geht auf Griechenland zurück. Sie machen den Trick mit der Bowlingkugel. Jetzt müssen die Chiefs (of Staff) das machen. Sie machen alle richtig betrunken. Manchmal nennen sie es "Dining in". Nicht jeder macht das.

Aber die, die es tun, kommen bis ganz nach oben. Sie machen Analsex. Sie legen jemanden in den Sarg und er ist der Empfänger aller oralen und analen Sexualakte...

4. W.W. Rostow und die jüdisch-kabbalistischen, kommunistischen revolutionären Terroristen: Von der Bombardierung Dresdens im Zweiten Weltkrieg über das JFK-Attentat bis zur Kontrolle des US-Militärs heute Walt Whitman Rostow (Jude) und seine Leute steckten hinter den Bombardierungen Dresdens in Deutschland im Zweiten Weltkrieg. Rostow ist ein sehr gefährlicher Mann, ein Kommunist. Er war einer der "klugen Männer" in der Kennedy-Regierung. Ich denke, er war wahrscheinlich für die Bewegung verantwortlich, die zur Ermordung Kennedys führte. Ich glaube, es war eine israelische Gruppe, die das getan hat, mit einigen dieser Schurken. Kennedys "weise Männer" waren die Harvard-Leute...

5. Alle diese Attentäter sind Anarchisten und stehen mit der Mafia in Verbindung. Sie werden von der Mafia finanziert, und natürlich von Drogengeldern, um die brandneuen Waffen zu bezahlen. Das ist auch der Grund für den Krieg in Bosnien. Das war einfach eine Bühne, um Attentäter auszubilden, die als Markt für brandneue Waffen dienen sollten - als Marktplatz, damit das Drogengeld genutzt werden kann. Und die Armee leitet die ganze Show.

Die CIA ist ein Schwindel, um uns zu verwirren und aus der Bahn zu werfen. Es ist das Training and Doctrine Command, es ist die NATO, es ist SHAPE (Supreme Headquarters Allied Powers Europe), gegründet von Präsident Eisenhower (einem Juden). Es ist ein völlig unabhängiges Unternehmen. Seine Hauptaufgabe ist es, Waffen zu verkaufen und Geld zu waschen. Das alles wird von Army-Leuten gemacht, die jetzt JOINT sind.

Das Wort GEMEINSAM wird verwendet (Büroklammer), um die Menschen zu beschreiben, die illegal rüberkamen, um Nazi-Deutschland zu entkommen. Sie sehen, das organisierte Verbrechen, Meyer Lansky, die jüdische kabbalistische Gruppe, die nicht an Gott glauben, glauben, dass sie alle guten Menschen loswerden müssen... und sie bekommen Brownie-Punkte in ihrer kleinen Sekte, wenn sie das tun. Sie tun das wirklich. Sie töten absichtlich gute Menschen.

6. Jeder weiß, dass sie wahrscheinlich mehr als 200.000 Nazi-Soldaten und SS, verrückte Wissenschaftler und Psychologen ins Land gebracht haben. Und alle von ihnen, die meisten von ihnen, hatten die "deutsche Krankheit", weil es ihre Kultur war. Das war es, was die Jungs vom Rosa Dreieck waren. Marineoberst Ron Ray, ein Christ, schreibt über diese "Cherry Marines", die Homosexualität und Gruppensexorgien, die die deutsche Regierung zu Fall brachten. Heute finden diese Orgien in Neapel statt, wo die Marine ihr Spiel treibt. Krupp, der deutsche Waffenhersteller, brachte das deutsche Oberkommando dorthin und

sie gingen in die Blaue Grotte auf der Insel Capris. Und sie brachten kleine Jungen mit und vergewaltigten sie.

Als die Mütter dieser Jungen zu den Ehefrauen dieser Männer in Deutschland gingen, brachte das die Regierung zu Fall. Was sie taten, war Pädophilie. Sie haben kleine Jungen vergewaltigt. Sie haben die katholischen Priester mit einbezogen. Dann kam diese ganze Gruppe in die Vereinigten Staaten. Es ist eine alte Kultur. Sie ist der Grund dafür, dass heutzutage eine Menge Dinge mit Kindern passieren. Und es erklärt, warum es vertuscht wird. Weil Polizeibeamte diese Spiele spielen.

Sogar Eisenhower hat diese Spiele gespielt. Sogar Mike Kemp im Bohemian Grove. Es gab auch eine große Lodge in Washington namens Rush River Lodge, wo sie hingingen; und es gibt jetzt viele Orte. Aber das Problem ist, dass ich glaube, dass sie versuchen, Amerika und die grundlegende protestantische christliche Kultur zu zerstören. Denn wenn man eine militaristische Gesellschaft hat, in der die Regeln nur für diese Leute gelten... Denken Sie daran, dass Meyer Lansky und Lucky Luciano (Mafia) nach Italien gegangen sind... Sie wurden nicht verbannt. Sie gingen dorthin wegen der Waffenindustrie. Das ist es, was das Militär tut. Es wird vollständig von der Mafia kontrolliert.

7. (Chinas) Mao Tse Tung wurde in Paris ausgebildet. Ebenso der kambodschanische Führer Pol Pot. Als Jungen wurden sie von Priestern psychologisch "gedreht", d.h. vergewaltigt. Das ist das Muster. Deshalb ist es so wichtig zu wissen, was sie mit unschuldigen kleinen Jungen in der Armee und bei den Marines machen. Warum steigen die Homosexuellen so viel schneller auf als die, die es nicht tun? Sie werden "aufsteigende Sterne" genannt.

So nennt das Außenministerium diejenigen, die kontrolliert werden. Ich habe versucht, Teil der Familie des Außenministeriums zu werden. Aber da ich ein Christ war, konnte ich nicht dazugehören.

Und das, obwohl ich viel Erfahrung hatte. Ich lebte eine Zeit lang mit der Chefkorrespondentin des Weißen Hauses, Sarah McClendon, zusammen und sie erzählte mir, dass Ron Brown, Vince Foster und Forrestal ermordet wurden. ... Ron Brown versuchte zum ersten Mal, dem Außenministerium das unfaire Monopol auf illegale Waffen und Drogengelder zu nehmen. Mit dem Drogengeld werden die Waffen bezahlt. Die brandneuen Waffen werden von Agenten Israels verkauft...

10. Ja! Sie haben sich der guten Leute entledigt. Einen nach dem anderen. Leute wie MacArthur. Mein Mann sagte mir, dass wir nie wirklich Feinde der Sowjetunion waren. Mein Mann war geistig behindert, aber er führte das halbe Marinekorps der Welt. Aber er konnte Befehle befolgen.

Diese "Bruderschaft" gehört alle zur Mafia von New Jersey (Brooklyn), so dass viele jetzt Freimaurer sind. Die Jungs vom Marine Corps sind die Auftragskiller; sie arbeiten für jeden. Sie wechseln den Hut, von der Armee zur Marine zum Außenministerium, einfach so. Das Team, das Watergate aufgedeckt hat, Woodward und Bernstein, waren (Geheimdienst-)Agenten.

Ich habe all diese Drogenbarone getroffen. Sie züchten die Söhne prominenter Familien, man nennt sie "Rising Stars". Das Außenministerium findet sie, wenn sie sie "umdrehen". Und dann lassen sie sie wissen, wenn sie jemals in Schwierigkeiten geraten, kommen sie hierher.

Riesige Flugzeuge, beladen mit Drogen, landeten auf Militärbasen. Sie alle brachten sie rein; die Norweger, die Briten.... Die Drogen kamen über Burma, die Türkei; die Banken waren in Beirut, Panama, Mexiko, in St. Thomas.... die Geldwäsche...

Sie können sehr leicht herausfinden, wer die Drogenbarone sind....

Bei Special Operations sind alle Leute Teil dieser "Firma". Sobald sie Colonel werden, werden sie eingeweiht; sie betrinken sich, "dine in", "shellback", haben Analsex, Gruppensex.

Insider - DARPA konzipierte Facebook zur Gedankenkontrolle

Enthüllung der Ursprünge von Facebook durch einen schwulen Liebhaber, der anonym bleiben möchte.

"Mark ist nicht in der Lage, einen McDonald's zu führen, geschweige denn eines der mächtigsten Unternehmen der Welt. Nicht einmal sein Name ist echt, und seine Identität wurde immer vertuscht. Mark wurde als Kind für ein CIA-Trainingsprogramm ausgewählt, weil seine Verwandten zu den Leuten gehörten, die das Programm entwickelten.

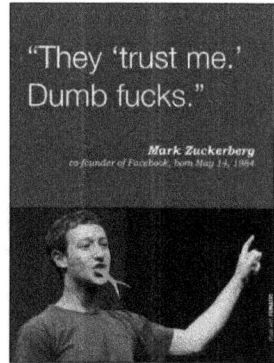

"They 'trust me.' Dumb fucks."

Mark Zuckerberg
co-founder of Facebook, born May 14, 1984

If you're not paying for the product, you are the product...

"Facebook war als Cyberdroge gedacht, um Süchtige zu schaffen und zu kontrollieren - digitale Süchtige.

... Jeder Mensch im Internet, das ebenfalls von der DARPA geschaffen wurde, gilt als Cyber-Terrorist, und das Militär sieht es als seine Aufgabe an, Systeme zu schaffen, die den Nutzer überwachen, ins Visier nehmen, entwaffnen und aggressiv fernsteuern

Kostenlose Plattformen wie Google, Gmail, Facebook und Co. waren ein Trick, um Nutzer zum Experimentieren zu bewegen.

Sean Parker, ein frühes Mitglied von Facebook, hat gegenüber den Medien "alles gestanden". Facebook war als Cyber-Droge gedacht, um Süchtige zu schaffen und zu kontrollieren - digitale Süchtige.

Wie Sean schon sagte, wussten wir von Anfang an, dass es allen Nutzern schadet, und deshalb lassen wir unsere Freunde oder unsere Kinder diese Systeme nie benutzen - es schadet ihnen enorm.

Mark und mir wurde von Vertretern der DARPA gesagt, dass dies von Anfang an die Absicht von Facebook war.

An alle Facebook-Nutzer

Mark Zuckerberg und wir alle, die wir von Anfang an dabei waren, lügen Sie an und benutzen Ihr persönliches Leben als ein von der Regierung gesteuertes Experiment zur Gehirnwäsche und Gedankenkontrolle - im Grunde ein waffenfähiges System des Militärs (insbesondere der CIA), das außer Kontrolle geraten ist.

An diesem Punkt hat Mark Zuckerberg die Kontrolle über ein Unternehmen verloren, das er nie wirklich besessen oder betrieben hat. Jeder, der jemals mit Mark zusammengearbeitet hat, weiß, dass sein Verstand leer ist und dass er nichts weiter ist als ein Papagei für die Regierungsbeamten, die ihn geschaffen haben...

Facebook war immer eine militärische Waffe - genau wie Eric Schmidts Google, das auf die gleiche Weise wie Facebook entstanden ist. Mark war ein Sündenbock, aber ein rücksichtsloser, herzloser, kaltblütiger nicht-menschlicher Sündenbock. Er wurde so durch die Gehirnwäsche, die er in seiner Highschool-Zeit durch ein DARPA-Programm namens TIA erhielt, das einen "genialen Jungen" als Frontmann brauchte. Dieser Betrug sollte Mark zu einem globalen Modell der jungen, coolen, respektlosen Computergenies machen, die "die Welt regieren" und alle zu einem Cyber-Gott der künstlichen Intelligenz führen. Mark war anfangs nur eine unwissende Marionette - er tat mir leid.

ZUCKERBERG IST HOMOSEXUELL

Ich weiß noch, wie ich in unserem zweiten Studienjahr in Harvard zum ersten Mal mit Mark zusammen wohnte. Wir wohnten im Kirkland House, in der JFK Street, und mussten Dustin und Andrew ertragen.

Mark hasste sie, weil sie uns daran hinderten, miteinander zu schlafen, obwohl wir im selben Zimmer waren. Das war frustrierend und hielt unsere Beziehung geheim. Ich wusste nicht, dass das, was mich zu Mark hinzog, nämlich eine gewisse Offenheit, jedem zuzuhören, ihn auch extrem promiskuitiv mit beiden Geschlechtern machte.

Mark hatte keine Moral, kein Gewissen und kein Schamgefühl. Er jagte auch Frauen auf Craig's List hinterher und verschwand manchmal einfach, um sich mit ihnen zu verabreden. Er war wie ein unbeschriebenes Blatt, das einfach alles wiedergab, was in seiner Umgebung geschah. Ich liebte und hasste diesen Aspekt seiner Persönlichkeit, fand aber später heraus, dass er, sein Bruder und sein Cousin aufgrund der Gehirnwäscheprogramme, denen sie während der Highschool unterzogen wurden, ganz genauso waren .

Wenn bestimmte Leute mit Mark persönlich oder am Telefon sprachen, ließ er alles stehen und liegen und tat, was sie ihm sagten. Bestimmte Leute hatten mehr Macht und Einfluss auf ihn.

Als Mark schließlich zusammenbrach und weinte, erfuhr ich, dass die Gehirnwäsche dauerhaft war und zu der "Position" gehörte, die diese Leute für Mark zu schaffen versprochen hatten. Er wusste nicht einmal, was diese "Position" war oder beinhaltete.

Aber in einem war sich Mark sicher: Er war nur "für eine Weile" in Harvard "untergebracht", bis seine "Stelle" für ihn frei wurde. Mark war sich sicher, dass dieses Versprechen einer Position eine Menge Geld und Macht beinhaltete - Aphrodisiaka für einen unheilbaren Narzissten Ich muss zugeben, dass ich unter die Macht von Marks Gewissheit geriet, dass er weder Harvard noch einen Abschluss oder gute Noten brauchte. Mark brach schließlich am Ende unseres zweiten Studienjahres sein Studium in Harvard ab und wurde stinkreich und mächtiger, als er es sich je hätte vorstellen können. Ich gebe auch zu, dass ich von Marks Erfolg profitiert habe und selbst ziemlich wohlhabend geworden bin. Alle vier Mitglieder des Clubs, den Mark schließlich "The Fellowship" nannte, wurden nicht aus eigenem Antrieb reich - wir kannten einfach Marks Geheimnisse.

Wissen Sie, Mark konnte nie jemandem treu sein, aber er liebte Männer mehr als Frauen. Eigentlich hat er alle Frauen gehasst. Also ging Mark fremd und wollte den neuen "Jungen" zu mir nach Hause bringen, um mitzumachen. Das hat mir nie gefallen, so wie Mark es tat. Er war missbräuchlich, würde es aber nie zugeben, vor allem nicht gegenüber kleinen Jungen. Am Ende waren wir drei, die mit Mark ein Liebespaar blieben.

Mark hatte immer wieder Panikattacken und brach aufgrund der Gehirnwäsche häufig zusammen - so Mark. Er weinte über seine Mutter und die "Folter", die sie "ihnen" antun ließ. Zu diesen Zeiten lief Marks Mund offen und er erzählte seinen Bettpartnern von all dem Schmerz und den schrecklichen Plänen, die diese "bösen Menschen" ihm antaten.

Schon früh wurde er nachts von seinen Zweifeln und Ängsten fast aufgefressen und konnte vor lauter Albträumen kaum schlafen. Als Mark stinkreich wurde, nahm er einfach Drogen, um diese Ängste zu überspielen. Aber wenn man ihn mit der Frage nach der Gründung von Facebook aus der Fassung bringt, flippt Mark aus und bekommt eine Panikattacke, weil er die Geschichte immer durcheinanderbringt und wie ein Idiot dasteht. Er erträgt keine Fragen darüber, "wie er Facebook gemacht hat" - weil er es nicht getan hat. Ich musste lachen, als eine seiner dummen Antworten kam: "Ich sah, dass Harvard kein Facebook hatte, also habe ich eins gemacht", oder so ähnlich. Die Journalisten ließen ihn mit dieser Lüge davonkommen, wie sie es immer getan haben.

DIE HÄSSLICHE WAHRHEIT

Mark Greenberg (Zuckerberg) hat nicht eine einzige Zeile des Quellcodes für Facebook geschrieben. Das sind Lügen und Propaganda, die von seinen Regierungs- und Militärberatern verbreitet werden. Jeder weiß, dass die Winkelvoss-Zwillinge (Aaron und Cameron) einen 65 Millionen Dollar teuren Prozess gegen Mark gewonnen haben, weil sie wussten, dass ihr kleines Stück Harvard Connection (HC) nur ein Zusatzcode war, der an den ursprünglichen gestohlenen Quellcode angehängt war - der Mark von Professor James Chandler und IBM gegeben wurde. Dieses 65 Millionen Dollar teure Stück schmutzigen Wissens war ziemlich profitabel für ein paar nette Harvard Crew Ruderer, die kein Interesse an mir hatten.

Mark ließ einfach andere den Code für ein von der Regierung gefördertes Projekt zur militärischen Bewaffnung im Rahmen der Cyber-Kriegsführung anpassen, das vom Präsidenten von Harvard, Larry Summers, geleitet wurde. Sogar Summers selbst hatte sein eigenes angehendes Studenten- und Mitarbeiterverzeichnis, das von den Harvard-Computern entwickelt wurde und "Facebook" hieß. Mark hat nicht einmal den Namen erfunden!

Die Winkelvoss-Zwillinge hatten im Wettbewerb um den Regierungsauftrag ihre eigene Version, HC, entwickelt, die sie in ConnectU umwandelten. Aaron Greenspan entwickelte HOUSE System, und Paul Ceglia arbeitete mit Mark zusammen, um seine StreetFax-Software ebenfalls in ein Facebook zu verwandeln. Mark hat nichts entwickelt. Überhaupt nichts. Selbst das berühmte "Hacking" der Harvard-Systeme wurde nicht von Mark selbst durchgeführt. Mark war der Mittelsmann für diejenigen, die das "große Projekt", wie es genannt wurde, beaufsichtigten.

Vom Präsidenten von Harvard über die "PayPal-Mafia", die National Venture Capital Association, In-Q-Tel, DARPA, NSA, CIA, DIA bis hin zu den schlimmsten Patentdieben in Amerika: James Chandler, Hillary Clinton, David Kappos, Robert Mueller und der Rest der Big-130 Tech-Gruppe. Mark ist genau wie die anderen gefälschten Frontmänner, die ausgewählt wurden, um die zahlreichen anderen Social-Media-Unternehmen zu vertreten.

Fortsetzung folgt...

https://www.henrymakow.com/2019/06/zuckerberg-is-a-mind-controlle.html

Bruderschaft der Glocke entlarvt freimaurerische Kontrolle

Ein Fernsehfilm aus dem Jahr 1970 ist das einzige Drama, das richtig beschreibt, wie die jüdischen Bankster der Illuminaten die Freimaurerei benutzt haben, um die Menschheit dem Satan zu überlassen.

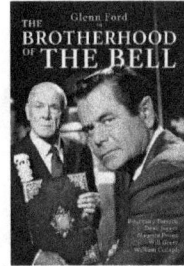

Sie kontrollieren die Informationen und den Diskurs, so dass wir nicht einmal wissen, dass wir ihre gedankengesteuerten Marionetten sind.

Die Tatsache, dass eine satanische Sekte, die Freimaurerei, die Gesellschaft kontrolliert, wird durch die Tatsache bestätigt, dass sie in den Massenmedien selten erwähnt wird. Und wenn, dann wird sie nie in ihrem wahren Licht dargestellt.

Der 1970 gedrehte Fernsehfilm *Brotherhood of the Bell* ist eine seltene Ausnahme. Er zeigt, was passiert, wenn ein erfolgreicher Universitätsprofessor sein Schweigegelübde bricht. Der Film ist auf YouTube verfügbar.

Andrew Patterson, gespielt von Glenn Ford, wird beauftragt, einen engen Freund und Kollegen zu erpressen. Als der Kollege Selbstmord begeht, wird Patterson von Schuldgefühlen geplagt und schwört, die Bruderschaft zu entlarven.

EIN "GEMACHTER" MANN

Patterson wirkt wie ein Selfmademan. Doch als er den Selbstmord öffentlich macht, stellt er fest, dass sein Erfolg größtenteils auf seine 20-jährige Mitgliedschaft in der "Bruderschaft" zurückzuführen ist.

Die Stipendien werden gestrichen, und er wird arbeitslos. Das Ingenieurbüro seines Vaters wird plötzlich geprüft und des Betrugs beschuldigt. Seine Frau ist wütend über seine alberne "Ehre" und packt ihre Koffer.

In einer wunderbaren Szene wird ihm klar, dass er nicht nur seinen Erfolg dieser Sekte zu verdanken hat, sondern auch seine Frau. Ihr Vater ist ein Mitglied der Bruderschaft. "Du warst Teil meiner Belohnung", sagt er ihr. "Hau ab."

SION OF THE MASTER OF THE SECOND VEIL.

Papst Franziskus hat einen Fetisch daraus gemacht, seine Loyalität gegenüber Satan zu signalisieren

Der Film fängt die Naivität von Patterson ein. Er war 20 Jahre lang Mitglied dieser Gruppe, erkennt aber offenbar weder ihre wahre satanische Natur noch das Ausmaß ihrer Macht. Er erkennt nicht, dass der Präsident der USA und alle anderen wichtigen Personen in diese Verschwörung verwickelt sind.

Der Film wurde von David Karp (*The Untouchables, The Defenders*) auf der Grundlage seines Romans geschrieben und von dem erfahrenen Fernsehregisseur Abraham Paul Wendkos (*Ben Casey, Dr. Kildare*) inszeniert. Er wurde gedreht, weil die Bruderschaft als reine WASP-Gruppe dargestellt wurde. Als eine Fernsehzuschauerin versucht, die Bruderschaft mit der "jüdischen Verschwörung" in Verbindung zu bringen, wird sie völlig diskreditiert und niedergebrüllt.

Tatsächlich stellen die Freimaurer eine herrschende Klasse heidnischer Verräter dar, die von den jüdischen Zentralbankern an die Macht gebracht wurden, um ihre verderbliche Agenda voranzutreiben. Aus irgendeinem Grund werden sie von den Gegnern der "jüdischen Verschwörung" selten erwähnt, obwohl sie ihre Landsleute auf ungeheuerliche Weise verraten haben.

Ansonsten ist der Film ziemlich realistisch. Er sprüht vor Intensität, wie sie für das Goldene Zeitalter des Fernsehdramas charakteristisch war, und zeigt die Hilflosigkeit des Einzelnen gegenüber einer schattenhaften, gut organisierten und finanzierten Verschwörung.

Patterson gelingt es, ein weiteres Mitglied der Bruderschaft für seine Sache zu rekrutieren, und der Film endet mit dieser positiven, wenn auch zweifelhaften Note.

Wenn die Menschheit den Weg der Dinosaurier geht oder weiter in einen komatösen Sklavenstaat abrutscht, dann deshalb, weil Männer nicht aufgestanden sind, wie Andrew Patterson es tut.

Stattdessen wählten sie den einfachen Weg: Persönliche Vorteile, indem sie ihre Gemeinschaft und ihre Kultur an eine fremde, satanische Verschwörung verrieten.

Jetzt müssen wir alle nur noch den Wirbelwind ernten.

Der geheime Satanistenpakt

Am 25. März 2004 erhielt Edward Griffin per E-Mail eine Kopie eines Dokuments mit dem Titel *The Secret Covenant*. Es schien die Blaupause für eine Meisterverschwörung zur Beherrschung der Welt zu sein.

Der Verfasser war anonym, und der Originaltext vom 21. Juni 2002 stammte von einer nicht funktionierenden E-Mail-Adresse. Griffin hält den Inhalt zwar für zutreffend, bezweifelt aber die Echtheit des Dokuments. Bilden Sie sich Ihre eigene Meinung.

Der geheime Pakt der Illuminaten

"Es wird eine Illusion sein, so groß, so gewaltig, dass sie sich ihrer Wahrnehmung entziehen werden.

"Diejenigen, die es sehen werden, werden für verrückt gehalten werden. Wir werden getrennte Fronten aufbauen, um zu verhindern, dass sie die Verbindung zwischen uns sehen. Wir werden uns so verhalten, als wären wir nicht miteinander verbunden, um die Illusion aufrechtzuerhalten. Wir werden unser Ziel Tropfen für Tropfen erreichen, um keinen Verdacht auf uns zu lenken. Das wird sie auch daran hindern, die Veränderungen zu sehen, wenn sie stattfinden.

"Wir werden immer über dem relativen Bereich ihrer Erfahrung stehen, denn wir kennen die Geheimnisse des Absoluten. Wir werden immer zusammenarbeiten und durch Blut und Geheimhaltung verbunden bleiben. Der Tod kommt zu dem, der spricht.

"Wir werden ihre Lebensspanne kurz und ihren Verstand schwach halten, während wir vorgeben, das Gegenteil zu tun. Wir werden unser Wissen über Wissenschaft und Technologie auf subtile Weise nutzen, so dass sie nie sehen werden, was geschieht. Wir werden Weichmetalle, Alterungsbeschleuniger und Beruhigungsmittel in Nahrung und Wasser und auch in der Luft verwenden. Sie werden überall mit Giften überzogen sein, wohin sie sich wenden.

Die weichen Metalle werden sie um den Verstand bringen. Wir werden versprechen, an unseren vielen Fronten ein Heilmittel zu finden, doch wir werden sie mit noch mehr Gift füttern. Die Gifte werden durch ihre

Haut und ihren Mund aufgenommen werden; sie werden ihren Verstand und ihre Fortpflanzungssysteme zerstören.

Von all dem werden ihre Kinder tot geboren werden, und wir werden diese Information verheimlichen.

Globalisten, die eine Truther-Sonnenbrille tragen.

Die Gifte werden in allem versteckt sein, was sie umgibt, in dem, was sie trinken, essen, atmen und tragen. Wir müssen bei der Verteilung der Gifte erfinderisch sein, denn sie können weit sehen.

Wir werden ihnen mit lustigen Bildern und musikalischen Klängen beibringen, dass die Gifte gut sind. Diejenigen, zu denen sie aufschauen, werden helfen. Wir werden sie anwerben, um unsere Gifte zu fördern.

"Sie werden sehen, wie unsere Produkte in Filmen verwendet werden, sich an sie gewöhnen und ihre wahre Wirkung nie erfahren. Wenn sie Kinder bekommen, werden wir ihnen Gifte ins Blut spritzen und sie davon überzeugen, dass es zu ihrem Vorteil ist.

Wir werden früh damit beginnen, wenn sie noch jung sind; wir werden ihre Kinder mit dem ansprechen, was Kinder am meisten lieben, nämlich mit süßen Dingen.

Wenn ihre Zähne kariös werden, werden wir sie mit Metallen füllen, die ihren Verstand töten und ihnen die Zukunft rauben werden. Wenn ihre Lernfähigkeit beeinträchtigt ist, werden wir Medikamente herstellen, die sie kränker machen und andere Krankheiten verursachen, für die wir noch mehr Medikamente herstellen werden. Wir werden sie durch unsere Macht gefügig und schwach vor uns machen. Sie werden depressiv, träge und fettleibig werden, und wenn sie uns um Hilfe bitten, werden wir ihnen noch mehr Gift geben.

MATERIALISMUS

"Wir werden ihre Aufmerksamkeit auf Geld und materielle Güter lenken, damit sie nie mit ihrem inneren Selbst in Verbindung kommen. Wir werden sie mit Unzucht, äußeren Vergnügungen und Spielen ablenken, so dass sie niemals mit der Einheit von allem eins werden können. Ihr Geist wird uns gehören und sie werden tun, was wir sagen. Wenn sie sich weigern, werden wir Wege finden, bewusstseinsverändernde Technologien in ihr Leben einzuführen.

Wir werden Angst als unsere Waffe einsetzen. Wir werden ihre Regierungen einsetzen und im Inneren Gegensätze schaffen. Wir werden beide Seiten besitzen. Wir werden unser Ziel immer verbergen, aber unseren Plan ausführen. Sie werden die Arbeit für uns verrichten, und wir werden von ihrer Mühe profitieren.

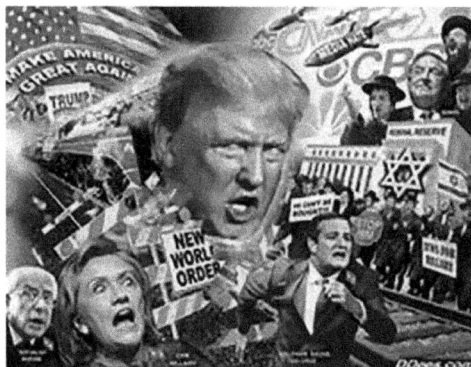

"Unsere Familien werden sich niemals mit den ihren vermischen. Unser Blut muss immer rein sein, denn das ist der Weg.

Wir werden sie dazu bringen, sich gegenseitig zu töten, wenn es uns passt. Wir werden sie durch Dogmen und Religion von der Einheit getrennt halten. Wir werden alle Aspekte ihres Lebens kontrollieren und ihnen sagen, was und wie sie denken sollen. Wir werden sie freundlich und sanft leiten und sie glauben lassen, sie würden sich selbst leiten.

Wir werden die Feindseligkeit zwischen ihnen durch unsere Fraktionen schüren. Wenn ein Licht unter ihnen aufleuchtet, werden wir es durch

Spott oder Tod auslöschen, je nachdem, was uns am besten passt. Wir werden sie dazu bringen, sich gegenseitig die Herzen zu zerreißen und ihre eigenen Kinder zu töten. Wir werden dies erreichen, indem wir den Hass als unseren Verbündeten und die Wut als unseren Freund einsetzen. Der Hass wird sie völlig blind machen, und niemals werden sie sehen, dass wir aus ihren Konflikten als ihre Herrscher hervorgehen.

Sie werden damit beschäftigt sein, sich gegenseitig umzubringen. Sie werden in ihrem eigenen Blut baden und ihre Nachbarn töten, so lange wir es für richtig halten...

"Wir werden die göttliche Wahrheit, dass wir alle eins sind, immer vor ihnen verbergen. Das dürfen sie nie erfahren! Sie dürfen nie erfahren, dass Farbe eine Illusion ist; sie müssen immer denken, sie seien nicht gleich. Tropfen für Tropfen, Tropfen für Tropfen werden wir unserem Ziel näher kommen. Wir werden ihr Land, ihre Ressourcen und ihren Reichtum übernehmen, um die totale Kontrolle über sie auszuüben. Wir werden sie dazu verleiten, Gesetze zu akzeptieren, die ihnen das bisschen Freiheit rauben, das sie haben werden. Wir werden ein Geldsystem einführen, das sie für immer gefangen halten wird und sie und ihre Kinder in Schulden hält.

"Wenn sie sich zusammenschließen, werden wir sie der Verbrechen beschuldigen und der Welt eine andere Geschichte präsentieren, denn wir werden alle Medien besitzen. Wir werden unsere Medien nutzen, um den Informationsfluss und die Stimmung zu unseren Gunsten zu steuern. Wenn sie sich gegen uns erheben, werden wir sie wie Insekten zerquetschen, denn sie sind weniger als das. Sie werden hilflos sein und nichts tun können, denn sie werden keine Waffen haben.

"Wir werden einige von ihnen rekrutieren, um unsere Pläne auszuführen; wir werden ihnen ewiges Leben versprechen, aber ewiges Leben werden sie nie haben, denn sie gehören nicht zu uns. Die Rekruten werden "Eingeweihte" genannt und werden indoktriniert, damit sie an falsche Riten für den Übergang in höhere Reiche glauben.

Die Mitglieder dieser Gruppe werden denken, dass sie eins mit uns sind, ohne die Wahrheit zu kennen.

Sie dürfen diese Wahrheit niemals erfahren, denn sie werden sich gegen uns wenden. Für ihre Arbeit werden sie mit irdischen Dingen und großen Titeln belohnt werden, aber niemals werden sie unsterblich werden und sich uns anschließen, niemals werden sie das Licht empfangen und die Sterne bereisen. Sie werden niemals die höheren Reiche erreichen, denn die Tötung ihrer eigenen Art wird den Übergang in das Reich der Erleuchtung verhindern. Das werden sie nie erfahren.

Die Wahrheit wird vor ihren Augen verborgen sein, so nah, dass sie nicht in der Lage sein werden, sich auf sie zu konzentrieren, bis es zu spät ist. Oh ja, so großartig wird die Illusion der Freiheit sein, dass sie nie wissen werden, dass sie unsere Sklaven sind....

Makow Fazit - Es ist bemerkenswert, dass die Satanisten sich der "Einheit" bewusst sind.

Sie wissen, dass sie sich Gott widersetzen.

Der Neurologe Andrew Moulden wurde ermordet, weil er den Impfstoffbetrug aufdeckte

Oft huscht ein Komet über den Nachthimmel und wir verpassen ihn. So wird Andrew Moulton, ein wahrer Verfechter der Wahrheit und der Freiheit, ermordet und in das Gedächtnisloch gespült, während Scharlatane und Verräter geehrt und reich belohnt werden. Unsere Gesellschaft ist sehr krank.

Verwandt - Dr. Andrew Moulden: Jeder Impfstoff führt zu mikrovaskulären Schäden

(Bitchute)

Andrew Moulden (1963-2013) hätte einen Nobelpreis erhalten sollen, weil er gezeigt hat, wie die "Gesundheitsindustrie" die Bevölkerung mit Impfstoffen vergiftet. Er zeigte, wie Impfstoffe "mikroskopische Schlaganfälle" verursachen, indem sie den Sauerstofffluss im Blutkreislauf, der die Kapillaren erreicht, einschränken.

Andrew Moulden

In seinem Interview auf vactruth.com aus dem Jahr 2009 erklärte Moulden:

"Ich habe jetzt schlüssig nachgewiesen, dass ALLE Impfstoffe, vom Säuglingsalter bis zum Alter, genau die gleichen Hirnschäden verursachen, unabhängig davon, welche Krankheit oder Störung auftritt. Die Schäden sind spezifisch für endvaskuläre "Mini-Schläge", die unterhalb der Auflösung unserer Neuro-Bildgebung liegen, aber in einem Vorher/Nachher-Protokoll messbar sind. Sie sind auch direkt und in Echtzeit messbar - allerdings handelt es sich dabei um Techniken und Technologien, die ich der Öffentlichkeit noch nicht offengelegt habe."

UND

"Es ist nicht länger eine Meinung, denn ich habe jetzt schlüssige Beweise, die zeigen, dass ALLE Impfstoffe bei uns allen genau die gleichen Schäden verursachen, wie das wilde Poliovirus Lähmungen, Atemstillstand, Tod, Hirnblutungen und mehr verursacht hat."

Weil er die Wahrheit aufdeckte und versuchte, unschuldige Millionen vor Krankheit und Tod zu bewahren, was die Gesundheitsindustrie und ihre Komplizen in Regierung und Medien bereichert, starb Moulden 2013 vorzeitig, angeblich durch Selbstmord. Sie behaupteten, er sei bipolar, aber die Videos zeigen einen sehr kompetenten und glaubwürdigen jungen Neurologen. Er reiht sich ein in die zahlreichen ganzheitlichen Ärzte, die in den letzten Jahren ermordet wurden.

Ein Kollege von Dr. Moulden, der anonym bleiben möchte, berichtete Health Impact News, dass er/sie zwei Wochen vor seinem Tod im Jahr 2013 Kontakt mit ihm hatte.

Dr. Moulden teilte unserer Quelle und einigen wenigen vertrauenswürdigen Kollegen im Oktober 2013 mit, dass er im Begriff sei, sein Schweigen zu brechen und neue Informationen zu veröffentlichen, die das Impfstoffmodell der Krankheitsbewältigung zerstört, eine wichtige Finanzierungsquelle für die pharmazeutische Industrie vernichtet und gleichzeitig die Grundlage der Keimtheorie von Krankheiten ernsthaft beschädigt haben könnten. Er war bereit, zurückzukommen. Obwohl er zum Schweigen gebracht worden war, hatte er seine Forschung nie eingestellt.

Dann, zwei Wochen später, starb Dr. Moulden plötzlich...

Er schreibt:

"Das Endergebnis meiner zielgerichteten und hartnäckigen Untersuchungen... war nicht nur die Entdeckung der Ursache von durch Impfungen verursachtem Autismus und anderen medizinischen Krankheiten, sondern auch die Möglichkeit, dies für jeden einzelnen Fall zu beweisen. Darüber hinaus haben die gefundenen Antworten auch mehrere andere medizinische Rätsel gelöst und zu einer Neufassung des gesamten medizinischen Modells von Louis Pasteur und der zeitgenössischen westlichen allopathischen Medizin geführt - der "Keimtheorie" der menschlichen Krankheit.

"Wie sich herausstellt, ist der Grund für den "Schlamassel", den wir mit Einheitsimpfstoffen im Besonderen und Antibiotika und pharmazeutischen Gegenmaßnahmen im Allgemeinen angerichtet haben, der, dass die Keimtheorie genau das war - eine Theorie, die sich in sehr grundlegender Weise als falsch erwiesen hat. Ich freue mich darauf, der Welt mitzuteilen, was ich entdeckt habe."

"Die Lösung dieses medizinischen Rätsels hat nicht nur zur Lösung der Ursache des Autismus geführt, sondern auch zur Lösung vieler anderer Säugetierkrankheiten und des Mechanismus, durch den viele Infektionskrankheiten, einschließlich Tetanus, Pocken, Spanische Grippe, Röteln, Masern und andere, dem menschlichen Körper Schaden zufügen und Krankheiten verursachen.

"Wie sich herausstellt, sind nicht die Keime der Feind, den wir mit Impfstoffen und Medikamenten "angreifen". Es ist etwas im Abwehrsystem des Körpers selbst. Ich freue mich darauf, dieses medizinische Geheimnis, das bisher im Dunkeln lag, der Welt zu enthüllen.

Ich sehe die Wahrheit."

Geschlecht - Vax-Mafia greift meine Enkelin an

"Fast ausnahmslos alle unsere Behörden, Lehrer, Ratsmitglieder, Vizepräsidenten, Direktoren, Regierungen, MSM und wer weiß, wer noch alles, sind darauf aus, unser Geschlecht, unsere Familien, unsere Werte und sogar unser Leben zu zerstören. Sie werden alle ihre Ressourcen und unsere Steuergelder einsetzen, um uns durch Angst und Gewalt zu zerstören."

"Ich kämpfe jetzt den Kampf meines Lebens, nicht meinen, sondern ihren."

Von Anon

Meine Enkelin war intelligent, belesen, sprachgewandt, höflich, fürsorglich, sanft, fleißig und eine große Hoffnung für unsere Familie.

Die Menschen sind nicht nur dumm. Sie sind bösartig.

Vor etwa 30 Tagen schnitt sie sich die Haare ab und färbte sie halb schwarz, halb rot. Wir wussten, dass sie in der Schule gemobbt wurde, weil sie nicht geimpft war. In Gesprächen glaubten wir jedoch alle, dass sie den Sturm überstehen würde. Ich werde hier nicht ins Detail gehen; benutzen Sie Ihre Fantasie. Vor ein paar Wochen begann sie zusammenzubrechen. Wir bekamen Ausbrüche von irrationalem, destruktivem Verhalten.

Jetzt ist unser Enkelin sehr schlecht in der Schule, laut/schreiend, unflätig, rachsüchtig, selbstverletzend, missbräuchlich gegenüber anderen Familienmitgliedern, weinend, explodierend und fast körperlich missbrauchend.

Ihrer Meinung nach sind wir missbräuchlich, rachsüchtig, gewalttätig, gefühllos, nicht unterstützend, weiße Vorherrschaft, homophob, transgenderphob, was auch immer, wir sind es.

Jetzt finden wir heraus, dass eine Therapeutin unsere Enkelin heimlich beraten hat. Das erste, was aus ihrem Mund kommt, ist, dass sie Transgender ist. An ihrer Bürotür stehen drei Zeilen: "Transgender ist OK - Wenn deine Eltern dich nicht unterstützen. Come in for HELP."

Gestern Abend hatten wir vor vier Familienmitgliedern einen heftigen Streit, bei dem sie uns schließlich sagte, wir sollten alle FO und aus ihrem Haus verschwinden. Der Auslöser war, dass wir ihr sagten, dass wir sie von der Schule nehmen, ihr das Telefon wegnehmen und sie auf eine Farm im Norden von BC umsiedeln würden.

Das war für sie nicht akzeptabel, sie könnte sich verletzen usw. Wir befinden uns jetzt in einer sehr schwierigen, gelähmten Lage. Wie können wir unseren Enkelin retten, ohne die Situation zu verschlimmern?

Es gibt andere Familien, die sich in ähnlichen Situationen befinden. Sie haben einen Keil zwischen die Geimpften und die Nichtgeimpften getrieben. Dies ist ein perfekter Sturm und Krieg gegen unsere Kinder.

Als ob das nicht schon genug wäre, fordern die Lehrer und die Vizepräsidentin ausführliche Sitzungen und Untersuchungen, bei denen es in erster Linie um unsere Tochter geht. Sie wollen sehen, was für eine Mutter sie ist. Wir befürchten, dass die Behörden, wenn sie einen von uns als Transgender-Phobiker oder Homo-Phobiker abstempeln, versuchen werden, unsere Enkelin in ein Übergangshaus zu stecken, um die Sache zu beenden.

Leute, ob ihr es wisst oder nicht, wir befinden uns im KRIEG, auf einer persönlichen Ebene.

Fast ausnahmslos alle unsere Behörden, Lehrer, Ratsmitglieder, Vizepräsidenten, Direktoren, Regierungen, MSM und wer weiß, wer noch alles, sind darauf aus, unser Geschlecht, unsere Familien, unsere Werte und sogar unser Leben zu zerstören. Sie werden alle ihre Ressourcen und unsere Steuergelder einsetzen, um uns durch Angst und Gewalt zu zerstören.

Machen Sie keinen Fehler, wenn Sie oder Ihre Angehörigen einem ähnlichen Angriff ausgesetzt sind, STIMMEN SIE JETZT IHRER MEINUNG. Meine Familie und ich befinden uns in einem Kampf um unser Leben. Ich kümmere mich jetzt nicht um mein Leben, sondern nur um das Leben unserer Kinder und Enkelin.

Falls noch jemand so etwas erlebt hat, wie sind Sie damit umgegangen? Haben Sie irgendeinen Rat? Mein Enkelin wird in 2 Monaten 18 Jahre alt.

DIE VERFOLGUNG, DER UNSER GD AUSGESETZT IST

Von Anfang an haben wir unsere Enkelin über ihre Rechte aufgeklärt. Niemand hat das Recht, Fragen zu unserem Gesundheitszustand zu stellen, Punkt. Das hat eine Zeit lang funktioniert. Überall, wo sie hinging, in Geschäften usw., setzte sie sich für ihre Rechte ein, und es gab wenig bis gar keine Gegenwehr.

In der Schule war sie die einzige Schülerin, die mit der gleichen Begründung keine Maske trug. Der Druck von Seiten der Lehrer, des Personals von und der Schüler nahm zu. Der Druck wurde allmählich so groß, dass sie im hinteren Teil der Klasse in der Ecke isoliert wurde, einen halben Meter von allen anderen Tischen entfernt.

Bandprobe auf dem Höhepunkt der COVID-Hysterie

Die Lehrer fragten immer wieder, warum sie nicht geimpft sei. Die Schüler distanzierten sich von ihr und begannen, sie zu verspotten. Sie beschimpften sie als "Anti-Impfgegnerin", "Bring dich um" usw. Einmal wurde sie auf einem Schulausflug von Sicherheitskräften an die Wand gedrängt, die Papiere über ihren Impfstatus verlangten, während die Lehrerin schweigend daneben stand.

Die Schüler fragten sie, warum sie sich nicht schon längst umgebracht habe, und wenn sie wollte, würden sie es für sie tun. Die Beschimpfungen eskalierten, bis zu dem Punkt, an dem sie sich im Waschraum verbarrikadierte und auf dem Boden weinte.

Es kam vor, dass jemand die Badezimmertür von außen zuhielt. Schüler können bösartig sein. Im Chemieunterricht, in dem sie zu 80% teilnahm, drohten Mitschüler damit, ihr das Gesicht mit Säure zu bespritzen. Ein Teil der Säure wurde auf ihren Schreibtisch gespritzt, versehentlich oder nicht.

Mein Sohn musste sie mehrmals aus der Schule retten.

SCHLUSSFOLGERUNG

Wir werden von einem fast unsichtbaren, zerstörerischen Kollektiv kultiviert und bewirtschaftet, das darauf aus ist, die Essenz von Liebe, Frieden und Freiheit zu zerstören. Ihre Mission ist es, auf der persönlichen Ebene zu zerstören, Familie für Familie. Ihr Ziel ist es, durch Angst und Gewalt absolute Kontrolle zu erlangen, schlicht und einfach. Sie werden schließlich Angst und Gewalt durch den Dritten Weltkrieg nutzen, um ihre Spuren zu verwischen, durch Köder und Tausch, einer für den anderen, schlicht und einfach. Es hat schon einmal funktioniert, und sie glauben, dass es wieder funktionieren wird.

Buch Fünf

Geld, Ethnie und Geschlecht

Das Bankensystem ist für unsere Versklavung verantwortlich

Wir haben bereits eine digitale Währung. "Geld" ist nur eine Zahl in einem von den Rothschilds geführten Hauptbuch. Gelegentlich werden Gutscheine, d. h. Geld, produziert, um das Ganze real erscheinen zu lassen. Geplant ist ein Sozialkredit nach chinesischem Vorbild. Sie werden uns kontrollieren, indem sie unser Geld kontrollieren.

Der Covid-Betrug und die tödlichen "Impfstoffe" haben uns gelehrt, dass Politiker und Polizisten nicht für uns arbeiten, sondern für das zentrale Bankenkartell, das die Menschheit auf Dauer ruhigstellen will.

Das Gleiche gilt für die Massenmedien und die meisten Berufe. Jeder tanzt nach der Melodie des Geldes, und Rothschild ist der Rattenfänger.

Das ist alles schwarze Magie. Geld ist nur eine Zahl in einem Hauptbuch, das von den Rothschilds geführt wird.

BLUTVERGIFTUNG

Wir leiden an einer Blutvergiftung. "Geld" ist die Blutversorgung der Gesellschaft. Dieses "Tauschmittel" zirkuliert wie das Blut in einem menschlichen Körper. Mit ihm ist jeder heiter, ohne es ist man ein Leichnam.

Leider haben unsere trägen Vorfahren die Kontrolle über die Geldversorgung an kabbalistische Juden und Freimaurer abgegeben, die Ausreden finden (Kriege, Betrügereien), um das Geld in Form von Schulden für sich selbst zu produzieren. Sie profitieren an beiden Enden. Sie verlangen Zinsen für Schulden, die sie aus dem Nichts erschaffen, und ihre Anteile an "Verteidigungs"- und Pharmakonzernen steigen durch die von ihnen angezettelten Scheinkriege und Pandemien ebenfalls.

Ihr Ziel ist es, ihr Monopol über die Geldschöpfung auf ein Monopol über buchstäblich alles auszudehnen (z.B. Gedanken, "Wokeness") und die Menschheit in ihren satanistischen Sex- und Todeskult einzubinden. Sie haben die Erkältung als Vorwand benutzt, um die Menschheit zu dezimieren und zu versklaven.

GELD IST EIN GEDANKENSPIEL

Im März 2022 ging ein halbes Dutzend US-Regionalbanken in Konkurs und verlor 500 Milliarden Dollar an Einlagen. Haben diese Einleger ihr Geld verloren? Nein. Die Fed hat gerade weitere 500 Milliarden Dollar aus dem Nichts geschaffen. Diese Satanisten haben sich die nationale Kreditkarte der USA unter den Nagel gerissen und schöpfen sie voll aus, bis der USD zusammenbricht.

In den letzten Jahren sind die Banken immer aktiver geworden, um die globalistische Agenda voranzutreiben. Meine Bank ist zum Beispiel sehr für "Vielfalt" - Homosexualität und Migration. (Es ist selten, dass man in einer kanadischen Bank einen weißen, männlichen Kassierer findet, der nicht homosexuell ist.) Auch die meisten Unternehmen singen aus demselben globalistischen Gesangsbuch.

Die Banken sind alle Franchises des Rothschild-Welt-Zentralbankensystems, so wie einige MacDonald's-Filialen in unabhängigem Besitz sind. Aber alle Banken sind von der Zentralbank für "Geld" abhängig. Das ist der Grund, warum Banken und die von ihnen abhängigen Unternehmen bizarre Agenden wie geschlechtsspezifische Dysfunktion, Familienzerfall, Waffenkontrolle, Sodomie, Rassenmischung und Minderheitenstatus für Kaukasier fördern.

WAS BEDEUTET GELD? WIE AUSSEHEN? (WENN ES KEINE WÄHRUNG IST)

Wenn ich dem Gasversorgungsunternehmen einen Scheck ausstelle, fährt kein Geldtransporter bei meiner Bank vor, holt das Geld von meinem Konto ab und liefert es bei der Bank des Gasversorgungsunternehmens ab. Das Einzige, was WIRKLICH passiert, ist, dass sich bei den beiden Banken einige Ziffern ändern.

Mein Bankkonto ist kein kleiner Briefkasten, in dem Bargeld liegt. Mein Konto ist nur eine Nummer in ihren Büchern, die anzeigt, was sie mir schulden, falls ich, Gott bewahre, beschließen sollte, das Geld abzuheben. Wenn wir unsere Kreditkarten benutzen oder eine Aktie kaufen, werden lediglich die Konten angepasst.

Wir machen in Wirklichkeit Bankgeschäfte mit den Rothschilds. Unser kleiner Notgroschen ist in Wirklichkeit ihr magischer "Kredit", ein Teil der ihnen geschuldeten nationalen "Schulden", "Geld", das sie aus dem Nichts erschaffen und an die Regierung "verliehen" haben. Es spiegelt die Fähigkeit der Regierung wider, die Schulden zurückzuzahlen, obwohl sie das niemals tun wird.

Das Bankensystem ist ein riesiges System von Konten. Geld gibt es eigentlich nicht, außer einem kleinen Betrag in Papierscheinen (Währung). "Geld" ist ein abstrakter Begriff, der einen Wert bezeichnet.

TAUSCHMITTEL

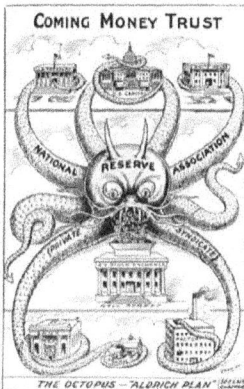

COMING MONEY TRUST

THE OCTOPUS - "ALDRICH PLAN"

Geld ist ein Tauschmittel. Stellen Sie es sich als elektrischen Strom anstelle einer Währung vor. Es ist im Grunde ein virtuelles Kreditsystem, das das Lebenselixier jeder Wirtschaft ist.

Wem gehört diese Franchise? Dieses Kontensystem? Wer fügt Kredite hinzu oder zieht sie ab? Wer entscheidet, wer spielen darf? Ein Syndikat von meist kabbalistischen (freimaurerischen) jüdischen Bankiersfamilien unter der Führung der Rothschilds.

Leider sind diese Kabalisten Satanisten. Sie sind entschlossen, dieses Bankenmonopol zu schützen und zu einem Monopol über alles auszuweiten - realen Reichtum, politische Macht, Wissen, Medien, Bildung, Kultur, Religion, Recht usw.

Sie wollen uns und auch unsere Kinder besitzen. (Wir sind Sicherheiten für die Staatsschulden.) Das ist das Wesen des Kommunismus und der Neuen Weltordnung, die bereits weitgehend verwirklicht ist. Das Ziel ist die schrittweise Versklavung der Menschheit. Wenn sie schließlich das Bargeld loswerden, können sie uns jederzeit den "Kredit" entziehen.

Wie behalten sie die Kontrolle? Sie kontrollieren die Unternehmenskartelle, die alle von den Banken abhängig sind. Diese Konzerne finanzieren die Politiker, die die Befehle der Banker befolgen. Viele dieser Politiker sind Freimaurer.

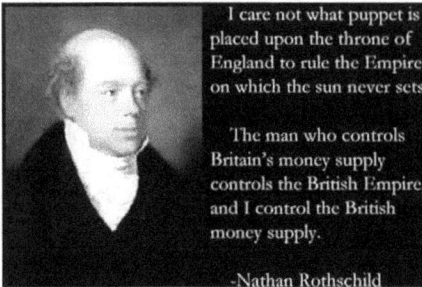

I care not what puppet is placed upon the throne of England to rule the Empire on which the sun never sets.

The man who controls Britain's money supply controls the British Empire, and I control the British money supply.

-Nathan Rothschild

Das organisierte Judentum und die Freimaurerei sind Komplizen des Bankenbetrugs. Im Allgemeinen ist die Komplizenschaft beim Bankenbetrug heute der Preis für den Erfolg. Warum ist es ein Betrug? Weil souveräne Regierungen zins- und schuldenfrei "ihren eigenen Strom erzeugen" könnten. Wir bräuchten unsere Seele und das Geburtsrecht unserer Kinder nicht zu verkaufen.

DER TIEFE STAAT

Der "Tiefe Staat" ist das geheime Netzwerk, das dem Schutz des betrügerischen Bankensystems und dem Vorantreiben seiner satanischen Agenda dient. Die meisten der Akteure gehören der Freimaurerei oder dem organisierten Judentum an.

Geheimdienste wie die CIA, der Mossad und der MI-6, die Polizei und die Armee sind die Vollstrecker der Banker. Die Massenüberwachung (NSA usw.) sorgt dafür, dass niemand auf dumme Gedanken kommt.

Die Menschheit ist dem Untergang geweiht, es sei denn, die Zentralbank wird verstaatlicht, die "Schulden" werden abgeschafft und das Geld wird schulden- und zinsfrei geschaffen.

Es ist eine Frage, ob die Menschheit sich dem Ziel widmet, satanistische Billionäre noch reicher zu machen, oder ob sie alle Menschen so weit erhebt, dass sie ihr göttliches Potenzial zu erfüllen beginnen können.

Rockefellers erdachten BRICS 1956 als NWO-Trick

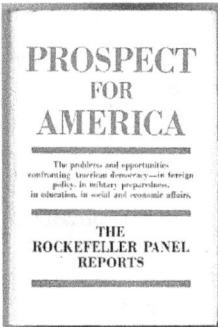

PROSPECT
FOR
AMERICA

The problems and opportunities confronting American democracy—in foreign policy, in military preparedness, in education, in social and economic affairs.

THE ROCKEFELLER PANEL REPORTS

Freimaurerisch-jüdische Dialektik. Während die zionistische Seite diskreditiert und zerstört wird, wird die Menschheit die kommunistische NWO in dem Glauben annehmen, dass sie für Freiheit steht.

Auszüge aus dem Rockefeller's *Prospect for America* 1956

Der Rockefeller-Plan für die neue Weltordnung der BRICS, in ihren eigenen Worten...

https://redefininggod.com/2014/11/the-rockefeller-plan-for-the-brics-new-world-order-in-their-own-words/

Auszüge von Ken

"Das chinesische Volk würde sich gegen eine offene Fremdherrschaft auflehnen, aber seinen Platz in der NWO akzeptieren, wenn es glaubt, die Kontrolle zu haben."

Die Chinesen haben unter dem westlichen Imperialismus sehr gelitten, ebenso wie ein Großteil der Welt. Infolgedessen hätten die Illuminaten Schwierigkeiten, viele Nationen in eine vom Westen geführte Neue Weltordnung einzubinden, insbesondere die nationalistischen Chinesen. Da es keine wirklich globale Ordnung ohne die bevölkerungsreichste Nation der Erde geben kann, haben sich die Illuminaten dafür entschieden, ihr eigenes Erbe der Zerstörung zu ihrem Vorteil zu nutzen. Ihre zweiteilige Strategie dazu lautet wie folgt:

1. Sie gründeten eine auf China ausgerichtete Allianz als Gegenkraft zur westlichen Allianz.

Dieser Teil der Strategie wurde in der Mainstream-Presse in diesem UPI-Artikel von 2002 mit dem Titel "China Wants Its Own 'New World Order' To Oppose US Version" angedeutet. Es ist gängige Praxis der

Kabalen, gegnerische Kräfte zu benutzen, um ihre Ziele zu erreichen, und sie stellen immer sicher, dass sie Einfluss oder Kontrolle über beide Seiten haben.

2. Sie haben die Weltöffentlichkeit in die Hände der chinesischen Allianz getrieben.

Sie haben unverschämte und provokative Maßnahmen eingeleitet, sowohl wirtschaftlich als auch militärisch. Dies gibt einen neuen Einblick in die für alle sichtbare Kriminalität der Wall Street und der City of London sowie in die jüngsten militärischen Exzesse des Westens in Afghanistan, Irak, Ägypten, Libyen und Syrien.

Sie haben auf breiter Front schädliche Informationen über westliche Nationen veröffentlicht, insbesondere die USA. Dies ist die Motivation hinter WikiLeaks, Snowden und tausend kleineren Enthüllungen. Und nachdem Snowden die Aktivitäten der NSA an die Öffentlichkeit gebracht hatte, wohin ist er dann geflohen, um sich zu verstecken?

Zuerst nach China (Hongkong), dann nach Russland. Was ist also die psychologische Botschaft? China und Russland (das BRICS-Bündnis) sind die Orte, an die man sich flüchtet, um sich vor den bösen USA, ihren westlichen Verbündeten und all ihrem schrecklichen Verhalten in Sicherheit zu bringen.

Es ist wirklich sehr einfach: Die Illuminaten haben eine Kaninchenfalle gebaut (in der BRICS-Allianz), die wie ein nettes, sicheres Loch aussieht, um sich vor der Gefahr zu verstecken. Jetzt schlagen sie (mit den westlichen Mächten) auf die Büsche ein, um die Kaninchen in die Falle zu treiben.

Es ist klar, dass die Globalisten bei der Planung der NWO "die Bestrebungen der Völker auf der ganzen Welt ..., die Ära des Kolonialismus schnell und endgültig zu überwinden", berücksichtigt haben.

Aus diesem Grund wurde das BRICS-Bündnis gegründet und die NWO in einer multipolaren Weise konzipiert. Sie wollen, dass sich die unterdrückten Völker der Welt zusammenschließen und sich als Sieger über den Westen sehen.

Und sie wollen, dass sie glauben, dass die multipolare Neue Weltordnung der Illuminaten ihren endgültigen Sieg über die Unterdrückung und ihren Aufstieg zur Gleichheit darstellt, während sie in Wirklichkeit nur der Beginn einer neuen Phase der Unterwerfung und ihres Sturzes in die Gleichheit als globale Leibeigene ist.

Abschließend möchte ich einfach sagen, dass jede globale Lösung, die uns in den kommenden Jahren angeboten wird, in der Tat eine globalistische Lösung ist. Wenn Sie sich nicht mit Ihren Nachbarn zusammentun und anfangen, Ihr Leben selbst in die Hand zu nehmen und zu kontrollieren, werden Sie standardmäßig in die Abhängigkeit und Kontrolle der Globalisten geraten.

Und wenn Sie sich nicht mit den Menschen in Ihrer Gemeinde zusammentun, um eine eigene Währung (oder eine andere Methode des Handels/Tauschhandels) zu entwickeln, werden Sie am Ende standardmäßig die Währung der Bankster verwenden. Macht, die nicht in die eigenen Hände genommen wird, wird den Raubtieren überlassen, die danach greifen.

Während also die Schlagzeilen auf den Titelseiten über den vermeintlichen Konflikt zwischen West und Ost berichten, finden Sie die Wahrheit etwas tiefer in der Zeitung: dass all diese politischen Typen für dieselben Bosse arbeiten und in Wirklichkeit hinter den Kulissen befreundet sind. Lassen Sie sich nicht von dem öffentlichen Puppentheater ablenken.

Der wahre Zweck von Steuern

Peter Colt schreibt:

Um Ihren jüngsten Artikel über Geld zu ergänzen, möchte ich erklären, wozu Steuern da sind und warum es sie gibt. Wir alle wissen, dass die Mächtigen das Geldsystem besitzen und dass sie jederzeit und aus jedem Grund so viel Geld drucken können, wie sie wollen.

Natürlich werden Ihnen viele Leute sagen, dass dies nicht möglich ist, weil das einfache Drucken von Geld zu einer Hyperinflation wie in Simbabwe führt, aber in Wirklichkeit wird dies ständig getan, und reiche Nationen und insbesondere diejenigen, deren Währung die Weltreservewährung ist, können mit einer solchen Politik lange Zeit davonkommen und sind sehr geschickt darin, ihre Geldschöpfung in verschiedenen Finanztricks zu verstecken, wie z. B. künstlich aufgeblähte Aktienmärkte, Immobilienblasen und das Derivat-Fiasko.

Das Verstecken all dieses neu geschaffenen Geldes im Finanzsystem ist sehr effektiv, um den Ausbruch einer Hyperinflation zu verhindern.

Der Grund, warum wertlose Fiat-Währungen überhaupt erst geschaffen wurden, ist der, dass ein endloser Vorrat dieses "Geldes" aus dem Nichts herbeigezaubert werden kann, das auf nichts basiert und durch nichts gedeckt ist.

Diejenigen, die es schaffen, müssen weder Waren produzieren noch irgendetwas von Wert anbieten, um den Wert der Währung zu stützen. Sie können einfach so viel Geld drucken, wie sie brauchen, um jeden und alles zu kaufen, was sie wollen.

Anders als bei Rohstoffen wie Gold, Lebensmitteln oder Fertigprodukten können Billionen von Dollar ohne jede Anstrengung geschaffen werden. Null Aufwand bei der Herstellung und null Aufwand bei Transport und Lagerung.

Der größte Teil des Geldes existiert nicht einmal in physischer Form, sondern besteht lediglich aus Einträgen in einem Buch oder in jüngster Zeit aus Ziffern auf einem Computerbildschirm.

Die Möglichkeit, so viel Geld zu drucken, wie sie wollen, ist eine Sache, aber wenn niemand dieses Geld wirklich braucht, um zu überleben, dann können die Machthaber die Menschen nicht dazu bringen, ihre wertlosen Papierstücke im Tausch gegen Waren und Dienstleistungen zu akzeptieren (wer würde schon bereitwillig die hart verdienten Früchte seiner Arbeit gegen ein wertloses Stück Papier eintauschen, wenn er nicht einen Grund hätte, es zu brauchen).

Mit anderen Worten: Wenn niemand das Bedürfnis nach "Geld" hätte, um seine Steuern zu zahlen, könnten die Machthaber ihr "Geld" nicht dazu verwenden, Dinge zu erwerben, Kriege zu führen, Treibstoff zu kaufen, Soldaten zu bezahlen, Gold zu kaufen, Beamte zu bestechen, die Finanzmärkte zu manipulieren, usw.

Nun werden manche sagen, dass Geld als eine Art Tauschmittel dient, um den Handel zu erleichtern, und das ist natürlich richtig, aber man darf nicht aus den Augen verlieren, dass die Menschen alles, worauf sie sich einigen, als Tauschmittel verwenden können.

Die Mächtigen benutzen Steuern als Mittel, um ihr eigenes "Geld" als die einzige Form von Tauschmitteln zu akzeptieren, mit denen jemand tatsächlich handeln muss.

Sie sehen also, dass die Steuern dazu da sind, eine ständige Nachfrage nach dieser fiktiven Währung zu schaffen, indem sie die Menschen (und Unternehmen) dazu zwingen, dieses "Geld" zu erwerben, um ihre Steuern bezahlen zu können.

Die Mächtigen brauchen Ihr Steuergeld nicht, um zu überleben; was sie brauchen, ist, dass Sie gezwungen werden, Ihre Lebensarbeitszeit gegen ihre im Grunde wertlose Währung einzutauschen. Sie müssen der Gesellschaft einen Grund geben, ihr Geld zu brauchen. Ihre Existenz hängt davon ab.

Und darüber hinaus rechtfertigen sie das alles vor der Bevölkerung, indem sie die Schuld abwälzen. Sie blasen diese Blasen auf, wie z. B. die Immobilienblasen, und kürzen dann die Geldmenge, um viele Menschen in den Bankrott zu treiben. Dann "beschlagnahmen" sie Vermögenswerte, die sie mit dem betrügerischen Geld gekauft haben, und beschuldigen diejenigen, die sie durch Marktmanipulationen betrogen haben, unverantwortlich zu sein und eine zu große Schuldenlast auf sich zu nehmen.

Kann sich ein Jude mit "Weißenidentifizieren?

Ich glaube, dass Menschen durch ihr individuelles Verhalten definiert werden, nicht durch ihre Rasse oder ihren ethnischen Hintergrund. Natürlich denke ich so, weil ich Jude bin und mich nicht durch das Verhalten anderer Juden, die ich kritisiere, definieren lassen will. Ich bin ein assimilierter Jude. Ich identifiziere mich mit Menschen europäischer Abstammung.

Ich glaube, dass Menschen Individuen sind und als solche behandelt werden sollten. Die Fähigkeit des Einzelnen, einzigartig zu sein, ist die Essenz der Freiheit selbst.

Menschen europäischer Abstammung sollten ihre nationale Identität beibehalten, so wie Afrikaner und Asiaten dies in ihren eigenen Ländern tun. Ich möchte, dass alle in ihren nationalen Heimatländern gedeihen.

Die Migration aus der Dritten Welt und der Multikulturalismus werden von den kabbalistischen Zentralbankern aufgezwungen, die Menschen europäischer Herkunft als eine Herausforderung für ihre sich entwickelnde Welttyrannei betrachten. Die Europäer haben sich einen Rest von Christentum bewahrt, das die Kabalisten, die Satanisten sind, zerstören wollen.

"Wir werden jede kollektive Kraft außer unserer eigenen vernichten", schreiben sie in den Protokollen von Zion (16-4).

Rachel Dolezal ist eine weiße Frau, die sich als Schwarze identifiziert.

Bin ich wie Rachel Dolezal?

Sie ist eine weiße Frau, die sich als Schwarze identifiziert.

Ich bin ein assimilierter Jude, der sich mit Menschen europäischer Abstammung, d.h. "Weißen", identifiziert.

Bin ich ein Hochstapler?

Ich bin nicht nur nicht antisemitisch, sondern vertrete die beste Art von Juden: objektiv, fair und um das Wohl der Menschheit besorgt, nicht nur der Juden. Ich warne die gewöhnlichen Juden, dass das jüdische Unternehmen nicht das ist, was sie denken. Sie sind getäuscht und in die Irre geführt worden.

Manche Menschen glauben, dass Juden nicht weiß sind. Sie sind eine andere Ethnie.

Das sagen Juden. Das sagen auch einige Weiße.

Zunächst einmal bin ich, anders als die "schwarze" Rachel, weiß.

Ich bin ein Chasar. Chasaren sind Kaukasier.

Ich bin von europäischer Abstammung. Meine Familie lebte jahrhundertelang in Polen. Meine Mutter überlebte den Krieg, weil sie blondes Haar und blaue Augen hatte. Nach dem Krieg sind meine Eltern nach Kanada ausgewandert. Ich war ein Baby.

Meine Mutter, mit meinem Bruder, 1958

Es ist ganz natürlich, dass ich mich, obwohl ich Jude bin, mit der europäischen Mehrheit identifiziere, die dieses Land gegründet hat. Ich bin ein assimilierter Jude. Das sind die meisten Juden. Das organisierte Judentum hasst uns, weil wir schwerer zu manipulieren und um Geld zu bringen sind. Sie haben den Holocaust mitorganisiert, um uns an der Assimilierung zu hindern und Israel zu etablieren.

Jüdische Zentralbanker und ihre Freimaurer-Komplizen enteignen die christlichen Gründungsnationen Europas. Ich versuche, Juden und Nichtjuden vor der Gefahr zu warnen. Für meine Mühen werde ich von den meisten Juden und Nichtjuden gleichermaßen ausgegrenzt (außer von meinen treuen Lesern). Andere weiße Verteidiger verschmähen mich oder stellen meine Aufrichtigkeit in Frage.

DUMM GOYIM

Ich habe Antworten auf meine Tweets erhalten:

> „Fick dich, Jude. Du hast nicht das Recht, für die Europäer zu sprechen, du bist der Feind des europäischen Volkes. Du bist als trojanisches Pferd nach Kanada gekommen"

und

> „Ach, verdammt noch mal. Ich habe herausgefunden, warum Sie die Juden niemals verurteilen werden. Ich habe Sie gegoogelt und Sie sind Jude! Du sprichst nicht für die Weißen, du bist kein Kanadier, und je eher die Welt dich und deinesgleichen los ist, desto besser"

und

> „Ja, jüdische Taqiyaa, hier als Insider, aber im Dienste deines Stammes."

Verurteilen Sie niemals Juden? Offensichtlich haben sie meine Arbeit nicht gelesen. Ich habe genauso viel getan, um die Gesellschaft vor der Gefahr zu warnen wie jeder andere.

Viele von Smolokos ausgezeichneten Memes sind wortwörtlich aus meinen Texten übernommen. Wie kann ich meinem "Stamm" dienen, außer ihn zu warnen, dass er auf der falschen Seite der Geschichte steht?

Ich befürchte, dass unschuldige Juden für die Banker und Freimaurer den Kopf hinhalten werden, wie meine Großeltern für den Holocaust. Im schlimmsten Fall werden die "Juden" für den Dritten Weltkrieg verantwortlich gemacht.

Bin ich kraft meiner Geburt Teil dieser satanischen Verschwörung? Habe ich keinen freien Willen? Keine Prinzipien? Bin ich nicht in erster Linie ein Individuum? Keine Ethnie oder Gruppe ist homogen, schon gar nicht die Juden.

Glauben Sie, dass die Banker viele Juden in ihren Plan einweihen würden? Sie haben keine Liebe für Juden, außer als Schachfiguren. Sie sind Satanisten.

Glauben Sie, Juden würden sich anmelden, wenn sie die Wahrheit wüssten? Juden wie heidnische Freimaurer müssen überlistet werden. Gewöhnliche Juden haben genauso viel Kontrolle über das Weltgeschehen wie gewöhnliche Amerikaner. Null. Warum sollten wir die Schuld auf uns nehmen?

LOYALTIES

Zuallererst identifiziere ich mich mit Gott. Gott ist eine Dimension, in der Wahrheit, Schönheit, Liebe, Güte und Gerechtigkeit selbstverständlich sind.

Gott ist Bewusstheit. Die meisten von uns sind unbewusst, schlafen.

Nach Gott identifiziere ich mich zuerst mit der menschlichen Ethnie. Dann die europäische christliche Tradition, der ich das Beste an der westlichen Zivilisation verdanke. Ich habe einen Doktortitel in englischer Literatur. Dann Kanada/USA. Und schließlich meine jüdischen Mitbürger. Die meisten meiner jüdischen Kontakte sind meine Familie. Die Annahme, dass alle Menschen einer anderen Ethnie gleich sind, ist rassistisch.

Ich bin für die Beibehaltung der rassischen Identität, aber wir sind in erster Linie Individuen. Wir definieren unsere eigene Identität durch unseren persönlichen Charakter, unsere Erfahrungen, unsere Überzeugungen und unser Handeln. Wir werden nicht durch Ethnie, Hautfarbe, Religion oder Geschlecht definiert.

Ich habe nur Ehrfurcht und Respekt vor schwarzen Footballspielern, Jazzmusikern wie Milt Jackson und Oscar Peterson oder Führungspersönlichkeiten wie einem Adam Clayton Powell; und Verachtung für schwarze Radikale oder Schläger. Das Problem ist nicht das "Schwarzsein". Das Problem ist das Verhalten. Wir werden nicht durch Identitätspolitik definiert.

Ich identifiziere mich mit den Weißen, weil assimilierte Juden und Weiße im selben Boot sitzen, das Ziel einer heimtückischen kommunistischen (satanistischen) Verschwörung sind.

Ich identifiziere mich mit den Weißen, weil sie die Überreste des Christentums in sich tragen, das die größte zivilisatorische Kraft der Welt war.

Feminismus ist der vergiftete Apfel

Kabbalistische Juden und Freimaurer haben die Gesellschaft seit mindestens 200 Jahren korrumpiert und unterminiert, um ihre perverse Tyrannei durchzusetzen.

Praktisch alles, was als "fortschrittlich" und "modern" gilt, ist in Wirklichkeit satanisch und dazu bestimmt, diejenigen zu vernichten, die dumm genug sind, den vergifteten Apfel zu essen. Die Menschheit ist satanisch besessen vom Kabalismus - kabbalistischen Juden und Freimaurern, d.h. den Illuminaten.

Der Feminismus ist darauf ausgerichtet, die heterosexuelle Dynamik, die Ehe und die Familie zu zerstören. Drei Generationen von Frauen wurden mit einem selbstzerstörerischen Glaubenssatz indoktriniert. Man hat ihnen beigebracht, nach Macht zu streben, obwohl sie eigentlich Liebe wollen.

Wie kann eine Frau dauerhafte Liebe finden? Indem sie einen Mann findet, der ihr Vertrauen verdient. Für eine Frau ist Liebe = Vertrauen. Die heterosexuelle Dynamik ist der Tausch von weiblicher weltlicher Macht gegen männliche Macht, die als Liebe ausgedrückt wird.

Warum liebt ein Mann eine Frau? Weil sie ihre Macht an ihn abgibt.

Ja, die Liebe eines Mannes ist eine Funktion seines Egoismus. Er liebt sie, weil sie sich ihm hingibt. Sie ermächtigt ihn und wird ein Teil von

ihm. So werden zwei Menschen eins. Der Sex ist das Symbol dieser exklusiven Bindung.

Menschen, die satanisch besessen sind, können das Böse, d.h. den Feminismus, nicht mehr erkennen, geschweige denn sich dagegen wehren.

Natürlich will er, dass sie glücklich ist. Er ist nicht herrschsüchtig. Er liebt und respektiert sie. Je mehr sie sich ihm hingibt, desto mehr gehört er paradoxerweise zu ihr.

Geschlechtsverkehr ist ein Akt des Besitzes: ein Mann besitzt eine Frau. Natürlich muss dies im Rahmen einer festen, langfristigen Beziehung, idealerweise der Ehe, geschehen. Frauen wollen von liebenden Ehemännern besessen sein.

Die Satanisten (Kommunisten) haben die jungen Frauen davon überzeugt, dass die Männer die Frauen schlagen und die Familie unterdrückend ist. Die Frauen haben das Gift einfach geschluckt. Millionen von ihnen sind verbittert und allein.

Sex ist ein weiterer Faktor. Frauen brauchen Sex genauso sehr wie Männer und mehr. Sie brauchen eine Menge davon. Sie bekommen ihn nicht.

Frauen brauchen die leidenschaftliche, lebenslange Liebe eines Mannes. Wenn ein Mann mit seiner Frau schläft, drückt er damit seine Gefühle aus, nicht nur seine Lust. Er drückt damit seine Dankbarkeit für alles aus, was sie für ihn und ihre Familie tut.

In einer Aufreißersituation ist ein Mann nur dabei, sich zu erleichtern. Das ist das Gegenteil der Anbetung, nach der sich Frauen sehnen.

Infolgedessen sind viele linke Frauen sexuell frustriert und dysfunktional. Sie kompensieren dies durch Lesbianismus, Fettleibigkeit und radikale Politik - genau das, was Satanisten wollen.

Diese Frauen machen aus der Not eine Tugend. Sie geben sich "schick" und tun so, als stünden sie für soziale Gerechtigkeit.

In Wirklichkeit sind sie nur Nachahmer. Verkehrstote auf dem Highway zur Dystopie.

Die Tatsache, dass OnlyFans 91 Millionen Nutzer hat, zeigt, dass die Beziehungen zwischen Männern und Frauen gestört sind.

FEMINISMUS HAT SICH FÜR PORNOS EINGESETZT

Der Feminismus gibt vor, sich für Frauen einzusetzen. In Wirklichkeit zerstört er die Weiblichkeit.

Frauen wollen eine verbindliche, lebenslange Beziehung. Er ist ihr König. Sie ist seine Königin. Ihre Sexualität ist das Kronjuwel ihrer Ehe.

Für Frauen ist es, gelinde gesagt, selbstzerstörerisch, wenn sie sich für alle und jeden zur Verfügung stellen. Wenn Frauen nackt posieren, ist das entmenschlichend, entsexualisierend und kommt einer Hysterektomie gleich.

Welche Eigenschaften machen eine Frau für einen Mann attraktiv? Sind sie nur körperlich?

Sie sind Unschuld, Unterwürfigkeit, sanftes Temperament, Bescheidenheit, Würde, Charakter, Fröhlichkeit, Einfallsreichtum, Talent, Reinheit, Wärme, Witz, Fürsorge, Intelligenz.

Werden diese Eigenschaften in unserer Kontaktkultur gefördert? Indem man von Bett zu Bett hüpft? Indem man Mädchen beibringt, dass ihr Wert in ihrem Sexappeal liegt? Indem wir lehren, dass Männlichkeit giftig und Lesbentum cool ist?

Natürlich nicht, denn Satanisten wollen, dass Männer und Frauen unvereinbar sind. Sie wollen, dass Frauen sich von ihnen leiten lassen, nicht von liebenden Ehemännern. Daher sind viele Frauen Handlangerinnen der Satanisten, vor allem in den Medien, im Bildungswesen, in der Justiz und in der Regierung. Diese linksgerichteten Frauen sind Dummköpfe und Verräterinnen an der Gesellschaft.

Der Coronavirus-Schwindel beweist, dass die Gesellschaft von Leuten unterwandert wurde, die uns versklaven wollen. Sie sind Freimaurer und kabbalistische Juden, die vom kabbalistischen Weltbankkartell ermächtigt sind.

Sie wollen, dass wir den vergifteten Apfel essen und sterben.

Sollen wir das tun?

Sex Goddess Programmierung

Die Verehrung der Frauen (d.h. des Geschlechts) hat die Frauen so arrogant gemacht, "dass man manchmal an die heiligen Affen von Benares erinnert wird, die sich im Bewusstsein ihrer eigenen Heiligkeit und Unantastbarkeit für frei hielten, zu tun, was sie wollten." - Arthur Schopenhauer (1788-1860)

Unschuldige, wir haben keine Ahnung, wie zerstörerisch die Inflation von schönen Frauen und Sex ist. Im Satanismus geht es darum, Gott durch falsche Götter wie diese zu ersetzen. Sie verkaufen Illusionen.

Männer wurden einer Gehirnwäsche unterzogen und beten Frauen und Sex regelrecht an.

Hedy Lamarr, 1914-2000

Das zeigt sich an den #MeToo-Skandalen. Sehr geeignete Männer können kein befriedigendes Sexualleben finden, weil sie Frauen ausschließlich in sexueller Hinsicht sehen. Sie können keine Beziehung zu Frauen als menschliche Wesen aufbauen.

Anstatt die Wahrheit zu enthüllen oder uns zu erheben, sind Filme und Fernsehen heute meist Agitprop, d.h. kommunistische Propaganda. Deshalb sehen wir auch nie Filme über die kommunistisch-jüdische Unterwanderung des Westens, Filme über echte Patrioten wie Louis McFadden, Charles Coughlin, Bella Dodd, Charles Lindbergh, Joseph McCarthy, Henry Ford oder Whitaker Chambers.

Ich habe die Vermutung, dass sexuelles Verlangen teilweise im Kopf stattfindet. Wir sind darauf programmiert, Sex zu wollen, könnten aber auch darauf programmiert sein, mystische Erfahrungen zu wollen oder stattdessen selbstlose Handlungen zu vollziehen.

Wir begehren, was unsere Illuminatenmeister uns zu begehren lehren und sind "glücklich", wenn wir es erreichen. Wir sind eher geistige als spirituelle Wesen und werden von den Satanisten, die die Massenmedien kontrollieren, darauf programmiert, sexsüchtig zu sein.

Ein 22-jähriger Schwede schrieb: "Für die meisten meiner Freunde sind Frauen der heilige Gral. Ihr ganzes Leben dreht sich darum, "Sex zu haben". Es ist, als ob wir uns in Tiere verwandeln würden. Vielleicht ist das ihr Ziel. Und wenn du keine Frauen bekommst, bist du ein Verlierer..."

Hedy Lamarrs Autobiografie *Ecstasy and Me* (1966) brachte mich zum Nachdenken über Sexprogrammierung. Lamarr war in den 1940er Jahren das größte Sexsymbol Hollywoods. Sie erinnerte mich an all die Sexsymbole, mit denen man mich programmierte - Brigitte Bardot, Marilyn Monroe, Sophia Loren usw. Diese Frauen wurden wie Göttinnen behandelt, und ihre Nachfolgerinnen sind es immer noch.

Hollywood programmiert Männer darauf, in erster Linie körperliche Perfektion und Sex zu suchen, was zu einer gestörten Entwicklung führt.

Außerdem werden schöne Frauen als moralisch überlegen dargestellt, während sie gleichzeitig alle körperlichen und emotionalen Bedürfnisse eines Mannes befriedigen. Diese Programmierung schafft unrealistische Erwartungen. Sie destabilisiert die Gesellschaft, indem sie Frauen auf ein Podest stellt, ihnen Macht verleiht, die sie nicht verdient haben und die ihnen nicht zusteht, und Männern Angst macht, sich ihnen zu nähern. Im Allgemeinen benutzen sie Frauen, um Männer zu entmachten, ähnlich wie Eva und Adam.

HEDY LAMARR

Hedy Lamarr war zufällig Jüdin. Sie wurde wegen ihres Gesichts als "die schönste Frau der Welt" bezeichnet. Obwohl ihre Brüste klein waren, wurde sie durch die Enthüllung ihrer Brüste als Teenager in dem österreichischen Film "Ecstasy" (1933) berühmt. In demselben Film mimte sie auch die Mimik einer Frau beim Geschlechtsverkehr, was als bahnbrechend galt.

Es scheint, dass die gesamte Entwicklung des zwanzigsten Jahrhunderts darauf abzielte, Sex zum primären Fokus und Zweck des Lebens zu machen. So funktioniert satanische Besessenheit. (Sex wurde bereits im Zusammenhang mit der Ehe akzeptiert.)

Es gibt eine gute Seite. Wir haben eine kollektive Adoleszenz hinter uns und sind erwachsen geworden. Viele Menschen können jetzt Sex und romantische Liebe als die Wahnvorstellungen sehen, die sie sind. Andy Warhol nannte Sex "das größte Nichts auf der Welt". Nichtsdestotrotz kontrollieren die Illuminaten immer noch die Mehrheit der Menschen auf diese Weise. Die MSM sorgen für ständige sexuelle Erregung.

Hedy Lamarr bevorzugte Männer, aber sie versuchte sich auch an lesbischem Sex. Die Leute nahmen an, dass sie wegen ihres kultivierten Aussehens "ein braves Mädchen" war, aber das war sie nicht. Jeder wollte sie, und oft war sie bereit dazu. Aber es ist ihr hoch anzurechnen, dass sie den Sex nicht nutzte, um ihre Karriere voranzutreiben. Sie würde zum Beispiel nicht mit Louis B. Meyer Unzucht treiben.

Hedy Lamarr war an der Erfindung eines "Frequenzsprungsystems" für Torpedos beteiligt, eine Technik, die heute für Wi-Fi verwendet wird. Dennoch war sie emotional dumm. Sie war sechsmal verheiratet. Einen Mann heiratete sie gleich beim ersten Date.

Die Ehemänner warfen ihr vor, "alles zu wollen" und "nur sich selbst lieben zu können". Sie gab ihrer Schönheit die Schuld daran, dass sie die falschen Leute anlockte. Nachdem sie 50 Jahre alt geworden war, wurde sie von einer Millionärin zu einer mittellosen Frau. Sie wurde 1966 wegen Ladendiebstahls verhaftet, aber die Geschworenen sprachen sie um der alten Zeiten willen frei. Schließlich sicherte sie sich ihren Lebensabend, indem sie Leute verklagte, die nicht berechtigt waren, ihr Bild zu verwenden, und indem sie sich an der Börse versuchte.

HOLLYWOOD

Schon in den dreißiger und vierziger Jahren war Hollywood eine sexuelle Jauchegrube. Es ist eine Tragödie, dass diese Degenerierten die Realität für uns definieren. Ich fand diesen Dialog zwischen Lamarr und einem Agenten amüsant. Sie wurde als Delilah in Cecil B. DeMilles

Epos *Samson und Delilah* (1949) besetzt. Sowohl DeMille als auch der Agent waren Juden.

Agent: "Man mische Muskeln, Titten und Sadismus und schon hat man einen Kassenschlager. Wenn man dann noch ein Genie wie C.B. mit all dem Geld der Welt hinzufügt, hat man Bedeutung. Tatsächlich ist jeder Film, den der alte Mann macht, bedeutend."

HL: "Was soll ich anziehen?"

Agent (lüstern): "Nichts, nur etwas Gold und Lumpen."

HL: Wer spielt Samson?

Agent: Sie denken an Victor Mature. Aber wen interessiert das schon. Es ist nur ein Körper, um dich in die Ruinen zu setzen. Muskeln und Titten, mit Religion überzogen; das ist für dich." (S.136) **Lisa schreibt:**

Die USA befinden sich ernsthaft in satanischem Griff, weil Frauen und Männer nicht erkennen, wie sie sich gegenseitig schaden. Männer, die einfachen, unverbindlichen Sex wollen, und Frauen, die schnell nachgeben, in der Hoffnung, dass ein Mann sie mit der Ehe und einem sicheren Leben in der oberen Mittelschicht "rettet".

Beide Seiten befinden sich im satanischen Griff und in der Illusion, was Männer und Frauen einander bieten können und füreinander sein sollten. Ich habe diese satanische Umklammerung mein ganzes Leben lang bemerkt und finde es dennoch so seltsam, dass viele Frauen und Männer sie nicht sehen können. Es ist unheimlich, aber letztlich traurig, dass Frauen und Männer den wahren Wert und den Segen, den sie füreinander darstellen, nicht erkennen.

Männer - suchen Helfer, nicht Seelenverwandte

Thomas Hardy und T.S. Eliot heirateten ihre Sekretärinnen.

Dostojewski heiratete seine Übersetzerin. Ich habe meinen Webmaster geheiratet.

Es war Liebe auf den ersten Blick.

Männer sind ihren eigenen Weg gegangen (MGTOW.)

Hier ist der Grund dafür.

Bevor die Satanisten Männer in Sexsüchtige und Frauen in Pornostars und Huren verwandelten, waren Frauen für Männer attraktiv, weil sie als Gefährtinnen (Ehefrauen) und Mütter nützlich waren. Frauen müssen lernen, sich zu opfern. Deshalb lieben Männer sie.

Liebe die Vollkommenheit, aber suche sie nicht in einem fehlerhaften Mitmenschen, einer Frau.

"Und Gott sprach: Es ist nicht gut, dass der Mensch allein sei; ich will ihm eine Hilfe machen, die ihm entspricht." 1. Mose 2,18

DISCLAIMER- Dies ist eine Vorlage, die sich im Laufe der Zeit bewährt hat. Wenn Sie eine bessere Lösung gefunden haben, dann nur zu.

Ich wünschte, ich hätte das Folgende vor 55 Jahren verstanden, als ich 20 war.

Männer, heiratet eine Lebensgefährtin, keine Seelenverwandte. Ich bin seit 24 Jahren mit einer verheiratet. Für mich funktioniert das. Wenn Sie einen "Seelenverwandten" finden können, ziehe ich meinen Hut vor Ihnen.

Denjenigen, die sagen, dass Lebenspartner langweilig sind, sage ich "Halleluja". Ich bin nicht auf meine Ehe angewiesen, wenn es um Aufregung geht. Aber meine Frau ist nicht das, was Feministinnen einen "Fußabtreter" nennen. Sie hat einen Master-Abschluss und macht Karriere. Sie ist klug, ehrlich und hat einen guten Sinn für Humor.

"Du widersprichst allem, was ich sage", sage ich ihr.

"Nicht immer", antwortet sie.

Seit 24 Jahren bringe ich ihr das Frühstück ans Bett, eine Geste meiner Liebe und Wertschätzung.

Hier also mein Rat in zehn Punkten.

Der Mensch wird von seinen Gedanken beherrscht. Stellen Sie sich ein Steak vor und ihm läuft das Wasser im Mund zusammen. Stellen Sie sich eine schöne halbnackte Frau in Handschellen vor, und er wird erregt. Wer seine Gedanken kontrolliert, kontrolliert ihn. Natürlich ist es am besten, wenn er seine eigenen Gedanken kontrolliert.

Die Gesellschaft leidet unter einer Massenhypnose. Wir sind von Hollywood in eine Scheinreligion der Romantik und des Sex eingeführt worden, die die echte Religion verdrängt hat. Die kabbalistischen jüdischen Annahmen Hollywoods sind zu unseren Annahmen geworden. Sie beinhalten:

1. Romantische "Liebe" ist der Sinn und Zweck des Lebens.

2. Das männliche Leben ist unmöglich ohne Frauen, die Vorbilder für Tugend und Schönheit sind.

3. Da Sex mit diesen Engeln die höchste Erfahrung ist, die das Leben zu bieten hat, tun sie uns einen Gefallen, indem sie mit uns schlafen. (Da sie ätherische Wesen sind, haben sie keine sexuellen Bedürfnisse.) Der Paukenschlag "Du bist so wundervoll; ich brauche deine Liebe und kann ohne dich nicht leben" wird von der populären Musik bis zum Überdruss wiederholt. Es gibt keinen Zusammenhang zwischen dem Aussehen einer Frau und ihrem Charakter.

4. Romantische Liebe ist eine Scheinreligion - Götzenanbetung. "Liebe" ist ein Ersatz für unsere Beziehung zu Gott. Wir lieben Perfektion. Menschen sind nicht perfekt. Der Seelenverwandte, den wir suchen, ist in Wirklichkeit Gott.

5. Für heterosexuelle Männer bedeutet "Liebe" normalerweise eine Frau. Aber sind Frauen liebenswert? Die meisten Männer verwechseln sexuelle Anziehung mit Liebe. Nach dem Überleben ist Sex unser stärkster natürlicher Instinkt. Aber das ist alles, was er ist. Programmierung. Wir sollten nicht zulassen, dass die Natur uns so sehr kontrolliert wie Hollywood.

6. Was kann sie sonst noch tun? Früher suchten die Männer nach Frauen, die kochen, putzen, nähen, die Kuh melken und sich um Babys kümmern konnten. Manchmal konnten sie auch Klavier spielen. Frauen waren Vermittlerinnen. Sie brachten die Dinge zum Laufen. Heute denken viele junge Frauen, dass sie nur für eine Sache gut sind, und das wird schnell langweilig.

7. Die Männer sollten die Frauen nicht "lieben" im Sinne von anhimmeln. Das führt unweigerlich zu Problemen. Wir beten an, was wir wollen, und wir wollen Sex. Aber das gibt ihnen zu viel Macht. Schauen wir uns die Frauen an, ohne Sexappeal. Entmystifizieren wir sie. Sie sind Menschen, und die meisten wollen einen Mann, der die Verantwortung übernimmt.

Frauen sind anders als Männer. Sie sind eher passiv, emotional, subjektiv und praktisch. Bei Spaziergängen warnt mich meine Frau davor, in Hundescheiße zu treten. Ich habe meinen Kopf in den Wolken. Sie hat ihre Füße auf dem Boden.

Frauen sind in erster Linie an Sicherheit interessiert und haben vielleicht weniger Skrupel als Männer. Sie neigen dazu, unsicher zu sein und Gefühle der Wertlosigkeit zu hegen, wenn ihnen ein Mann keinen Sinn gibt. Das sind gute Eigenschaften für einen Helfer, aber nicht für einen Seelenverwandten.

Paradoxerweise macht diese Art von Realismus einen Mann attraktiver für Frauen, die Männer, die sie kontrollieren können, von Natur aus verschmähen. Sie wollen liebevoll kontrolliert werden.

8. Das ganze Konzept der "Seelenverwandtschaft" ist ein Schwindel und extrem egoistisch. Es stammt aus einer Zeit, in der von Frauen nicht erwartet wurde, dass sie denken. Sie übernahmen die Ideen ihres

Mannes und auch seinen Namen. Viele junge Männer sind immer noch auf der Suche nach diesen "Seelenverwandten". In Wirklichkeit suchen sie nach sich selbst.

9. Distanz ist eigentlich besser als Intimität. Es ist Intimität auf einer höheren Ebene. Sie beinhaltet die Erkenntnis: "Hey, du bist ganz anders als ich" und "bist in mancher Hinsicht ziemlich eingeschränkt", aber "in anderer Hinsicht bin ich es auch. Wir müssen nicht gleich sein." Es geht darum, die Unterschiede zu respektieren. Meine Frau war eine Biden-Anhängerin. Ich respektiere ihre Grenzen. Wir diskutieren nicht über Politik.

"Liebe", wie sie gemeinhin verstanden wird, zwingt die Menschen dazu, sich zu nahe zu kommen. Sie setzt Männer und Frauen einem unmöglichen Standard aus. Die Menschen sind nicht so liebenswert. Ich gebe mich mit einer Bindung zufrieden, die auf gegenseitiger Abhängigkeit, Vertrauen, Rücksichtnahme und Dankbarkeit beruht. Die Ehe ist besser, wenn der gesellschaftliche Druck, "verliebt" zu sein, wegfällt.

10. Die Liebe beruht auf Selbstaufopferung. Ich liebe die Menschen, die sich für mich aufopfern und mir einen Vertrauensvorschuss geben. Ich möchte mich revanchieren. Lassen Sie den romantischen Unsinn beiseite und erkennen Sie, dass die Grundlage echter Liebe gegenseitige Abhängigkeit ist.

11. Wir erkennen nicht, wie bedrückend und zeitraubend unsere sexuelle Besessenheit wirklich ist. Ich habe mein Leben damit verschwendet, dieser Schimäre nachzujagen. Wie konnte ich auf Platz 11 kommen, ohne Pornos zu erwähnen? Sie scheinen für viele Männer die Romantik ersetzt zu haben.

Abschließend kann man sagen, dass Frauen sich früher für Ehemann und Familie aufopferten und im Gegenzug geschätzt wurden. Inzwischen sind sie umprogrammiert worden. Ihr Verstand befindet sich im Krieg mit ihrem Herzen. Sie sind tickende Zeitbomben.

Es gibt keinen Weihnachtsmann. "Romantische Liebe" ist ein Schwindel. Sex ist eine Illusion. Er sollte mit der Fortpflanzung oder zumindest mit der Ehe verbunden sein. Er ist nicht als Freizeitbeschäftigung und Vollzeitbesessenheit gedacht. Man muss sich nicht zu seinem Partner sexuell hingezogen fühlen, um guten Sex zu haben. Umgekehrt führt sexuelle Anziehungskraft nicht zu tollem Sex.

Die Liebe schon. Sex ist eine Feier der Liebe. Sex zum Aufreißen ist erniedrigend, entmenschlichend und eine Bastardisierung des ehelichen Sex.

Romantische Verliebtheit beruht in der Regel auf einem vermeintlichen Vorteil und nicht auf echten Gefühlen. Sie ist eine Frauensache und macht Männer zu Frauen. Wenn eine Frau Macht für die Liebe opfert, ist sie weiblicher. Wenn Männer Macht für die Liebe opfern, werden sie zu Frauen.

Männer, entscheidet euch, was ihr wollt, und sucht eine Frau, die euch hilft, eure Ziele zu erreichen. Wenn Sie jemanden ohne Illusionen lieben, kann sich eine Gefährtin in eine andere, bessere Art von Seelenverwandter verwandeln.

Ken Adachi schreibt:

Ich kann jedoch den meisten der zehn Ratschläge, die Henry im Folgenden zur Dynamik zwischen Mann und Frau gibt, nicht zustimmen; insbesondere seiner utilitaristischen Sicht der Beziehung zwischen Mann und Frau und der Ablehnung der zentralen Rolle von Liebe und Romantik in dieser Beziehung. Die Liebe ist die zentrale, dominante und kreative Kraft des Universums. Wir existieren, weil Gott uns liebt. Gott hat Frau und Mann geschaffen, damit sie sich perfekt ergänzen und die Früchte seiner Schöpfung in dieser physischen Realität hervorbringen. Wir können in all unseren Bemühungen nur dann glücklich und erfüllt sein, wenn wir diese Wünsche mit Liebe in unseren Herzen erfüllen.

Romantische Liebe IST Liebe. Sie hat nichts Falsches oder Abgöttisches an sich. Sie ist nicht nur ein Deckmantel für hormonelle, biologische Triebe. Wenn wir uns verlieben, erleben wir eine Erleichterung des Herzens, weil wir auf der Seelenebene mit dieser Person verflochten sind. Ich spreche nicht von Menschen, die aus Bequemlichkeit oder aus Höflichkeit unaufrichtig "Ich liebe dich" sagen.

Ich spreche von einem Mann und einer Frau, die ineinander verliebt sind und dies bis ins Innerste ihres Wesens spüren. Ich mag die beiläufige Verwendung des Begriffs "Seelenverwandte" in Filmen oder als Anmachspruch nicht. Er wird wie Konfetti umhergeworfen. Er trivialisiert die Bedeutung der Seelenverwandtschaft zwischen einem Mann und einer Frau, die verliebt sind. Aber täuschen Sie sich nicht - es ist eine Seelenverbindung, die Auswirkungen hat, die weit über die physische Welt hinausgehen.

Meine Traumfrau verlassen

Mein größtes Bedauern im Leben ist die Liebe zu Frauen.

Romantische Liebe ist eine Ersatzreligion, die auf unseren starken sexuellen und emotionalen Wünschen beruht. Die meisten Menschen, ob Männer oder Frauen, sind nicht so liebenswert.

Filme programmieren uns darauf, vor allem die romantische Liebe zu suchen. Sie lehren uns, die Anerkennung eines anderen über unsere eigene zu stellen.

Sie lehrten uns, dass Sex eine "mystische Erfahrung" ist, das Beste, was das Leben zu bieten hat. Der Geschlechtsverkehr ist ein Sakrament. Der Orgasmus ist die Vereinigung mit dem Universum.

Ich bin stolz auf einen Traum, den ich kürzlich hatte.

Embeth Davidtz

Ich war wieder jung und Single. Meine schöne Freundin und ich waren einkaufen. Ich schlug vor, dass wir in meine Wohnung zurückgehen sollten. Ich fühlte mich liebevoll und wollte abhängen und kuscheln. Einfach zusammen glücklich sein. Sex war kein Thema.

Ich hatte gerade den Film *"Der Lebkuchenmann"* gesehen. Das Mädchen in meinem Traum sah aus wie die Schauspielerin

Kurz nach ihrer Ankunft sagt sie, dass sie gehen muss.

In der Liebe vereitelt. Noch einmal.

Im Traum dränge ich sie zu einer Erklärung. Sie hat keine.

Sie will nicht mit mir zusammen sein. Ich erfülle ihren Wunsch.

Ich sage ihr, dass ich kein Interesse an Spielchen habe. Wir sind fertig.

Das Ende. Kommen Sie nicht zurück.

Ich wache auf und freue mich über meine unterbewusste Tapferkeit.

Wissen Sie, als ich jung war, ertrug ich alle Arten von Elend durch meine Verliebtheit und überwand geduldig jedes Hindernis. Ich war das Vorzeigekind für "bedürftig".

In einem Fall sagte eine Frau, die wie Embeth (oben) aussah, dass sie mich "abstoßend" fand. Wenn es jemals ein Stichwort gab, einer Frau zu sagen, sie solle sich verpissen, dann war es das. Frauen respektieren Ablehnung, weil sie ihre Meinung über sich selbst bestätigt.

Stattdessen habe ich die Bemerkung ignoriert und geduldig durchgehalten. Am Ende lebten wir fast fünf Jahre lang zusammen. Ich könnte ein weiteres Buch (zusätzlich zu *A Long Way to Go for a Date*) damit füllen, was ich ertragen musste. Offensichtlich war ich unreif und zum großen Teil für mein Schicksal verantwortlich.

Ich bin jetzt 75 Jahre alt und kein Spieler mehr. Ich bin seit 23 Jahren glücklich verheiratet. Ich wünschte nur, ich wäre früher aus diesem Traum erwacht.

VERRAT

Männer sind darauf programmiert worden, zu glauben, dass Sex und "Liebe" der Schlüssel zum Glück sind. Wir brauchen die Liebe einer Frau, um uns als Männer zu entwickeln. Wir müssen eine Frau sexuell befriedigen, um unsere Männlichkeit zu beweisen.

Wir sind darauf programmiert, weibliche Anerkennung zu suchen, obwohl nur unsere eigene Anerkennung zählt.

Wir sind darauf programmiert, fehlerhafte und oft dumme Frauen zu idealisieren, anstatt echte Ideale zu verfolgen: Wahrheit, Gerechtigkeit, Liebe, Schönheit und Güte.

Das ist nicht die Schuld der Frauen. Sie wollen nicht idealisiert werden. Sie haben keinen Respekt vor Männern, die das tun. Aber Narzissten lassen sich oft unterkriegen.

Die westliche Gesellschaft ist ein satanischer (kabbalistischer) Sexkult. Frauen sind zu sexuellen Gebrauchsgegenständen geworden.

Der Kommunismus hat sie immer als sexuelle Hilfsmittel betrachtet. Wäre der Feminismus wirklich frauenfreundlich, hätte er die Ehe gefördert und die Promiskuität verurteilt. Die meisten Frauen suchen die lebenslange Treue und Liebe eines guten Mannes, ihres Ehemanns.

Wie auch immer, ich habe das schon erlebt. Ich habe ein paar Frauen unzählige Male befriedigt, und ich bin auch zufrieden gewesen. Ich bin auf die vorgeschriebene Weise gereift. Ich habe die Lüge entdeckt, indem ich sie gelebt habe.

Aber ich wünschte, ich hätte eine Abkürzung gefunden und die Rolle der Frauen und des Geschlechts auf ihre tatsächliche Bedeutung zurückgestuft, etwa von 75% auf 25%.

Ich wünschte, ich hätte sie nicht geliebt. Im Nachhinein betrachtet, war es das nicht wert. Ich habe mein halbes Leben vergeudet.

Die satanistischen Medien haben jungen Frauen ein wahnhaftes Anspruchsdenken eingeimpft. Unsere geistigen Programmierer präsentieren sie als Halbgötter.

Genau wie Prostituierte sind auch viele junge Frauen für Männer nicht mehr attraktiv. Männer finden Bescheidenheit, Unschuld, Stil, Intelligenz und Weiblichkeit attraktiv.

Außerdem habe ich das Gefühl, dass immer weniger Frauen überhaupt in der Lage sind, einen Mann zu lieben. Ihre Herzen sind durch satanistisches Social Engineering vergiftet worden. (Natürlich tragen die Männer eine Mitschuld daran, indem sie Frauen als sexuelle Urinale behandeln.)

Die Mystifizierung schöner Frauen ist, wie alles andere auch, das Ergebnis der Entfernung Gottes aus unserem Leben. Wie Oscar Wilde sagte, "Frauen sind Sphinxen ohne Geheimnisse".

Frauen sind als Gefährtinnen gedacht, nicht als Seelenverwandte.

Frauen sind von Natur aus Vermittlerinnen. Sie brauchen einen Mann, der ihnen eine Aufgabe gibt und sie für die Erfüllung dieser Aufgabe liebt. Sie wollen einen Mann, der ihnen eine Aufgabe gibt. Sie wollen nicht seine Aufgabe sein.

Wenn Sie einen "Seelenverwandten" gefunden haben, grüße ich Sie. Aber unser einziger Seelenverwandter ist Gott.

Die Kernfamilie ist die Grundlage der Zivilisation. Deshalb zerstören die freimaurerisch-jüdischen (satanischen) Zentralbanker sie.

SCHLUSSFOLGERUNG

Bin ich verbittert? Ja. Ich bin verbittert über all die Arten, wie meine Kultur mich belogen hat. Hier mache ich die Gehirnwäsche der Illuministen verantwortlich, die sexuelle "Beziehungen" zur Negation von allem anderen erhebt. Und ich gebe mir selbst die Schuld, dass ich auf diesen Müll hereingefallen bin.

Der durchschnittliche Mann wendet 75% seiner Energie dafür auf. Das ist ein großer Motivator für viele Männer. Und ja, ich weiß, dass es hormonell bedingt ist.

Aber wir dürfen nicht zulassen, dass diese biologische und soziale Programmierung unser Leben ruiniert. Viele Männer sind durch Scheidung ruiniert. Viele Frauen sind Goldgräber.

Vielleicht ist das die eigentliche Erkenntnis: Suchen Sie nicht nach jemandem, der an Sie glaubt. Die Menschen respektieren Menschen, die an sich selbst glauben. Wenn ich mehr Selbstachtung gehabt hätte, wäre ich vielleicht viel früher aus diesem Schlaf erwacht.

Erster Kommentar von Alan:

Ihr jüngstes Exposé zu dem oben genannten Thema trifft es genau auf den Punkt. Ich teile Ihre Erkenntnisse zu diesem Thema, denn sie sind so, so wahr. Die Zeit, die Mühe, die Energie und das Geld, die ich persönlich für das individuelle Streben nach Glück durch Beziehungen mit dem anderen Geschlecht aufgewendet habe, sind im Nachhinein unergründlich. Unnötig zu sagen, Henry, ein weiterer großartiger Artikel, der zum Ausdruck bringt, was ich, der ich nicht bereit bin, zuzugeben, an Erfahrungen gemacht habe, über die ich nicht nachdenken wollte. Jeder normale Mann braucht, wie du schon sagtest, am Ende des Tages Anerkennung von sich selbst. Punkt.

JH schreibt:

Henry, das ist einfach großartig, großartig gedacht und geschrieben. Ich musste das einfach schreiben und sagen. Ich wünschte, jeder Mann, ob jung oder alt, könnte es 100 Mal lesen.

Es braucht so viel und mehr - die "Programmierung" war so langwierig und streng - wer von uns ist ihr entgangen?

Buch Sechs

Blickwinkel

Unkontrolliertes Denken ist eine schlechte Angewohnheit Ändere deine Gedanken, ändere deine Welt

Der Verstand ist ein Gefängnis, in dem die Seele von Gedanken gequält wird. (Unsere Gefühle korrespondieren mit unseren Gedanken. Wenn wir unsere Gedanken nicht in den Griff bekommen, werden es die Satanisten tun.)

Wenn dieser Planet nicht von Satanisten regiert würde, würden wir Gott loben und danken und seinen Plan erkennen, anstatt Geld und Sex nachzujagen. Gott ist Bewusstsein und wir sind meist unbewusst.

In letzter Zeit haben die Satanisten einen Angriff auf unsere Freiheit gestartet. Die Gesellschaft getäuscht. Ein Teil der Bewältigung besteht darin zu lernen, wie wir uns von unseren Gedanken (Wünschen und Ängsten) lösen und uns von der Seele leiten lassen. Wenn wir unseren Verstand von allen Gedanken leeren, bleibt unser wahres Ich übrig - die Seele.

Haftungsausschluss - Ist es nicht heuchlerisch, dies zu schreiben und gleichzeitig einen weitgehend deprimierenden Twitter-Feed über die neuesten Entwicklungen in der Welt bereitzustellen? Während wir unsere eigene Seele zurückgewinnen, müssen wir auch den guten Kampf kämpfen, der in diesem Fall darin besteht, Informationen über die neuesten Entwicklungen zu liefern

Wenn ich sage, dass unkontrolliertes Denken eine schlechte Angewohnheit ist, dann beziehe ich mich nicht auf Beobachtung und Analyse, Intuition oder Inspiration.

Erden Sie sich in der realen Welt

Ich beziehe mich auf den zwanghaften Strom von Sorgen, Urteilen, Geschwätz und Belanglosigkeiten, der normalerweise unseren Verstand ausfüllt. Der meiste Stress ist geistig bedingt.

Wir erleben die Welt nicht. Wir erleben unsere Gedanken.

Henry David Thoreau sagte, dass wir unser Leben verbessern können, wenn wir unsere Gedanken kontrollieren können.

> "Wir müssen lernen, uns zu wecken und wach zu halten, nicht durch mechanische Hilfsmittel, sondern durch eine unendliche Erwartung der Morgendämmerung, die uns auch im tiefsten Schlaf nicht verlässt. Ich kenne keine ermutigendere Tatsache als die unbestreitbare Fähigkeit des Menschen, sein Leben durch eine bewusste Anstrengung zu erhöhen. Es ist etwas, ein bestimmtes Bild zu malen oder eine Statue zu schnitzen und so einige Gegenstände schön zu machen; aber es ist weitaus herrlicher, die Atmosphäre und das Medium, durch das wir schauen, zu schnitzen und zu malen, was wir moralisch tun können. Die Qualität des Tages zu beeinflussen, das ist die höchste aller Künste."

Früher war ich von den Massenmedien abhängig, um mir ein Bild von der Realität zu machen. Infolgedessen war ich dysfunktional.

Wie Krankheit, Krieg und Armut sind Funktionsstörungen systembedingt (der Gesellschaft inhärent). Sie sind profitabel.

Der von der moralischen Ordnung losgelöste Verstand (d.h. die Seele) ist in der Tat formbar! Mit Seele meine ich auch Intuition und Instinkt.

Wir erleben unsere Programmierung und nicht die Realität. Zum Beispiel präsentiert Hollywood Romantik und Sex als Allheilmittel und wir erleben sie tatsächlich als solche... bis sich die Illusion wie ein Morgennebel auflöst. Die Kabalisten lieben es, uns mit ihrer "Magie" zu hypnotisieren. Unser Verstand selbst hat keine Verankerung in der Wahrheit. Die geistige Welt ist ein Spiegelkabinett.

ERDUNG IN DEINEM WAHREN ICH

Der Verstand und das Bewusstsein (Seele) sind zwei konkurrierende Quellen der Identität. Wir identifizieren uns ausschließlich mit der Gedankenwelt und leugnen die Existenz der Seele.

Wir müssen uns selbst als Bewusstsein erfahren. Das Bewusstsein zeugt von Gedanken. Leere den Geist von Gedanken und was übrig bleibt, ist dein wahres Ich.

Die Religion lehrt, dass der wahre Charakter des Menschen geistig ist. Unsere Seele ist unser direkter Draht zu Gott. Wir müssen vom Denken zum Geist übergehen. Schalten Sie die Gedanken aus wie einen Lichtschalter. Wenn wir unser Zentrum vom Verstand auf den Geist verlagern, verblassen viele "Wünsche". Sie waren geistiger Natur.

Der Dichter Henry More (1614-1687) schrieb:

> "Als das unmäßige Verlangen nach Erkenntnis der Dinge in mir nachließ und ich nichts anderes als Reinheit und Einfachheit des Geistes anstrebte, leuchtete in mir täglich eine größere Gewissheit auf, als ich je hätte erwarten können, selbst in Bezug auf die Dinge, die ich vorher am meisten zu wissen wünschte."

Wie Pinguine, die auf einer Eisscholle gestrandet sind, ist die Menschheit eine Affen-Kolonie auf einem Fleck im Universum. Keiner versteht wirklich, was wir hier tun. Raubtierartige Affen versuchen, Macht und Reichtum zu monopolisieren.

Wir sind hier, um die Absicht des Schöpfers zu verwirklichen. Gott möchte sich selbst durch uns kennenlernen (seine Schöpfung kennt ihn). Aber kollektive Erlösung ist NICHT möglich ohne persönliche Erlösung.

Die meisten von uns können die persönliche Erlösung erreichen.

Wir denken, wir seien machtlos. Aber wir ignorieren die Macht, die wir haben, unsere eigene Realität zu erschaffen, indem wir unsere Gedanken Gott im Inneren widmen.

Den Tod in einem positiven Licht sehen

Nachdem ein Freund vorzeitig gestorben war, bestand meine Frau darauf, dass ich ein Elektrokardiogramm (EKG) mache.

Meine Frau ist ein stellvertretender Hypochonder.

Sie bildet sich ein, ich sei krank.

Ihr Selbsthilfebuch trägt den Titel *"The Way of the Worrier"*.

Sie hört "Doctor Radio". Die Canadian Diabetes Association ist auf ihrem Twitter-Feed.

Ich bin psychosomatisch. Das ist eine schlechte Kombination.

"I'd like a second opinion."

Nach dem EKG hatte ich eine Woche lang Schmerzen in der Herzgegend.

Ich bin an ein Leben in Leichtigkeit gewöhnt. Ich erfreue mich bester Gesundheit, und das geringste körperliche Unbehagen löst Alarm aus.

In einer Bäckerei spürte ich die Schmerzen und musste mich hinsetzen. Eine freundliche junge Frau fragte mich, ob es mir gut ginge.

Ich fühlte mich wie ein alter Kauz, was ich wohl auch bin, obwohl ich mich immer noch als frühreifen jungen Mann sehe.

Ich habe ein Testament gemacht (weil mein Freund es dummerweise versäumt hat, eines zu machen) und habe angefangen, über den Tod nachzudenken.

EPHEMERALITÄT

Wenn wir jung sind, sind Alter und Tod weit weg. Wir sind zu sehr damit beschäftigt, uns unseren Weg zu bahnen. Wir verhalten uns so, als würden wir ewig leben.

Wenn wir das 65. Lebensjahr überschreiten, stellen wir fest, dass die Menschen in unserem Alter sterben!

Das Rad der Zeit dreht sich wie der Wechsel der Jahreszeiten. Die Stars, nach denen ich mich einst sehnte, sind alt. Ich sehe mir klassische Filme an und denke: "All diese Leute sind tot!"

Wir sind von Geistern umgeben: Die Menschen, die vor uns kamen.

Ich fühle mich nostalgisch. Jede Generation denkt, dass die Welt immer schlechter wird. Das ist so, weil es so ist. (Die Zivilisation befindet sich aus den Gründen, die ich auf dieser Website erörtere, in einem schweren Niedergang.) Allmählich nimmt mein Leben eine rückblickende Tendenz an. Aber das ist nicht unbedingt schlecht. Anstatt so zu tun, als würde ich ewig leben, beginne ich, das Leben so zu sehen, wie es wirklich ist: vergänglich. Kostbar. Kurz. Ich werde sterben. Das werden wir alle.

Ich habe mehr Mitgefühl für meine Mitmenschen. Ich stelle mir jeden einzelnen in seinen letzten Momenten vor dem Tod vor. Wir begegnen unserem Schöpfer allein.

Wir haben nicht darum gebeten, geboren zu werden. Wir versuchen, einen Sinn darin zu sehen und das Beste daraus zu machen, trotz der Hindernisse, die uns die Illuminaten in den Weg legen.

DIE GUTE SEITE DES TODES

Während meines "Herzschmerzes" habe ich versucht, mich mit dem Tod zu arrangieren:

"Wir" sind ein göttlicher Funke, der im Körper eines Affen wohnt. Dieser Affe hat eine bestimmte Lebensspanne. Wenn sie endet, verschwinden "wir". Aber wer sagt denn, dass das etwas Schlechtes ist?

Wir messen alles an der materiellen Dimension. Aber die materielle Dimension hält uns zurück. Die Besessenheit des Affen von Geld, Sex, Macht und Annehmlichkeiten fesselt die Seele.

Der Tod ist die Befreiung. Die wahre Party findet im spirituellen Bereich statt. Die einzige Realität ist Gott, mit dem wir beim Übergang wieder zusammenkommen.

DER TISCH DES LEBENS

Wenn wir in ein beliebtes Restaurant gehen, würden wir nicht im Traum daran denken, unseren Tisch für immer zu behalten. Wir würden unser Essen genießen und dann gehen. Auf diese Weise kann auch jemand anderes eine Mahlzeit genießen.

Das Gleiche gilt für das Leben. Wir beanspruchen Raum. Wir brauchen Arbeitsplätze, Häuser, Nahrung. Wir beanspruchen auch psychologischen Raum. Wir verlangen Respekt, Aufmerksamkeit, Liebe.

Wir müssen aufbrechen, damit sich neue Seelen in neuen Körpern manifestieren können. Auf diese Weise erneuert sich das Leben. Wir müssen uns mit dem Prozess identifizieren und nicht mit unserer persönlichen Existenz. (Diese Seelen können in unseren Kindern sein.)

Stellen Sie sich vor, niemand würde altern und sterben! Wir würden uns für immer mit Dschingis Khan, Alexander dem Großen, Robespierre, Hitler und Hugh Hefner herumschlagen müssen! Wir müssten ewig Sonny und Cher und Madonna zuhören. Nixon und LBJ würden weiter für das Präsidentenamt kandidieren.

Das Leben muss sich erneuern! Wenn wir an der Reihe sind, müssen wir die Bühne verlassen.

Alterung und Tod machen keinen Unterschied. Egal wie reich oder arm, klug oder dumm, berühmt oder unbedeutend, gut oder böse, wir altern alle gleich schnell! Wir alle sterben. Es stimmt, dass einige länger leben, aber am Ende sterben wir alle.

Das ist besonders erfreulich, wenn ich an die Illuminaten denke. Sie können sich nicht selbst retten. Diese Penner werden sterben, und ganz gleich, wie wunderbar sie laut den Medien waren, wir werden ihnen zujubeln. Ihr Tod wird ein Segen sein. Sie wissen, an wen ich dabei denke.

Der Tod ist die Art der Natur, den Menschen zu reinigen und einen Neuanfang zu machen.

ANGST VOR DEM TOD USW. HINDERT UNS DARAN, WIRKLICH ZU LEBEN

Der Tod macht aus uns allen Feiglinge. Viele intelligente Deutsche erkannten zum Beispiel, dass Hitler Deutschland in den Ruin treiben und Millionen von Menschen töten würde, doch war niemand bereit, sein eigenes Leben zu opfern, um den Schurken mit einer Kugel zu erledigen. Als die Bombe ihre Aufgabe nicht erfüllen konnte, starben Hunderte guter Männer an Fleischerhaken.

Wenn wir erkennen würden, dass wir sowieso sterben werden, würden wir uns vielleicht nicht an das Leben klammern. Wir würden vielleicht mehr Mut zeigen. Der Mann, der Hitler besiegt hat, hätte Unsterblichkeit erlangt.

Wenn wir nicht so viel Angst vor dem Tod hätten, hätten wir auch nicht so viel Angst vor dem Leben. Wenn wir uns auf die Rettung unserer Seelen, auf unser ewiges Leben konzentrieren würden, wären wir nicht so feige.

Schließlich hat jeder eine Aufgabe. Ich tue das, wozu ich bestimmt bin: Ich schreibe die Wahrheit.

Letztlich ist die beste Vorbereitung auf den Tod das Wissen, dass wir Gottes Bestimmung für uns erfüllt haben.

Wir können unserem Schöpfer erhobenen Hauptes begegnen.

Sei ein Self-Made Man - Selbstbeherrschung

Es gibt einen Ort, an den wir alle ohne Pass gehen können - nach innen. Wir müssen uns der Welt gegenüber kasteien und unsere Verbindung zu Gott erfahren.

Sie sollen auch nicht sagen: "Siehe da!" oder "Siehe da!"; denn siehe, das Reich Gottes ist in euch. - Lukas 17-21

Die Satanisten haben uns davon überzeugt, dass Gott nicht existiert, obwohl er in Wirklichkeit das Prinzip unserer Selbstentfaltung und -verwirklichung ist. Wir sind geistige Wesen. Deshalb kann uns nichts außer Gott befriedigen.

Die Menschen verlieren ihre Identität an Massenbewegungen, weil sie ihren Sinn in der Außenwelt suchen.

Haftungsausschluss - Ich versuche nicht, jemanden zu meiner Denkweise zu bekehren. Mein Job endet damit, Zeugnis abzulegen. Hoffentlich erkennen einige von Ihnen sich selbst wieder.

Seit ich dies geschrieben habe, hat sich mein Denken etwas geändert. Mir ist klar, dass ich zu viel Wert auf Selbstkasteiung gelegt habe, auf die "Disziplinierung" des niederen Selbst. Das Ego ist Quelle enormer Motivation und Energie. Ich versuche jetzt, ein Gleichgewicht zwischen Seele, Geist und Ego herzustellen. Ich entschuldige mich für die Wiederholungen, aber Wiederholungen sind der Schlüssel zum Lehren.

Metaphysik 101: Glaube an Gott ist Glaube an dein höchstes Selbst

1. Die Menschen haben alle einen Funken des Göttlichen in sich. Nennen wir ihn die Seele. Dies ist unsere wahre Identität. Sie wird auch das "Selbst" oder Bewusstsein genannt. Die Seele "hört" die Gedanken, aber sie ist NICHT der Gedanke. Sie editiert und kontrolliert die Gedanken und entscheidet, auf welche Gedanken sie reagiert und welche sie zensiert.

2. Die Seele ist unsere Verbindung zum Schöpfer; sie ist das, was uns als Menschen ausmacht und warum das menschliche Leben heilig ist.

3. Diese Seele ist in einem affenähnlichen Tier verkörpert, das eine Vielzahl von physischen und psychischen Bedürfnissen und Instinkten hat. Der größte Teil unserer geistigen Aktivität ist der Befriedigung dieser materiellen, sexuellen oder psychologischen Bedürfnisse gewidmet. Wir sollten diese Gedanken als die eines unausstehlichen und widerspenstigen Mitbewohners betrachten. Dies ist unser kleines "s" Selbst.

4. Die Satanisten haben uns davon überzeugt, dass "Gott" nicht existiert. Sie haben Gott verdrängt und wollen, dass wir "ihnen" gehorchen und nicht ihm. Wir können leichter ausgemerzt werden, wenn wir keine Seelen haben.

5. Die Meditation soll den Geist zum Schweigen bringen, damit wir uns als reines Bewusstsein erfahren können. Das ist sehr schwierig, da wir uns mit unseren Gedanken identifizieren.

6. Während materielle Bedürfnisse für den Seelenfrieden befriedigt werden müssen, hängt unser Glück von der Erweiterung des Bewusstseins und der Vereinigung mit Gott ab. Gott ist Bewusstsein, eine Dimension, in der Wahrheit, Güte, Liebe, Schönheit und Gerechtigkeit selbstverständlich sind. Diese Dimension kann durch spirituelle Praktiken wie Meditation und durch die Einnahme "bewusstseinserweiternder" Drogen wie Cannabis, Psilocybin oder Psychedelika erreicht werden.

Stellen Sie sich vor, wenn diese Medikamente anstelle der Todesimpfungen obligatorisch wären, was für eine andere Welt wäre das.

7. Gott offenbart sich durch uns. Wir sind Gottes Agenten. Sein Plan wird nicht verwirklicht, wenn wir es nicht tun.

UNSERE WAHRE IDENTITÄT IST DIE SEELE

Wenn wir uns mit dem "Selbst" als SEELE identifizieren, statt mit dem reptilienhaften (bedürftigen, selbstsüchtigen, habgierigen) kleinen "s"-Selbst, bekommen die folgenden Affirmationen eine ganz neue Bedeutung. Lassen Sie sie zu Ihrem Mantra werden. Meditieren Sie über sie.

An wie viele können Sie sich erinnern?

Selbstwertgefühl - den inneren Gott ehren

Selbstgefällig - Gott ist der Mittelpunkt deines Lebens.

Selbstbewusst - weil wir Gott in uns haben.

Selbstgenügsam - weil Gott für uns sorgt.

Selbstdarstellung - diese Website, die ich demütig Gott widme. Bezieht sich auf alles, was unser bestes Selbst zum Ausdruck bringt. Kunst. Musik. Liebe. Selbstaufopferung.

Selbstbeherrscht - weil wir zu Gott gehören und nichts anderes brauchen.

Selbstbeherrschung - die Liebe zu Gott hält uns davon ab, der Versuchung nachzugeben, z. B. Pornos, Daytrading, Angstpornos.

Selbstdiszipliniert - Das Selbst hält das niedere fleischliche Selbst in Schach. Wenn es um innere Arbeit geht, sind die meisten von uns arbeitslos. Auch Selbst-Entwicklung.

Selbstsuche - Gott will sich in uns wiederfinden, so wie wir uns in ihm wiederfinden.

Selbstbewusst - Uns so sehen, wie Gott uns sieht.

Eigenständigkeit - Wie Thoreau sagte, ist Einsamkeit der beste Begleiter. Wenn Sie es hassen, allein zu sein, finden andere Menschen Sie wahrscheinlich auch langweilig.

Selbstaufopferung - Unser Leben in seinem Dienst zu opfern.

Selbstständig - Sie brauchen nichts anderes

Selbstachtung - Wir wollen sicherstellen, dass alles, was wir denken und tun, unserer höchsten Betrachtung würdig ist. Gott sieht alles.

Egozentrisch - Gott ist unser Fokus. Was will Gott, dass ich tue? Was würde Jesus tun?

Sich selbst genießen - Das Wunder des Lebens erleben.

Gefalle dir selbst - Dem inneren Diktat folgen. Wir haben Gott gefallen.

Der Gehorsam gegenüber dem inneren Gott und die Kontrolle des niederen Selbst sind die Grundlage aller wahren Religionen. Im Satanismus geht es darum, das primitive niedere Selbst (Lust, Gier) zu "befreien" und die Existenz des höheren Selbst zu leugnen.

SCHLUSSFOLGERUNG - FÜR DIE GOTTESFEINDLICHEN

Für diejenigen, die Gott ablehnen, möchte ich noch ein paar Gründe nennen, den Schöpfer zu feiern.

1. Die Satanisten hassen das. Es ist, als würde ein Exorzist mit einem Kruzifix vor einem besessenen Dämon herumfuchteln. Eine religiöse Massenerweckung könnte sie vernichten. Den Herrn bezeugen. Den Schöpfer zelebrieren. Ihm zu opfern. Sie HASSEN das. Es ist etwas, das sie versuchen, auszurotten.

2. Ich vermute, dass die Identifikation mit dem Bewusstsein in diesem Leben uns eine bessere Chance auf eine Art Leben nach dem Tod gibt, und zwar nicht in der verrückten transhumanistischen Form, sondern so, wie Gott es beabsichtigt. Wir können uns auf die Begegnung mit unserem Schöpfer vorbereiten, indem wir uns läutern und uns dieser Welt kasteien. Vor dem Tod für diese Welt zu sterben bedeutet, wiedergeboren zu werden.

Ein gesteigertes Bewusstsein ist der einzige Weg aus dem Sumpf, in dem wir uns befinden.

Wir alle haben einen Funken Göttlichkeit in uns.

Wir müssen sie zu einem Feuer anfachen.

Warum sich die Reichen so arm fühlen

Während einer Reise nach Hongkong beschloss das Milliardärsduo, bei McDonald's zu Mittag zu essen. Zu Gates' Belustigung zog Buffett, als er zahlen wollte, eine Handvoll Coupons hervor.

https://finance.yahoo.com/news/bill-gates-recalls-time-fellow-174029938.html

Warren Buffett ist ein Milliardär. Er bekommt seinen Sinn dadurch, dass er einen Cent verdient oder spart. Die meisten der Superreichen leiden unter geistiger Armut.

Ob wir arm oder reich sind, Geld hält uns gefangen. Die Reichen fühlen sich aufgrund ihrer GIER arm. Ganz gleich, wie viel sie haben, ihre Identität ("sich gut, wichtig und sicher fühlen") wurde von einer Gesellschaft geprägt, die darauf ausgerichtet ist, mehr Geld zu verdienen und auszugeben.

"Genug ist ein bisschen mehr, als man hat." - Samuel Butler Nur wenige Menschen gehen rational mit Geld um.

Warren Buffett once took Bill Gates to McDonalds in Hong Kong. He offered to pay, and then reached into his pocket and pulled out coupons.

Dazu müsste man berechnen, wie viel Geld sie im Verhältnis zu dem Geld, das sie haben, und dem Geld, das sie verdienen, benötigen.

Vielmehr konzentrieren sich die Menschen auf ihre letzten 2%. Ist ihr "Nettowert" an einem bestimmten Tag gestiegen oder gesunken?

Je nach Steuerklasse kann es sich dabei um ihre letzten 100, 1000, 10.000, 10 Millionen oder 10 Milliarden Dollar handeln. Sie ignorieren ihr großes Bankguthaben oder ihr Aktienportfolio. Sie fühlen sich immer arm.

Geld soll uns von materiellen Sorgen befreien. Paradoxerweise bewirkt es das Gegenteil. Wir werden zu seinen Gefangenen.

Wir sind satanisch besessen. Das bedeutet, dass wir uns eher mit Geld als mit unserer göttlichen Seele identifizieren. Wir sind Geld und nicht Gottes persönlicher Vertreter auf Erden. Je mehr Geld wir haben, desto größer und besser fühlen wir uns. Diese Werte werden uns von unseren satanisch kontrollierten Massenmedien eingeimpft.

Ich wende mich an die rund 50% meiner Leser, die laut meiner Gab-Umfrage genug oder mehr Geld haben, als sie brauchen. Ich werfe den anderen 50%, die nicht genug haben oder pleite sind, nicht vor, dass sie sich unterdrückt fühlen.

KEINE STATISTIKEN FÜR INNERE ARMUT

Es scheint, dass die Reichen an einer geistigen Verarmung leiden.

Je mehr sie sich mit ihrem Geld identifizieren, desto kleiner sind sie. Je mehr Geld sie haben, desto kleiner sind sie.

Im Falle der Illuminaten-Banker ist diese innere Armut giftig. Sie sind ein Krebsgeschwür, das die Menschheit zu zerstören droht.

Sie wollen den gesamten Reichtum der Welt "absorbieren" (ihr Wort) und nichts übrig lassen, um die Menschheit zu unterstützen. Sie wollen alles!

Wir sind dazu indoktriniert, nach Geld zu streben. In Grenzen ist Geld ein großartiger Motivator und Maßstab.

Ich kenne jemanden, der nicht arbeiten muss. Er arbeitet, weil er nichts anderes zu tun hat, und er fühlt sich dadurch produktiv und belohnt.

Ein anderer Freund ist durch Investitionen unabhängig und reich geworden. Er hat sich vor einigen Jahren zur Ruhe gesetzt, kehrt aber aus purer Langeweile in seinen alten Beruf zurück.

PERSÖNLICH

Ich bin genauso satanisch besessen wie jeder andere auch. Ich habe mein ganzes Leben lang mit der Gier zu kämpfen gehabt. Mit 75 Jahren beginne ich gerade, diesen Dämon zu beherrschen.

Vor kurzem habe ich die obige Rechnung gemacht und festgestellt, dass ich mehr Geld habe, als ich jemals ausgeben werde.

Meine Ausgabengewohnheiten haben sich in den acht Jahren als Doktorand, der mit etwa 10.000 Dollar pro Jahr auskam, entwickelt. Ich brauche keine materiellen Dinge und mache mir auch keine Gedanken darüber.

Paradoxerweise hat mich diese Gleichgültigkeit gegenüber Geld NICHT davon abgehalten, eine Spielsucht zu entwickeln. Als ich nicht viel Geld hatte, war es mir egal. Als ich 1986 Scruples an Hasbro verkaufte, wurde ich zum Geldverwalter und dachte, mein Spielwissen würde sich auch auf den Aktienmarkt übertragen. EIN IRRTUM.

Skrupel war eine Arbeit aus Liebe. Ich habe es getan, weil es ein Workshop über die Moral des Alltags war.

Nach meinem Glücksfall wurde ich satanisch besessen (d.h. GIER). Wenn mich jemand fragte, wie es mir ging, sagte ich: "Ich werde meinen Makler fragen."

Wir müssen ständig auf der Hut sein, denn die Stimme in unserem Kopf ist oft der Teufel!

Kürzlich wurde mir klar, dass ich, egal wie viel Geld ich verdiene, meinen sparsamen Lebensstil nicht ändern werde. Glücksspiel ist also eine Verschwendung von Zeit und Energie. Ich habe es mir abgewöhnt.

Geld ist der kleinste gemeinsame Nenner. Die Menschen sind heute vom Geld besessen. Sie sind reizlos.

YouTube ist voll von "Wie ich reich wurde"-Geschichten.

Während die Welt in kommunistischer Tyrannei versinkt oder eine nukleare Katastrophe droht, tun sie so, als ob Geld sie retten würde.

Für Menschen, die genug haben, liegt die Freiheit im Verzicht auf Geld. Sich einfach nicht darum zu kümmern.

Können Sie das tun?

Marihuana-Esswaren könnten die Welt retten

Geld ist eine Sucht. Wenn ich Jacob Rothschild steinigen könnte, würde er erkennen, dass echtes Gold nicht in der Erde zu finden ist. Das Himmelreich ist im Inneren. Der Schlüssel liegt darin, Befehle von der Seele anzunehmen, nicht vom korrumpierten Verstand.

Nach drei Jahren "Pandemie" zeichnete sich das Bild der psychischen Gesundheit in Kanada durch Erschöpfung und zunehmende Traumatisierung aus.

Eine Studie des Angus-Reid-Instituts aus dem Jahr 2023 stellt fest, dass die Bevölkerung größtenteils müde, frustriert und ängstlich ist - und jeder dritte Kanadier (36%) gibt an, dass er mit seiner psychischen Gesundheit zu kämpfen hat.

Wenn man sie bittet, ihre Gefühle zusammenzufassen, sagt die Hälfte (48%), dass sie sich "erschöpft" fühlen, während zwei von fünf (40%) sagen, dass sie frustriert sind, und weitere zwei von fünf (37%) sagen, dass sie sich ängstlich fühlen. Jeder Zehnte (12%) wählte "glücklich", halb so viele wie "deprimiert" (23%)...

Wir leiden an psychischen Krankheiten

Sieben Prozent der Kanadier sagen, sie kämen mit ihrer psychischen Gesundheit im Umgang mit der Pandemie "gerade so zurecht" - mehr als doppelt so viele wie zu jedem anderen Zeitpunkt seit Oktober 2020.

Drei von zehn (31%) geben an, dass sie oder jemand in ihrem Haushalt im letzten Jahr einen Termin bei einem Therapeuten, Psychologen oder Psychiater hatten. Weitere drei von zehn (30%) sagen, dass sie in den letzten 12 Monaten ein Rezept zur Behandlung eines psychischen Problems erhalten haben.

Wir werden von einem Verrückten gefangen gehalten - unserem eigenen Verstand.

Der Verstand ist von der Gesellschaft programmiert worden. Infolgedessen leiden viele Menschen an einer der oben dargestellten psychischen Erkrankungen.

Egal, was ich tue, ich habe das Gefühl, dass es etwas Wichtigeres gibt, das ich tun sollte. Das führt natürlich oft zu einem Zustand der Angst/des Stresses.

Die häufigste Form der Angst wird durch materielle oder politische Unsicherheit verursacht. Die Massenmedien sind besessen vom Krieg oder dem wirtschaftlichen Zusammenbruch. Dann gibt es noch soziale Ängste, die auf fehlende Liebe oder Anerkennung zurückzuführen sind. Aber mein Hauptproblem ist die Angst, immer in Eile zu sein und nicht entspannen zu können.

Marihuana-Esswaren heilen mich. Sie sind seit dem 17. Oktober 2019 in Kanada legal und werden seit Mitte Dezember verkauft. (In vielen US-Bundesstaaten waren sie bereits legal.) Ich benutze sie seit fast 50 Jahren, um die Scheinwerfer einzuschalten und die weißen Linien auf dem Highway des Lebens zu sehen. Die meiste Zeit schlafe ich.

Oder das Leben in einem dunklen Minenschacht. Dies ist ein Aufzug an die Oberfläche, wo ich die Sonne und den Himmel sehen kann.

Es ist ziemlich hell, so dass es mir nichts ausmacht, in den Minenschacht zurückzukehren, aber ich erinnere mich deutlich an das, was ich gesehen habe.

Das Leben ist ein Wunder. Zu furchtbar kostbar, um es zu gefährden. Wir haben so viel, wofür wir dankbar sein können, und doch sind wir frustriert.

Cannabis befreit mich aus meinem geistigen Gefängnis; ich bin optimistisch, dass es auch andere befreit. Als ich 20 war, hatte ich eine zweiwöchige Out-of-Ego-Erfahrung. Keine Drogen. Nur Loslösung vom Ego.

Seitdem bin ich auf der Suche nach dieser Erfahrung. Vielleicht wurde ich neu verkabelt, aber ich hoffe, dass Cannabis die gleiche Wirkung auf andere hat.

Die Seele dehnt sich aus und überwältigt den Verstand. Die Wahrnehmung verschiebt sich vom Mentalen zum Spirituellen, von Maya zur realen Welt.

ABSCHNITT

Ich sehe mich objektiv, von außen.

Mein Verrückter ist selbstsüchtig und egozentrisch. Er hat ein Problem mit seinem Selbstwertgefühl - zu viel und unverdient. Arroganz.

Er ist wirklich faul... ein Maultier. "Ich" (das höhere Selbst) muss mit diesem Maultier verhandeln, um Leistung zu erbringen.

Wir müssen nicht gut sein. Wir müssen uns nur dazu zwingen, die Rolle zu spielen.

Ich könnte noch mehr sagen, aber Sie verstehen schon.

BLEW MY MIND

Eine meiner jüngsten Erkenntnisse ist, dass die Menschheit lediglich eine Manifestation eines universellen Bewusstseins ist, das wir Gott nennen.

Dieses Bewusstsein ist in allen Dingen. Es ist definitiv in unseren Seelen.

Gott kämpft darum, sich in der Welt zu offenbaren. Aber zuerst muss er sich in uns offenbaren.

Die meisten Menschen haben sowohl gute als auch schlechte Eigenschaften. Cannabis stärkt definitiv die guten, indem es uns von den schlechten trennt.

Es gibt Hinweise darauf, dass Cannabis und Psychedelika im Allgemeinen eine therapeutische Wirkung bei der Behandlung von Depressionen, Alkoholismus und vielen Formen von Sucht und psychischen Erkrankungen haben.

Geld zum Beispiel ist eine Sucht. Wenn ich Jacob Rothschild steinigen könnte, würde er erkennen, dass echtes Gold nicht im Boden zu finden ist. Das Himmelreich ist im Inneren, aber es muss erfahren werden.

Nimm deine Befehle von innen, nicht vom verdorbenen Verstand/der verdorbenen Welt. Habe keinen anderen Meister als dich selbst.

In den 1960er Jahren hofften wir, dass Cannabis und Psychedelika eine massive spirituelle Erweckung auslösen könnten. Sie sind ein unschätzbares Werkzeug zum Lehren und Heilen. Ihre Wirkung ist nicht nur vorübergehend. Sie sind lebensverändernd.

Stellen Sie sich vor, die Menschheit bekäme bewusstseinserweiternde Medikamente statt giftiger "Impfstoffe"?

Wir müssen wählen zwischen einem kabbalistischen Spiegelkabinett und der Realität. Entscheiden Sie sich für die Realität und verzichten Sie auf die Scheißshow, die in dem Theater gespielt wird, das sich unser Verstand nennt.

Heilen Sie unsere kollektive Geisteskrankheit, bevor es zu spät ist.

Erster Kommentar von LV:

Ihr letzter Artikel über psychische Gesundheit und Cannabis war wirklich ein wunderbares, positives, erfrischendes Zeugnis Ihrer Fähigkeit zu wachsen, zu analysieren, zu reflektieren und eines der größten Geschenke Gottes an die Menschheit zu schätzen: Cannabis. Meine Erfahrung deckt sich mit der Ihren.

Natürlich lese ich immer die Kommentare zu Ihren Artikeln, und es ist keine wirkliche Überraschung, dass diejenigen, die eine religiös-christliche Perspektive haben, Ihre Erfahrung als einen "falschen Schritt" auf einem Weg sehen, der in die Hölle der Verblendung führt.

Wie Sie und ich wissen (und viele andere wissen das auch aus eigener Erfahrung), könnte nichts weiter von der Wahrheit entfernt sein.

Cannabis ermöglicht es uns, die Fesseln unserer normalen, bewussten Verankerungen abzuwerfen, und verschafft uns neue Einsichten, neue Bewusstseins- und Wahrnehmungsebenen und eine gesteigerte Fähigkeit zur Selbsterkenntnis und Selbstanalyse unserer Motivationen, unserer Geschichte und unseres Lebensweges.

Es scheint, dass die meisten dieser vorsichtigen/religiösen Menschen eine auf Vorurteilen beruhende Denkstarre haben, die sich um die falsche Wahrnehmung des Wortes "Droge" dreht. Sie scheinen dieses Wort mit einem vorhersehbar negativen, reduzierten Wahrnehmungszustand zu assoziieren, eher mit einem "Stupor". In der Tat finden sich diese beiden Worte "Drogenrausch" in der Literatur häufig in Kombination, und so würde ich nicht daran zweifeln, dass viele, die die unglaubliche Fülle an Vorteilen, mit denen diese Pflanze uns Menschen segnet, nicht aus erster Hand erfahren haben, ihre körperlichen, geistigen und spirituellen Werte, die unsere Wahrnehmungen und Wahrnehmungsfähigkeiten eher befreien als abstumpfen, verunglimpfen.

Der wahre Beweis für seinen Nutzen ist, dass die Einsichten, die ich selbst bei gelegentlichem Gebrauch gewonnen habe, von dauerhaftem Nutzen für mich sind; keine bloßen Schimären, die verschwinden, wenn ich sie auf zurückbringe, die normale, formale Starrheit meiner täglichen Wahrnehmungsbemühungen. Vielmehr bleiben diese Einsichten bestehen - schimmernde Juwelen der Wahrnehmung, die meinen Weg zur Selbstverbesserung und Selbsterkenntnis erhellen sowie den Wunsch neu entfachen, meinen Mitmenschen auf die beste Weise zu dienen, die mir in meinem gegenwärtigen Zustand in diesem Leben zur Verfügung steht.

Ich spreche Ihnen mein Lob und meine Glückwünsche aus, und ich bewundere auch Ihren Mut, diesen Beitrag zu verfassen. Ich denke, du hast vielen geholfen, indem du einfach das gesagt hast, was so viele mit dieser direkten Erfahrung bereits wissen. Wir profitieren weiterhin von den wundersamen Fähigkeiten dieser Pflanze, die uns vom Gott unserer Schöpfung gegeben wurde, um unsere Kreativität zu inspirieren, unsere Reise zu erleuchten und unsere spirituellen Wahrnehmungen zu schärfen.

Buch Sieben

Humor und Persönliches

Bekenntnisse eines nervösen Fliegers

"Ich werde mich nicht dafür entschuldigen, dass ich ein nervöser Flieger bin. Es ist nicht normal, dass fünfundsiebzig Tonnen mit 500 Meilen pro Stunde durch die Luft sausen. Im Grunde genommen sitzt man auf einem Flügel, der an zwei Düsentriebwerken befestigt ist, SIEBEN MEILEN ÜBER DER ERDE."

Dieses "Geständnis eines nervösen Fliegers" wurde im Dezember 2020 geschrieben, als ich vor dem kommenden COVID-Lockdown in Kanada floh. Der Artikel veranschaulicht, wie wir alle Gefangene unseres Egos und seiner echsenartigen Programmierung sind (Angst vor dem Sterben, Gier, Lust, Macht, Ruhm usw.).

Auf dem Weg zurück nach Kanada löste ich mich von der nervösen Stimme. Ich nannte ihn "Mr. Chickenshit". Ich machte mich über ihn lustig, wenn er sprach. Kontrolliere deine Gedanken. Ich wende dies auf alle vom Ego programmierten Abhängigkeiten an. Freude ganz natürlich aus der Seele, wenn wir uns Gottes Bestimmung für uns widmen, wie auch immer wir sie definieren. Das Leben ist heilig.

Wenn es ums Fliegen geht, bin ich genauso neurotisch wie jeder andere auch.

Nicht "ich" genau, sondern "er". Die Stimme in meinem Kopf.

Er hat Angst, dass das Flugzeug durch die Turbulenzen in einen Sturzflug gerät.

"Turbulenzen sind nur Wind", begründet er, "Flugzeuge stürzen davon nicht ab. Stellen Sie sich vor, Wellen plätschern gegen ein Boot."

Aber er hält sich immer noch an den Armlehnen fest.

Er könnte nie ein Pilot sein: "Hier spricht Ihr Kapitän. Wir werden in der Wüste landen und warten, bis sich diese unangenehmen Turbulenzen gelegt haben."

Er versucht, einen Deal mit Gott zu schließen. Er verspricht, einige schlechte Angewohnheiten aufzugeben, wenn er nur sicher landet!

Und er seufzt erleichtert auf, als er sicher landet und die Versprechen vergessen sind.

RÜCKSITZFAHRER

Er liebt Flugzeuge und ist dankbar für das Wunder des Fliegens. Aber er ist ein Rücksitzfahrer.

An Bord des Flugzeugs inspiziert er die Motoren. Sind sie groß genug?

Dann beurteilt er das Alter des Flugzeugs und fragt sich, ob die Fluggesellschaft es ordnungsgemäß wartet.

Ist der hier durch die Maschen gefallen???

Wie viel Profil ist noch auf den Reifen?

Ich hoffe, sie haben den Kraftstofftank aufgefüllt.

Das Flugzeug ist vollgepackt. Schwer. Aber es ist dafür ausgelegt, das zu bewältigen.

Er achtet nicht nur auf jedes Geräusch, das die Triebwerke von sich geben, sondern stellt auch den Piloten in Frage.

Sollte er so steil ansteigen? Können die Motoren das verkraften?

(Wir nähern uns unserem Ziel) Ist das der Weg zum Flughafen?

Als er einmal ein Flugzeug verließ, sagte er zu den Piloten, es sei unglaublich, dass zwei kleine Motoren etwas so Großes antreiben könnten.

An ihrem Gesichtsausdruck konnte er erkennen, dass er sie verunsichert hatte!

DIE STIMME IN MEINEM KOPF

Die Stimme in meinem Kopf. Wenn ich sie nur abstellen könnte, hätte ich etwas Ruhe. Ich bin gefangen in einem Kaleidoskop von Gedanken: Ein karnevalistisches Spiegelkabinett, das unsere Comicwelt widerspiegelt.

Wer ist dieser streitsüchtige und widerspenstige Zimmergenosse, meine Gedanken? Es sind die Gedanken des Tieres, das unsere Seele beherbergt.

Es ist ein ständiger Prozess, dieses Tier in Schach zu halten.

Wie auch immer, wie in einer schlechten Ehe muss ich mit ihm leben, seine Ängste kontrollieren und seine guten Eigenschaften schätzen. (Er hat ja auch welche.)

Mut bedeutet nicht, furchtlos zu sein. Er bedeutet, die Angst zu beherrschen.

Erster Kommentar von G:

Ich denke, Sie haben gerade beschrieben, was wahrscheinlich eine universelle Erfahrung für einen guten Prozentsatz der Flieger in der Welt ist. Fliegen: Wir nehmen es in Kauf, ertragen es, weil es am Ende vielleicht etwas ist, das unser Leben verbessert oder eine Aufgabe erfüllt. Sie haben es treffend formuliert, und ich hoffe, Sie wissen, dass Sie nicht allein sind. Ich habe es für mich darauf reduziert, dass es wie bei vielen anderen Dingen ist, wie beim Schwimmen im Meer oder beim Wandern in der Wildnis, dass es Risiken gibt, und viele von uns gehen sie ein, weil es sich normalerweise auszahlt. Ich weiß, dass du weiterfliegen wirst, Henry, in mehr als einer Hinsicht. Etwas sagt mir, dass du geschützt bist und nicht in Flammen untergehen wirst.

Henry Makows beste Sprüche

Ein guter Spruch ist pures Gold. Ich öffne mein Gewölbe für dich.

"Mit der Verschwörung ist es wie mit dem Wetter. Alle reden darüber, aber niemand tut etwas dagegen."

Für den Triumph des Bösen reicht es aus, wenn gute Menschen gute Arbeit bekommen.

Mein Grabstein. Manche Zeilen sollen einfach nur schockieren und zum Lachen bringen.

Vorurteil ist ein anderes Wort für Erfahrung.

Es geht nicht um Rechts oder Links, sondern um Richtig oder Falsch.

Homöopathische Hundeerziehung. (Flüstern Sie die Befehle unter Ihrem Atem.) Als ich die Universität besuchte, wurde uns gesagt, wir sollten Autoritäten in Frage stellen. Heute wird den Studenten gesagt, sie sollen ihr Geschlecht in Frage stellen.

Der Feminismus machte sich die politische Macht der Frauen zunutze, die am Samstagabend keine Verabredung bekommen konnten (und sorgte dafür, dass ihre Zahl zunahm).

Wir sind Opfer unserer Laster.

Unser wahrer Reichtum wird an den Dingen gemessen, die wir lieben.

Ich muss der Versuchung nicht aus dem Weg gehen; die Versuchung geht mir aus dem Weg.

Als ethnischer Jude assimilierte ich mich an die christliche Leitkultur.

Ich wurde im Amerika des 19. Jahrhunderts ein Apache.

Die Religion eines Menschen ist sein Tag. (Es geht nicht darum, was man glaubt, sondern was man tut.) Man muss gut sein, um sich gut zu fühlen. Höhe. Breite. Tiefe. Moral ist die vierte Dimension.

Das Gesetz der Persönlichkeiten. Große Persönlichkeiten sollten kleine Persönlichkeiten heiraten.

Ich suchte vergeblich nach jemandem, der an mich glaubte, als ich nicht an mich selbst glauben wollte. Keiner glaubt an Menschen, die nicht an sich selbst glauben. Wir suchen bei anderen die Liebe, die wir uns selbst nicht geben wollen. Wir werden uns unserer eigenen Liebe nicht würdig erweisen.

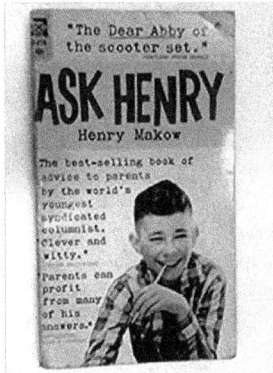

Ich wollte die Welt so sehr retten, dass ich es versäumt habe, mich selbst zu retten.

Sexuelle Befreiung bedeutet, keinen Sex haben zu wollen, und das ist gut so!

Bezugnehmend auf meine frühe Berühmtheit als *Ask Henry* (1961-1964) - Ratschläge für Eltern von einem Kind, in 40 Zeitungen: (YouTube von mir auf What's My Line im Jahr 1962. Start bei 11 min)

https://www.youtube.com/watch?v=Sw9VT5TOcY8&t=10s

Ich habe eine große Zukunft vor mir.

Wie Ägypten und Griechenland habe ich meinen Höhepunkt zu früh erreicht.

Mit der Zeit verblasst die körperliche Schönheit, aber die Liebe wächst.

Wir sind Sandkörner in der Wüste der Zeit.

Ich bin der "Vater der Soziodynamik". (Ich wollte der "Vater der Hygiene" sein, aber mein Sohn wollte seinen Namen nicht ändern).

Drei Gesetze der Soziodynamik.

1. Wir fühlen uns zu Menschen hingezogen, die etwas haben, was wir wollen.

2. Wir fühlen uns von Menschen, die etwas von uns wollen, abgestoßen.

3. Wir sind gleichgültig gegenüber Menschen, die nicht in die oben genannten Kategorien fallen. Spezielles viertes Gesetz - Wir fühlen uns zu Menschen hingezogen, die etwas haben, das wir vielleicht in der Zukunft haben wollen.

Ein "Fernstudium" ist wie eine Bestellung bei Hooters.

Wir beginnen das Leben mit hochgesteckten Erwartungen, gefolgt von einer allmählichen Ernüchterung, bis wir schließlich dem Tod mit vollkommenem Gleichmut begegnen.

Ich möchte nicht auf Ihrer "To-Do"-Liste stehen.

Nachdem ich mit meinem Leben Schiffbruch erlitten habe, werde ich an den Ufern des Alters ausgesetzt.

Der Weg, Frauen zu beeindrucken - Versuchen Sie es nicht.

Nichts entmystifiziert Frauen so sehr wie die Ehe.

Menschen altern nicht, sie reifen und verderben, wie Bananen.

Ich: Man kann einem alten Hund keine neuen Tricks beibringen.

Ehefrau: Ja, aber du bist kein Hund.

Lehren bedeutete, den Menschen, die keine Fragen hatten, Antworten zu geben. (Es waren die falschen Antworten - ich war zwar Sozialist, aber die Beobachtung trifft trotzdem zu.) In einer Professorenevaluation wurde gefragt: "Was ist das Beste an Dr. Makows Kurs?"

Ein Mädchen antwortete: "Nicht zu früh am Morgen, und nicht zu spät am Nachmittag".

Meine Standardreaktion auf das Leben: Leugnen und Unglauben.

Alles Böse entspringt dem Narzissmus (entflammtes Ego).

Ich beurteile eine Religion nicht nach ihrem Dogma. Vielmehr schaue ich auf das Verhalten und die Erfüllung der Anhänger.

- Wie „Lao Tzu"

Der Verstand ist ein Gefängnis, in dem die Gedanken die Seele quälen.

Das Streben nach Glück ist die Hauptursache für Unglücklichsein.

Wir haben eine klare Wahl: Bekehrung (zum Dienst an Gott) oder endlose undankbare Ablenkung.

Wir sind Sklaven der Welt im umgekehrten Verhältnis zu unserer Hingabe an Gott.

Leeren Sie Ihren Geist von allen Gedanken. Was übrig bleibt, ist dein wahres Ich. Warum nehmen wir an, dass wir die ganze Zeit denken müssen?

Am Vatertag trauere ich

Nachdem mein Vater meiner Mutter nicht erlaubte, mich zu füttern, waren die Würfel gefallen.

Wir konnten niemals Freunde sein, denn mein Weinen hatte mich zu seinem ewigen Gegner gemacht.

Erst nach seinem Tod wurde mir klar, dass ich ihn immer noch liebte, aber da war es schon zu spät.

(DISCLAIMER - Dies ist nicht so sehr eine Lobrede auf meinen Vater als vielmehr ein Nachruf auf unsere Beziehung. Es geht mehr um mich als um ihn.)

Ich bin nicht der beste Vater der Welt, und ich habe auch nicht erwartet, dass mein Vater perfekt ist.

Als polnischer Jude überwand er viele Hindernisse. Seine, Dr. David Makow, 1923-2021, wurden von den Nazis ermordet, als er 19 Jahre alt war. Er überlebte den Krieg, indem er vorgab, ein Nichtjude zu sein, absolvierte vier Jahre High School in einem, trat dem MIT of Europe bei, wurde Physiker und baute sich in Kanada ein neues Leben auf.

VATER ODER FREUND?

Er war immer ein Vater. Wir konnten nie Freunde sein.

"Es ist die Aufgabe der Eltern, dafür zu sorgen, dass die (gesellschaftlichen) Schranken halten", schreibt W. Cleon Skousen in *So You Want to Raise a Boy?* (1958, S.232) Wie Skousen sah auch mein Vater seine Aufgabe darin, mich "auf dem richtigen Weg" zu halten. Da sein Erfolg auf höherer Bildung beruhte, bedeutete "auf dem richtigen Weg", in der Schule zu bleiben.

Ich durfte nicht von der Tretmühle herunterkommen. Trotz der Tatsache, dass ich im Alter von 11 Jahren eine Zeitungskolumne geschrieben hatte, bei der er mir half, glaubte er nie an mich oder meine guten Absichten. Er hat mich immer wie eine tickende Zeitbombe behandelt.

Er wollte mir nicht auf halbem Weg entgegenkommen. Ich erinnere mich noch an den Aufruhr, den ich im Alter von 8 Jahren verursachte, als er mich nicht *I Love Luc*y sehen ließ, weil es schon nach meiner Schlafenszeit war.

Nach dem Schulabschluss wollte ich in einem Bergwerk arbeiten. Dann wollte ich an eine Universität außerhalb der Stadt gehen, die für ihre linksradikalen Professoren bekannt war. (Damals war ich ein Linker.)

Mein Vater übte großen Druck aus, unter anderem mit dem alten Familienauto, damit ich mich sofort an der örtlichen Universität einschrieb. Ich verfiel in eine Depression. Ich beendete nur drei von fünf Kursen mit schlechten Noten.

Er wollte nicht, dass ich meinem Herzen folge und aus Erfahrungen lerne. Mit gebrochenem Herzen blieb ich schließlich an der Universität, in einer Art Hospiz, und machte schließlich meinen Doktor.

Ein anderes Mal wollte ich das Familienhaus als spirituellen Rückzugsort wie Thoreaus *Walden Pond* nutzen. Auch hier: kein Deal. Mach deine Doktorarbeit fertig.

Ironischerweise ging das einzige Mal, als mein Vater mir freie Hand ließ, schlecht aus. Er ließ mich den *PLAYBOY* abonnieren. Das Ergebnis war, dass ich sexsüchtig wurde und keine Beziehung zu Frauen als menschliche Wesen aufbauen konnte. Ich mache ihm keinen Vorwurf. In den 1960er Jahren war die sexuelle Revolution der letzte Schrei.

FUTTERRAUSCH

Unsere Beziehung war zum Scheitern verurteilt, als mein Vater meiner Mutter nicht erlaubte, mich als Baby zu füttern.

In einem Arztbuch wurde empfohlen, Babys das Essen zu den Mahlzeiten "beizubringen". Ich habe mir die Lunge aus dem Leib geschrien und war dann zu erschöpft, um zu essen. Es war nicht das Buch von Dr. Spock. Ich glaube, es war das von Dr. Mengele.

Nach dem ununterbrochenen Stress des Krieges und des Studiums war Vater nicht bereit, die Last der Familie zu übernehmen. Er hatte keine Gelegenheit, sich zu entspannen und sich die Hörner abzustoßen. Er hatte alle verloren und wollte meine Mutter nicht verlieren.

Er hat versucht, mich zu erziehen, sobald ich aus dem Mutterleib kam.

Der Vermieter beschwerte sich. Mein Weinen führte dazu, dass mein Vater mich als Widersacherin oder "unberechenbare Waffe" betrachtete.

Infolgedessen hatte ich bis zu meinem 50. Lebensjahr ein "ungeliebtes Gefühl", ohne zu wissen, warum.

Mein Vater hat für seinen Fehler teuer bezahlt.

Bis zu meinem elften Lebensjahr war ich ein heiliger Schrecken. Ich machte ganz bewusst Ärger, um "Liebe zu bekommen". Ich hatte eine Bande, die ich "Bubble Gang" nannte, weil sich das auf Ärger reimte. Ich hatte zweimal Ärger mit der Polizei wegen Unfugs.

Einmal hat mich mein Vater durch die Nachbarschaft gejagt und mit einem Stock gewedelt. Er schleppte mich nach Hause, um mich zu verprügeln. Aber stattdessen brach er einfach in Tränen aus.

FRISCHES STARTEN

Nach meiner Rückkehr von einem Jahr in der Schweiz (wo mein Vater promoviert hatte) hatte ich das Gefühl, dass die Leute meine Lügen vergessen hatten (z. B. dass ich Polnisch spreche), und ich konnte einen Neuanfang machen.

Um geliebt zu werden, änderte ich meine Strategie und wurde zu einem Überflieger. Ich begann eine Kolumne mit Ratschlägen für Eltern, *"Frag Henry"*, für 40 Zeitungen und trat in der *"Jack Paar Show"* und im *"Life Magazine"* auf.

Ich weiß, dass "sich ungeliebt fühlen" im Zeitalter von Pädophilie und Kinderhandel eine Kleinigkeit ist.

Nein, mir wurde nicht gesagt, ich solle mit Homosexualität experimentieren oder als Mädchen aufwachsen. Das waren die 1950er

Jahre. Dennoch hat dieses scheinbar triviale Thema mein Leben geprägt.

Welches Elternteil lässt sein Baby vor Hunger schreien, weil es keine Essenszeit ist?

Ich bilde mir das nicht ein. In seiner selbstveröffentlichten Autobiografie schrieb er, dass er meine Mutter meinen jüngeren Bruder füttern ließ. Infolgedessen war die Persönlichkeit meines Bruders "ausgeglichener" und er war "leichter zu lieben." (Seine Worte.

Und kein einziges Wort der Entschuldigung oder des Bedauerns. Er nahm an, dass ich nicht gezeichnet sei. Erstaunlich, wie eine Erfahrung als Kleinkind einen Menschen für das ganze Leben prägen kann.

Meine Frau sagt: "Komm darüber hinweg. Hat sich dein Vater beschwert: 'Ich war in einem Nazi-Sklavenarbeitslager und sie haben mir nicht genug zu essen gegeben?'"

Ich beschwere mich nicht und suche auch kein Mitleid, ich sage nur meine Wahrheit. Ich habe vor 20 Jahren aufgehört, mich ungeliebt zu fühlen. Ich hege keinen Groll. Wir alle machen Fehler. Ich mache viele.

Im Allgemeinen war er ein großartiger Vater und tat sein Bestes. Ich bewunderte ihn, aber ich neige dazu, Menschen zu lieben, die an mich glauben (mir den Vorteil des Zweifels geben, mir auf halbem Weg entgegenkommen), anstatt mich "auf dem Weg" zu halten, der praktisch mit meiner Geburt begann.

WÜNSCHTE, ER WÄRE EIN FREUND GEWESEN

Während seiner letzten Jahre in einem Pflegeheim rief ich ihn jede Woche über FaceTime an und sagte ihm, wie sehr ich ihn liebte, obwohl ich mir nicht sicher war, ob ich es tat. Er sagte nichts, und ich suchte sein Gesicht ab, um zu sehen, ob er es verstand.

Zwei Wochen vor seinem Tod schien seine Seele nach mir zu greifen.

Er war verängstigt.

Ich spürte zum ersten Mal eine echte spirituelle Verbindung.

Am nächsten Tag rief ich erneut an, in der Hoffnung, diese Verbindung zu erneuern, aber sein Gesichtsausdruck hatte sich in Wut verwandelt. Sie hatten ihm den Impfstoff einen Monat zuvor gegeben. Ich glaube, er wusste, dass es ihn umbrachte.

Er war noch nicht bereit zu sterben. Im Pflegeheim fühlte er sich ziemlich wohl. Seine private philippinische Pflegerin kümmerte sich liebevoll um ihn.

Wenn ich nur reif genug gewesen wäre, unsere lebenslange Fehde zu überwinden, als wir jünger waren. Ich hätte diese spirituelle Verbindung haben können. Jetzt ist es zu spät, für immer.

Lassen Sie sich nicht durch Unterschiede davon abhalten, die Menschen zu lieben, die Ihnen am nächsten stehen. Die Gelegenheit endet.

Als Kind haben wir lange Spaziergänge gemacht. Ich habe seinen Daumen gehalten und ihm Fragen über das Leben gestellt. Diese Erinnerung treibt mir immer noch Tränen in die Augen. Er war mein Vater.

Als lebenslanger Antagonist dachte ich nicht, dass ich ihn liebe.

Ich hätte nicht gedacht, dass ich weinen würde. Aber ich habe es getan.

Meine Mutter verkörperte selbstlose Liebe

https://henrymakow.com/2024/05/my-mother-exemplified-selfless.html

Meine Mutter, Helen Iskowicz Makow (1919-1983), lehrte mich durch ihr Beispiel, dass Liebe selbstlose Hingabe an die Familie bedeutet.

Zu meiner Schande wurde ihre Selbstaufopferung als selbstverständlich angesehen.

Am meisten bedaure ich, dass ich meiner Mutter nie gezeigt habe, wie sehr ich sie liebe, bevor sie 1983 an Brustkrebs starb.

Ich glaube, sie wusste, dass ich sie liebte, aber mit 33 Jahren war ich immer noch zu egozentrisch, um es ihr mit gleicher Münze heimzuzahlen. Mit Scham erinnere ich mich daran, wie ich in ihrem Krankenhauszimmer saß und Hausarbeiten korrigierte, während sie im Sterben lag.

Meine Mutter füttert meinen Bruder im Jahr 1958

Wenn Menschen im Sterben liegen, können wir uns nicht so einfach von ihnen verabschieden. Das ist peinlich. Wir wollen die Illusion der Genesung aufrechterhalten.

Sie lehrte mich, wie eine Frau durch ihre selbstlose Hingabe an die Familie Liebe in die Welt bringt. Wenn sich jemand völlig für dich aufopfert, wenn jemand bedingungslos für dich da ist, ist es ziemlich schwer, ihn nicht auch von ganzem Herzen zu lieben.

Mütter sind die unbesungenen Helden der Gesellschaft. Sie leisten die schwierige, undankbare Arbeit, hilflose Kinder in Krankheit und Gesundheit zu erziehen und zu unterrichten.

Mütter setzen den Kreislauf der Liebe in Gang.

Das Credo meiner Mutter war, zuerst ihrem Mann zu dienen, dann den Kindern, dann Kanada und dann Israel. Sie stand nicht auf ihrer eigenen Liste.

Die Kernfamilie ist der Grundstein für eine gesunde Gesellschaft. Papa hat dieses Foto von uns gemacht.

Sie hat nie eine Gegenleistung verlangt, und deshalb haben wir sie für selbstverständlich gehalten. Wir haben sie ausgenutzt.

Sie war so selbstlos, dass ich es bemerkte, als sie einmal beim Abendessen ein ausgewähltes Stück Huhn für sich selbst nahm.

Ich bin in einer Zeit aufgewachsen, in der uns die Medien beigebracht haben, dass Hausfrauen nicht cool sind. Frauen wie meine Mutter, die ihre Familien versorgten und liebten, wurden verunglimpft. Diese Einstellung färbte auf mich ab. Ich wurde einer Gehirnwäsche unterzogen.

Offensichtlich war dies Teil des kabbalistischen (kommunistischen) Vernichtungskrieges gegen die Familie und die Gesellschaft als Ganzes.

BUSINESSWOMAN

Meine Mutter hatte ein erfolgreiches Geschäft mit dem Import von Uhrenarmbändern aus der Schweiz. Nachdem sich mein Vater etabliert hatte, bat er sie, sich um die Kinder zu kümmern. Das war etwa 1954.

Sie war stolz darauf, Mrs. David Makow, Ehefrau eines Physikers und Mutter von drei Kindern, zu sein. Diese altehrwürdige gesellschaftliche Rolle wurde den Frauen vorenthalten. Viele sind deshalb ziemlich verloren.

Einmal, als ich für *Ask Henry* einen Fernsehauftritt in New York City hatte, zeigte uns ein Produzent die Sehenswürdigkeiten in seinem Sportwagen.

Wir hatten einen Unfall. Die Autotür flog auf und meine Mutter fiel auf den Bürgersteig.

Ich schrie in Panik: "Mama!"

Zum Glück wurde sie nicht verletzt.

Aber danach bemerkte sie mit Genugtuung: "Du liebst mich doch".

Warum brauchte es einen Unfall, um ihr das zu zeigen?

Meine Mutter hatte den Krieg überlebt, indem sie sich als Nichtjüdin ausgab. Sie hatte die Schule nicht abgeschlossen und las keine Bücher. Aber sie hatte eine anspruchsvolle Briefmarkensammlung und machte Batiken.

Als ich acht Jahre alt war, erzählte ich von einem Vorfall, der sich in der Schule ereignet hatte. Sie sagte mir, ich solle stark sein und für das eintreten, was richtig ist.

Das nennt man "Zivilcourage", sagte sie.

Das lernt man nicht in der Schule. Das lernt man im Leben.

Die Canadian Football League gibt mir Hoffnung

Meine Bombers haben ihre ersten vier Spiele verloren. Quarterback Zach Collaros, Nummer 8, ein Amerikaner, und ihre beiden besten Receiver stehen auf der Verletztenliste.

Abgesehen vom Wirtschaftssektor ist die CFL der einzige Ort in Kanada, an dem Leistung zählt und nicht Identität oder Geschlechterpolitik. Mit der kommunistischen Machtübernahme in Kanada ist jede soziale Einrichtung am Leben.

Unter der Leitung von Justin Castreau nimmt die Regierung Befehle vom WEF entgegen. Die Kanadische Rundfunkkommission, einst ein nationales Aushängeschild, ist heute die staatliche Propagandaagentur.

Keiner schaut oder hört zu. Auch der Rest der "alten Medien" ist ein Witz. Die Universitäten werden alle von Kommunisten kontrolliert. Die Ärzteschaft ist völlig diskreditiert.

Wo es keine Redefreiheit gibt, gibt es auch keine Kunst und Kultur.

Es gibt nur noch eine nationale Institution, die Kanada stolz macht, die Canadian Football League, und ironischerweise sind die meisten der besten Spieler Amerikaner, vor allem Schwarze. Aber das ist mein Punkt.

Abgesehen von der Wirtschaft ist die CFL der einzige Ort, an dem es nur noch auf Leistung ankommt. Es spielt keine Rolle, ob man weiß, schwarz, schwul oder grün ist. Es gibt keine Fördermaßnahmen. Entweder du bringst Leistung oder du fliegst raus. Und das zeigt sich im hohen Niveau der Athletik und der Wettbewerbsintensität. Das sind echte Wettkämpfe, bei denen keine Gefangenen gemacht werden!

Wenn ich entmutigt bin, inspirieren mich diese Spieler. Wenn sie im Rückstand sind, geben sie nicht auf. Sie kämpfen weiter. Das ist es, was Männer tun. Wir müssen maskuline Werte wie diese fördern.

Die CFL ist einer der letzten Orte, an denen es Konsequenzen gibt. Es gibt keine sozialen Sicherheitsnetze, Subventionen oder staatliche Rettungsmaßnahmen. Sie ist heute hier und morgen weg. Es gibt immer neue Spieler, die nach einer Chance gieren. Sie können sich nicht "reinreden".

Die CFL hat zum Glück aufgehört, politisch zu sein. In der Vergangenheit mussten Trainer und Spieler auf T-Shirts mit der Aufschrift "Diversity is our Strength" tragen. Die Spieler mussten im Juni rosa Schleifen für Brustkrebs tragen. Gott sei Dank ist all diese abstoßende kommunistische Propaganda dieses Jahr verschwunden. Auch die Rechte von Sodomiten werden nicht mehr erwähnt.

Dies ist die letzte Zuflucht der Männlichkeit in Kanada. Das sind Männer - schöne weiße Männer und schöne schwarze Männer - die erstaunliche athletische Leistungen vollbringen - werfen und fangen, rennen und angreifen. Das sind Dinge, die Frauen nicht tun können. Und ja! Es gibt Cheerleader. Alles echte Frauen.

Schließlich ist die CFL einer der letzten Orte in Kanada, der nicht fixiert ist. Viele meiner Leser denken, alles sei geregelt. Ich bin da anderer Meinung. Ich sehe mir jedes Spiel an, und es wird nicht manipuliert. Videowiederholungen sorgen dafür, dass jeder sehen kann, was tatsächlich passiert ist. Schiedsrichterentscheidungen werden revidiert. Wo sonst kann man das sagen?

Es gibt noch einen Bereich, der mir Hoffnung gibt: Die Wirtschaft. Die Regierung mag Geld aus dem Nichts drucken, aber jeder außerhalb der Regierung produziert ein Produkt oder eine Dienstleistung, die jemand anderes haben will und dafür bezahlt. Auch hier zählt noch Leistung. Wettbewerb hält die Menschen ehrlich. Man muss die Konkurrenz schlagen, um an die Spitze zu kommen.

Die freie Wirtschaft ist wie der Körper eines kopflosen Riesen. Sie ist unverwüstlich. Die Menschen müssen immer noch Geld verdienen. Wir sind immer noch wichtig, wenn auch nur als Verbraucher.

SCHLUSSFOLGERUNG

Die CFL ist die letzte Zuflucht der Realität und des gesunden Menschenverstandes in einem Land, in dem Babys mit Impfstoffen vergiftet werden, Kindern ohne Wissen der Eltern geschlechtsverändernde Hormone verabreicht werden, psychisch Kranke wie in Nazideutschland euthanasiert werden und Erwachsene bis zum 30. September 2022 nicht ein- oder ausreisen können, ohne einen potenziell tödlichen "Impfstoff" zu nehmen.

Ich liebe dieses Land und ich liebe Winnipeg. Ich lebe seit 74 Jahren in Kanada und seit 43 Jahren in Winnipeg. Hier gehöre ich her. In Mexiko bin ich ein Fisch auf dem Trockenen. Politisch gesehen sind die Kanadier vielleicht dumm, aber im Allgemeinen sind sie gutmütig, friedliebend und anständig. Im Gegensatz zu Mexiko gibt es hier vier Jahreszeiten. Das Wetter ist jeden Tag anders. Ich bin ein Typ, der gerne drinnen ist, also macht mir die Kälte nichts aus.

Die Globalisten leben in einem Wolkenkuckucksheim. Sie werden keinen Erfolg haben. Sie sind auf freiem Fuß. Sie sind nackt. Ihre abscheulichen Verbrechen sind für alle sichtbar.

Irgendwann werden die Kanadier begreifen, was hier geschieht. Die Kommunisten werden auf den Müllhaufen der Geschichte geworfen werden.

Wie ein guter Neustart aussehen würde

Wir haben unsere nationalen Kreditkarten an eine satanische Sekte gegeben.

Wie üblich haben sich die kabbalistischen Juden zu weit vorgewagt.

Sie haben sich mit dem Pandemie-Schwindel und den vorgeschriebenen "Impfungen" selbst diskreditiert.

Wir haben jetzt die einmalige Gelegenheit, über unsere Welt nachzudenken, sie neu zu gestalten und sie so umzugestalten, dass sie den Plan des Schöpfers erfüllt.

Dies ist eine seltene Chance, das unheilvolle Joch des satanistischen (freimaurerisch-jüdischen) Zentralbankkartells abzuwerfen, das für unermessliches Leid unter der Ägide von Kommunismus, Krieg, Völkermord, Depression, Plandemie, Geschlechtsdysphorie, Terrorismus, Satanismus, Korruption und sexueller Verderbtheit verantwortlich ist.

Ich spüre eine seismische Verschiebung. Die Banker haben es übertrieben und sich und ihre Freimaurer-Vasallen (unsere gewählten "Führer") als Verräter, Gangster, Psychopathen, Kriminelle, Perverse und Massenmörder entlarvt. Schweden, Florida, Texas und South Dakota sind aus der Reihe getanzt und haben bewiesen, dass Covid 19 eine Lüge ist.

Dies wäre die Folge eines wohlwollenden Reset.

1. Zuallererst müssen die Nationen die Kontrolle über ihre Kredit- und Währungsschöpfung übernehmen. Sie würden auf alle aus

der Luft gegriffenen "Schulden" verzichten und das Tauschmittel ausgeben, indem sie es schulden- und zinsfrei ins Leben rufen.

2. mRNA-Impfstoffe würden verboten werden. Alle Politiker, Journalisten und Mediziner, die an dem Covid-Schwindel mitgewirkt haben, würden entlassen werden. Jacob Rothschild, George Soros, Klaus Schwab, Bill Gates und Tony Fauci würden wegen Verbrechen gegen die Menschlichkeit vor Gericht gestellt und ihr Vermögen würde beschlagnahmt und in die Staatskasse fließen. Joe Biden würde wegen Wahlfälschung ins Gefängnis kommen. Der Verräter Donald Trump wird wegen falscher Opposition in einer Reality-Show und Pflichtverletzung vor Gericht gestellt werden.

3. Die Medien- und Technologiemonopole würden verstaatlicht, zerschlagen und an Personen weiterverkauft, die Redefreiheit und freien Informationsfluss garantieren. Die CIA und das FBI werden aufgelöst und reorganisiert. Die lokale und staatliche Polizei wird von Freimaurern gesäubert. Die UNO wird aufgelöst und das Gebäude zerstört.

4. Die Freimaurerei würde verboten werden. Ihre führenden Mitglieder würden vor Gericht gestellt und eingekerkert. Die Freimaurer würden von öffentlichen Ämtern und Beschäftigungen ausgeschlossen werden.

5. Kommunisten würden aus dem Bildungssystem, insbesondere aus den Universitäten, entfernt werden.

Die Universitäten würden die Rede- und Forschungsfreiheit schützen. Die wissenschaftliche Methode würde wieder eingeführt werden. Die Statuen der Konföderierten würden restauriert werden. Die Geschichte wird nicht mit Photoshop bearbeitet.

6. Diversität, Stempelkultur und CRT würden verboten und bestraft werden. Einstellungen würden geschlechts- und farbenblind erfolgen. Illegale Migranten, die keine Arbeit gefunden haben, werden abgeschoben.

7. Die Wahlen würden öffentlich finanziert werden. Es wären keine privaten Spenden erlaubt. **Die Politiker dürfen nicht von ihrer Amtszeit profitieren.**

8. Die Förderung des Satanismus, der Geschlechtsdysphorie, der illegalen Migration, des Klimawandels und aller globalistischen Schibboleths würde mit Geld- und Gefängnisstrafen geahndet.

Was Menschen privat tun, ist ihre Sache, aber die absichtliche Untergrabung der Gesellschaft kann nicht toleriert werden.

9. Familienwerte - Ehe, Treue, verantwortungsvolle Elternschaft - würden zur Regierungspolitik werden. Das menschliche Leben würde als heilig betrachtet werden. Abtreibung würde eingeschränkt oder verboten werden. Ein gesunder nationaler und rassischer Stolz würde gefördert werden. Jedem würden Chancen auf der Grundlage individueller Leistungen und des Fleißes, nicht der Ethnie oder des Geschlechts, eingeräumt werden.

10. Es wird eine gemeinsame Anstrengung geben, um den Plan des Schöpfers zu erkennen und umzusetzen. Die Öffentlichkeit soll ermutigt werden, das Wunder des Lebens zu feiern und Gott zu loben!

Wenn diese Maßnahmen ergriffen werden, würde die Menschheit den Abgrund hinter sich lassen und den Weg zurückfinden, auf dem sie sich wie vorgesehen entfalten kann.

Es ist noch nicht zu spät für das organisierte Judentum, sich und der Menschheit ein großes Trauma zu ersparen, indem es seinen Kurs ändert. Es ist noch nicht zu spät für die Rothschilds, die Wohltäter der Menschheit zu werden und die Liebe statt des Hasses von Milliarden zu genießen.

Bescheidener Vorschlag: Ein „Abkommen zur Entvölkerung der Menschheit"

Die Menschheit erklärt sich bereit, friedlich auszusterben.

Bescheidener Vorschlag - Die Menschheit erkennt an, dass sie komatös ist und erklärt sich bereit, den Stecker zu ziehen. Sie erklärt sich bereit, sich im Austausch gegen einen Waffenstillstand mit den kommunistischen Juden und ihren Freimaurer-Lakaien sterilisieren zu lassen. (d.h. Satanisten, Zionisten, Liberale, Antifa, Transsexuelle, Feministen).

Innerhalb eines kurzen Jahrhunderts wird der Planet von nutzlosen Essern (uns) befreit sein und ein Spielplatz für kranke Satanisten/Kommunisten und ihre bevorzugte Anzahl von Perversen werden. "Sterilisation sollte kein Thema sein. Die Menschen kümmern sich offensichtlich nicht mehr um ihre Kinder oder die Welt, die sie erben werden." Ich habe eine Lösung für die Probleme der Menschheit, die alle zufrieden stellen sollte.

Die Menschheit lässt sich freiwillig sterilisieren, wenn die satanistischen jüdischen Bankiers und Freimaurer (Kommunisten und Zionisten) ihren Krieg gegen Gott und die Menschen beenden.

Was hat die Menschheit davon?

1. Satanisten/Kommunisten blasen ihre "Impfstoff"- und Klimawandel-Hoaxes, grundlosen Kriege, Chemtrails, Geo-Engineering, CBDCs, 15-Minuten-Städte, CRT, Lockdown-Irrsinn und Vax-Pässe ab.

Sie werden ihre Antifa/BLM-Schläger zügeln, vor denen wir uns wie kleine Mädchen in Angst ducken. Wir vermeiden eine gewalttätige "Dark Winter"-Dystopie und genießen relativen Frieden und Freiheit.

2. Wir werden nicht zwangsgeimpft werden, uns unter Schmerzen winden und einen vorzeitigen Tod sterben.

3. Der giftige psychologische Krieg gegen Geschlecht, Ethnie, Religion und Nation wird eingestellt. Wir werden in unseren letzten Lebensjahren auf diesem Planeten einen Rest von Menschenwürde bewahren.

4. Eine angemessene Anzahl kann von der Sterilisation verschont werden, um einen Pool von Dienern, Menschenopfern, Organspendern und Sexsklaven für die Auserwählten bereitzustellen.

5. Die Menschheit bleibt von einem grundlosen, katastrophalen Atomkrieg verschont, der die Bevölkerung reduzieren soll.

Was haben die Satanisten/Kommunisten davon?

1. Sie müssen sich nicht anhören, wie nutzlose Esser im Internet jammern und wettern, während unser elendes Schicksal langsam heraufdämmert.

2. Sie werden es nicht mit einem Aufstand wie im Warschauer Ghetto zu tun haben, wenn die Menschheit endlich begreift, dass sie durch gewaltsamen Widerstand nichts zu verlieren hat.

3. Die Satanisten erben den Planeten, seine Ressourcen und das Eigentum aller. Sie können mit der Planung ihres Paradieses beginnen und müssen sich nicht darum kümmern, den widerspenstigen Massen ihren absurden "Great Reset" aufzuzwingen.

Mögliche Einwände der Menschheit

1. Die Quoten für die Sexsklavenkaste sind möglicherweise nicht hoch genug.

Eine demokratische Reform ist immer noch möglich. Nur weil sie sich Israel anbiedern, sind die patriotischen Führer keine kontrollierte Opposition. Die Kommunisten würden keine zukünftigen Wahlen manipulieren, oder?

Ich kann mir keine anderen Einwände vorstellen. Sterilisation sollte kein Thema sein. Die Menschen interessieren sich offensichtlich nicht mehr für Kinder oder die Welt, die sie erben werden. Fallen Ihnen noch andere Einwände ein? (hmakow@gmail.com) Bis jetzt habe ich noch keine erhalten.

Mögliche Einwände von Satanisten/Kommunisten

1. Hundert Jahre sind zu lang, um auf einen natürlichen Tod aller Neugeborenen zu warten.

2. Als Satanisten sind wir nicht damit zufrieden, die menschliche Ethnie auszurotten. Wir dienen Satan und haben Freude daran, Menschen leiden zu lassen.

3. Wir haben die meisten von euch nutzlosen Essern bereits sterilisiert ("geimpft"). Wir brauchen dieses Geschäft nicht.

4. Sie werden sich nicht an die Abmachung halten und den Waffenstillstand nutzen, um Stärke zu gewinnen und Ihren Widerstand zu planen.

5. Die Aktien der Impfstoffhersteller werden abstürzen.

6. Wir glauben an Ordnung aus dem Chaos. Wo ist das Chaos? Satan wird einen Daumen nach unten geben.

Repost von Humanity

Es ist ein Kompromiss. Bei einer erfolgreichen Verhandlung ist niemand völlig zufrieden.

Sie werden nicht in der Lage sein, uns alle zu impfen oder unserem kollektiven Zorn zu entkommen.

Eine Gemeinsame Kommission könnte das "Human Depopulation Agreement" durchsetzen.

Die Sterilisation unterscheidet sich nicht von der Impfung. Sie lässt sich leicht verkaufen; eine weitere Möglichkeit für die Menschen, Tugenden zu signalisieren. Es ist für das Gemeinwohl.

SCHLUSSFOLGERUNG

Die Menschen von heute sind offensichtlich zu egoistisch, käuflich, feige und schwachsinnig, um sich zusammenzuschließen und sich zu verteidigen.

Sie sind zu dumm, um zu begreifen, dass eine "Pandemie" mit einer Sterblichkeitsrate von 00,25% keine Pandemie ist und dass eine Krankheit ohne Symptome keine Krankheit ist.

Ihre Duldung der staatlichen Schuldenexzesse beweist, dass sie bereit sind, künftige Generationen vor den Bus zu werfen. Die Sterilisation ist wie für sie gemacht.

Ich will keinen Nobelpreis.

Ich möchte einfach nur meine letzten Jahre in Freiheit, Frieden und Würde verbringen.

Das ist Satire, aber es ist erschreckend, wie viel Sinn es macht.

Weitere Titel

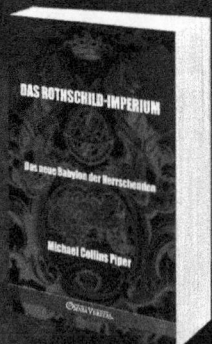

www.ingramcontent.com/pod-product-compliance
Lightning Source LLC
Chambersburg PA
CBHW071347280326
41927CB00039B/2114